近世大名家における「家」と「御家」

萩毛利家と一門家臣

根本みなみ
Nemoto Minami

清文堂

近世大名家における「家」と「御家」

―萩毛利家と一門家臣―

目次

装幀／寺村隆史

凡　例

一、本文中の紀年は元号を主とし、（　）内に西暦を併記した。月日は元号に対応している。

一、本文中の漢数字には「十」「百」を用いず、「一〇」「一〇〇」等と表記した。但し、「十」が固有名詞および史料中に用いられている場合には、そのまま表記した。

一、引用史料（原文書）の表記については、以下のようにした。

（一）字体は原則常用漢字とした。また、江・而・者を除き、原則平仮名に直した。但し、人名や固有名詞についてはは、そのまま表記した。

（二）異字体・合字は原則として使用しない。

（三）原文書については引用者の判断により、適宜読点や（　　）内、傍線を加筆した。また、人名等を列挙する場合、並列点を用いた。

（四）引用者が省略した箇所は（前略）（中略）（後略）と示した。

（五）判読不能文字は■で示した。

（六）誤字や文意が通じない箇所については（ママ）と註記した。

（七）活字史料の読点は、出典元の表記を尊重した。

序章

第一節　近世大名家の「御家」研究の現状と課題

本書は、近世大名家における一門家臣の「家」をめぐる自律的・他律的位置づけの歴史的展開を検討することによって、「御家」維持に向けた家中の動向を明らかにすることを目的とする。自律的とは、自らの意思によって決定することを意味するのに対し、他律的とは、他者から規定されることを意味している。すなわち、本書は、一門家臣という「家」がどのように自らの「家」のあり方を模索していったのか、また、彼らを取り巻く家中は、一門家臣にどういった役割を期待していたのか、両者の見解の位相を明らかにすることを目的とするものである。

近世大名の「御家」とは何か。例えば、朝尾直弘氏は「御家」とは、「通時的で階層的な軍事支配者集団[1]」であると定義している。これに対し、水林彪氏は「御家」という概念を「主君という一個の家父長的人格によってその共同性が代表されるところの第二次的で擬制的なイエ共同体[2]」として定義している。これら二つの規定は、「御家」が二つの性格を併有していることを如実に表している。すなわち、「御家」とは、武士の本分であるところの「武」としての役割を執行する軍事集団であると同時に、所属する個々の武士の「家」の共同利害を保障する帰属集団であると言える。

こうした「御家」が確立される過程については、中世以来の大身家臣や大名血縁者など自立的存在の「御家」への包括が重要な意味を持っている。武士の「家」について言及した鎌田浩氏は、大名家にとって、近世初期を親族関係抑圧期であると位置づけている[3]。同氏は、支藩化した分家以上に、家中に残り、家臣化した分家が大名の宗主権確立の障害になったとし、この障害を排除するために、近世初期の大名家家中では「御一門払い」とも称される動向が指向されたと結論づけている。さらに、近世初期における大名宗主権と大身家臣の関係について、より踏み込んだ見解を示したのが、朝尾直弘氏である。同氏は、寛文期（一六六一～一六七三年）における武家諸法度改定と証人制廃止から、当該期に大名宗主権が第一人者の「家」に収斂する形で確立したと説明している[4]。また、こうした家中形成の具体例として、土佐山内家と鳥取池田家を例に、大身家臣や大名との血縁関係に由来する権力を持つ家臣らが追放され、家中の合議制による政治運営体制が確立される様子を明らかにした。

朝尾氏の提示した「御家」の成立に関する見解は、現在も多くの先行研究で踏襲されている。例えば、大名の「押込」慣行に着目した笠谷和比古氏は朝尾氏の見解を引用し、「御家」に包括された家老らによって、「御家」存続という名目のもと、時に大名宗主権が制限されていくことを明らかにした[5]。また、家中への大身家臣の包括、すなわち「御家」の確立の過程で生じる抗争に目を向けたのが、福田千鶴氏である[6]。同氏は、近世大名家で生じた「御家騒動」とは、御家の運営をめぐる相対立する秩序の葛藤の結果として生じるものであるとし、近世初期に家老合議制を導入する過程において、大名と自律・自立的な大身家臣との間での主従不和が騒動に発展したとしている。

また、近年では、三宅正浩氏によって、徳島蜂須賀家の家老合議制が確立する過程が具体的に明らかにされている。同氏は、一門家臣をはじめとする大身家臣の家老化、すなわち、家老職への就任を通し、「御家」の運営に参与していくこと＝家老合議制の成立を「御家」の確立とする福田氏の見解に同意した上で、こうした状況の背景に、主君の権威化という方向性があったことを指摘した。その上で「大身家臣が家老として大名「御家」に包括されていく過程は、大名家の「家中」形成過程でもあり、同時に家老という家格が形成される過程でもあった」[7]と述べ、近世初期における大身家臣の「御家」への包括が持つ意義を評価している。

このように、大身家臣の「御家」への包括という結論は、大名「御家」研究において一定度説得力を持った論理として受容されていると言える。しかし、「家中」や「御家」の形成に関する研究の一定の到達度に比して、近世中後期の「御家」や家臣の「家」のあり方については、必ずしも十分な検討が行われているとは言えない。

ここで、「御家」を構成する要素であるとともに、近世社会の基本単位である「家」という言葉について確認しておく。「家」については、歴史学のみではなく、文化人類学や民俗学、法制史など多様な分野において検討の対象となってきた。しかし、注意しなくてはならないのは「家」という存在自体がそもそも多元性を有しているという点である。「家」に関する研究を見てみれば、家父長制など「家」に関わる制度に対する関心[8]や近代における民法や戸籍制度との関係性[9]、さらには先祖祭祀の執行や継承に関する側面[10]、近世における古法や祖法に対するあり方[11]などそれぞれの分野や研究者の問題関心に基づいた検討がなされている。つまり、「家」という存在を対象とするにあたっては、その多元性を十分に念頭に置いた上で、研究者がいかなる問題関心を持って「家」のどういった側面に焦点を当てるかという点が重要となる。

この点について明確にするため、まずは歴史学、特に日本近世史における「家」の定義とその課題、特に大名家臣の「家」に関する問題について説明を行う。歴史学における「家」の定義について、大藤修氏は日本の「家」を単なる個人の集団ではなく、むしろ形式的・永続的な機構としての性格を強く持つとした上で、それ自体が社会的機能を有し、「家業」「家名」「家産」を有するものであると定義している。[12]つまり、「家」とはその時点における家族のみではなく、先祖や子孫など世代を超えた構成員をも内包するものであり、こうした点において、「家業」「家産」といった実体とともに、「家名」という観念的・規範的な部分によって構成される社会集団として位置づけることが出来る。

大名家臣の場合、こうした「家」が第一人者、つまり大名「御家」に統合・編成されていたという最大の特徴がある。このように「御家」という擬制化された「家」の形態をとることにより、大名と家臣の関係は特定の個人ではなく、世代を超えて永続的に継続する「家」同士の関係となった。さらに、大名家臣の「家」が、「御家」の構成員として位置づけられることにより、自身の「家」の存続が「御家」の存続と一致していくこととともなった。このことにより、大名家臣は、自らの「家」の存続のためにも、「御家」の維持・継承という役目を分担していく責務を負うこととなる。つまり、大名家臣の「家」という問題を考える上では、帰属集団である「御家」との関係性が大きな意味を持ってくる。

しかし、この近世の武士の「家」と「御家」の関係性に関する最大の議論として、二つの研究潮流、すなわち、武士の官僚的性質への着目（幕藩官僚制論）と、領主的性質への着目（近世領主制論）がある。そして、この二つの研究潮流から、武士の従属性を強調する見解[13]、つまり、大名家臣という存在が大名権力に対して従属的であったとする見解と、武士の自律性（自立性）を強調する見解、つまり、大名家臣が大名権力を相対化し得たとする見解が示されてきた。前者は、武士の官僚的性質を強調する水林彪氏の「自立性を喪失せしめられ、主君に従属することによってしか存在しえなくなった領主は、実質上、イエをもたない奉公人の立場に近く、自己を主君の「家中」とする観念を容易に受け入れる」[14]という指摘が明確に示しているように、近世初頭における「御家」の包括の結果を最大限に強調した見解であると言える。

後者の自立性・自律性という見解については、一九八〇年代以降、「御家」存続という目的のもと、大名権力が規制されるという点に注目が集まるようになった。「御家」存続の前では大名の権力さえも制約されたという朝尾氏の指摘[15]を始め、笠谷氏の主君「押込」慣行に関わる分析も、大名権力の絶対性に対する疑問を提起している[16]。一方、武士の自律・自立性の内実に正面から取り組んだのが、J・F・モリス氏[17]や高野信治氏[18]である。両氏は、近世における地方知行制の存続という点に着目し、近世の武士を検討する上で、官僚化、すなわち自律性の喪失という見解のみでは不十分であると述べている。[19]特に、同氏の指摘した「御家」の枠を超えた「家」同士の連携の存在は、「御家」の存在のみに依存するという武士像の再考を求めるものである。これらの研究を総括すれば、大名家臣が持つ自立性（「御家」の存続のみに依存しないあり方）と自律性（自己の行動を自己で決定するあり方）の二つの性質に注目が集まってきたと言える。

さらに、近年では、こうした二項対立的な議論の限界も示されてきた。例えば、足軽階層の「家」に着目した磯田道史氏[20]は、「武士」という最大公約数的な括りや「官僚制」の意味に対し、疑問を呈している。また、藤方博之氏[21]は大名家臣の「家」内部の検討に対する必要性について示唆に富んだ指摘を行った。このように、武士の「家」が持つ多様な側面については、いまだ様々な視点から検討が進められている途上であると言える。

しかし、新たな課題でもある。これまでの研究蓄積のなかで、確かに武士の「家」の持つ多様性は明らかにされつつある。しかし、こうした個別の「家」のあり様に関する検討が深化するにつれ、背後にあるはずの権力、大名家であれば帰属集団たる「御家」との関係そのものに対する視点が稀薄になっているとも言える。「御家」の枠組みのみにとらわれない流動性を指摘するとともに、足軽層でさえも「家筋」が希求されるのであれば、その帰属集団であるはずの「御家」との関係について、自立性・自律性と従属の二項対立的問題に単純化しない検討が必要なのではなかろうか。

また、「武士」という最大公約数的な区分に対する批判はありつつも、結局のところ、身分的流動性の激しい足軽層など大名家臣のなかでも中下級の「家」に関心が集まりがちとなっている。[22]これに対して、近世初期の「御家」確立のなかであれほどに大名を悩ませた大身家臣や大名血縁者の「家」のその後のあり方については、今日に至るまでほとんど議論がされていないのである。しかし、「御家」という枠組みの本質について理解するためには、その確立過程で最大の問題となった大身家臣や大名血縁者の「家」が「御家」をどのように規定していくのか、さらに言えば、自らの「家」のあり方を否定し、ともすれば弱体化を招いた「御家」への包括をどのように合理化していったのか明らかにする必要があるのではないか。つまり、「御家」の確立とはあくまでも通過点であり、本来的な目的は確立した「御家」を維持・継承することであるというのが、本書の基本的な姿勢である。

さらに、特に注目したいのが、大名の親族的家臣、つまり一門家臣の存在である。一門家臣の始祖や元祖は大名の「家」の構成員として生まれたものの、何らかの契機（養子入りや家臣化など）に家臣として自らの「家」を創設した。こうした経緯から一門家臣は、いわゆる大身家臣とも異なり、大名の「身分的優位性の派生[23]」であった。つまり、家臣であると同時に、大名の最も身近な分家であるという多元的な存在であったと言えよう。但し、こうした位置づけとはあくまでも系譜関係による客観的な評価であり、特に個別の「家」を創設してから何代も経た後では必ずしも一門家臣の「家」意識と一致していたわけではない。特に、個別の「家」としての歴史的展開のなかで、「家」の性質のなかでも「家名」に代表される観念的・理念的な部分の継承が一門家臣らにとっても大きな関心となっていった。

また、これらの一門家臣の本質が大名の分家である以上、「御家」の維持・継承の過程における一門家臣の「家」の処遇は、他の大身家臣以上に配慮を必要とした。特に、本書でも論じるが、大名家の相続という場面に際しては、大名の血縁者である一門家臣の存在は、大名側にとっても無視し得ないものとなっていった。そこで本書では、一門家臣の「家」について、大名からの位置づけ・一門家臣の自負・家中からの期待という三つの視点を提示し、「御家」の維持・継承という目的のもと、一門家臣の「家」の位置づけがどのように展開していったのかを明らかにしていく。

一門家臣に着目し、その位置づけから「御家」の枠組みを検討することの意義とは何か。この点について説明を行う必要がある。一門家臣とはすなわち、大名家を系譜の本源とする親族的家臣のことを指している。こうした一門家臣に対し「御家」確立の過程で、「御一門払い」による追放や家老化による家中への包括といった統制が行われてきたことは先述の通りであるが、その後の一門家臣のあり方は実に多様性に富んでいる。萩毛利家の場合と同様に家老化した家もあったが、仙台伊達家のように、役職には就任しなかった家もあった[24]。つまり、一門家臣の家中への包括という一定の結論が出された一方で、その後の彼らのあり方は決して一様ではなかったのである。

一門家臣に対する視角として、大きな課題と考えられるのが、これらの階層がある種の固定観念のもとで論じられる傾向が強いという点である。例えば、仙台伊達家の一門衆を検討した吉田真夫氏は、「保守的」「大名の対抗勢力」という従来の一門像の再考という課題のもと、一門による諫言を題材に、官僚制に包括されない立場からの「御家」への関わりについて検討を行っている[25]。同氏が指摘したように、「一門」という家格集団は決して安定的に維持されたものではなく、「御家」の危機に際し、政治への関心を強め、「一門衆」として団結を強めていくという点は本書にとっても非常に興味深いものであると言えよう。

また、本書において重視していくのが、一門家臣の系譜関係に関する分析である。そもそも、大前提として、一門家臣は大名の分家であり、大名の権威が家中における彼らの地位の基盤であった。しかし、こうした客観的事実と、当事者たちが抱いていた自己意識とは分けて考える必要がある。例えば、隣接する諸分野のなかでも、社会学の分野においては、同族関係の中心は、構成員間の系譜意識の共有であるとされている。(26)この系譜意識の共有とは、家々の共通の先祖への祭祀に象徴される行為であり、本家の単線的系譜を中心に、血縁分家や非血縁分家を統合する論理であった。しかし、ここで言う系譜意識とは、必ずしも血縁関係など客観的な事実に基づく系譜に由来するものではない。米村千代氏は、「家」の特徴としての系譜について、操作性と可塑性という性質を指摘し、「系譜意識は、巨大で複雑化する関係の統合原理としても、小さなイエの独立意識としてもその中核にあり、超世代的連続性と、共時的に存在する家々の結合を繋ぐ観念であった(27)」としている。つまり、「家」の中核にある系譜意識は、例え神話的であったとしても、「家」の帰属性・独立性双方を規定しうる極めて重要な問題なのである。

しかし、こうした社会学の成果は十分に日本史研究に反映されているとは言えない。近年に至るまで、大名の本分家関係をめぐる研究は、上位者、つまり本家の圧倒的優位性を前提とし、本家がいかに分家を支配したか、そして分家はいかにして本家から独立しようとしたのかという二極化した視点からの検討が中心となっていた。これに対して、近年、大名家の本分家関係について検討を行った野口朋隆氏は、本分家関係とは、可変的なものであり、当該期の政治状況により強化・衰退する可能性を指摘し、関係が構築される過程そのものに対する検討の必要性に言及している。(28)つまり、系譜関係があるという客観的な事実と、その関係を受容しているかは全く別の問題なのである。同氏は、いわゆる「支藩」と称される分家大名を中心に検討しているが、同氏の示唆、そして、社会学における「家」の観念は本書で対象とする一門家臣についても、十分にあてはまる問題である。

近世初期における一門家臣の「御家」への包括は、確かに大名家と一門家臣の同族関係を主従関係に塗り替えることに成功した。しかし、大名と系譜関係を有することが一門家臣の身分的優位性の源泉である以上、一門家臣という存在を論ずる上で、大名家との同族関係に関する言及は避けては通れない。つまり、「御家」への包括と一門の家臣化は大名の宗主権確立には寄与するが、同時に大名の権威という点において矛盾を内包しうるものであった。

第二節　本書の視角

そこで本書が検討対象として着目するのが、萩毛利家の一門家臣である。なぜ、数ある一門家臣のなかでも、萩毛利家を対象とするのか。それは、萩毛利家という家が、「御家」への包括が持つ矛盾の露呈を見る上で、最も典型とも言える形態を取るためである。萩毛利家の場合、近世初頭、具体的には関ヶ原敗戦による減封が「御家」のあり方の根幹を規定した。関ヶ原合戦において徳川家に敗北した萩毛利家は、近世期を生き抜くため、積極的に幕藩体制の内に自家を位置づけなくてはならなくなった。その過程で、毛利家をめぐる歴史的展開を近世的秩序に合わせて合理化し、「御家」の歴史として再構築する必要性に迫られていたのである。いわば、近世期において、最も能動的に「御家」を運営し、秩序に適応していく必要性に迫られた家であったと言えよう。

しかし、ここで注意しなくてはならないのは、毛利家とは決して一つの「家」を指しているのではないという点である。例えば、最も有名であるのは萩藩主となった萩毛利家であり、この「家」が毛利家の本家であったが、その他にも、毛利を称する三末家や一門らが存在していた。そして、そのなかで課題となったのが、萩毛利家、つまり本家の主導下における毛利家同族の結集であった。特に、後の一門家臣と呼ばれる家は、家臣団統制の一翼を担う存在として、当該期の当主・輝元の意志のもと、元就以来の伝統としての融和を求められてきた。いわば、元就の遺訓を再現し、家中の秩序を安定させる回路の一部として組み込まれていたのである。ここで、本家から求められた融和は、単純に同族としての結合関係を意味していたのではなく、同時に、一門の「御家」への包括、より具体的に言うならば、家臣化という意味も内包していた。いわば、一門の「御家」への包括とは元就の遺訓という名目のもと、融和という表現によって隠されたものであったのである。

近世初期に萩毛利家を悩ませた長府・徳山両毛利家との争論、及び岩国吉川家との争論のなかで、萩毛利家はこれら三家と同様に毛利家の分家であるはずの一門についても、家臣としての位置づけを内外に強調していった。つまり、いわゆる支藩と呼ばれる存在と対比する形で、一門が萩毛利家という「御家」の内に位置づけられる存在であることを強調していったのである。しかし、ここで大きな問題が生じる。萩毛利家の場合は、一門の役職への就任が、同じ分家でありながらも、将軍家との直接的な主従関係を有する三末家（長府・徳山・清末各毛利家）や独自の政治機構を有する吉川家と一門の存在を大きく隔てる基準となった。この役職への就任は、近世初頭において萩毛利家側から求められたものであり、「御家」への奉公の一環であると同時に、それ自体が一門の自立性を剥奪する意図を持って行われていた。

その後、萩毛利家においても他大名家と同様に、実務に携わる家臣らの出現により、次第に政治における一門の存在は稀薄なものとなっていく。こうした状況は、家中の秩序を安定させる回路の一部としての役割を、一門らが果たし得なくなったと言えよう。大身家臣の「御家」への包括は、確かに大名宗主権の確立には大きく寄与した。しかし、このこと自体が、大身家臣、特に一門らの「身分的優位性の派生」という点を徹底的に否定し、大名を唯一無二の権威とすることで成立したものである。いわば、「御家」の確立は、本質的に一門家臣との対立の可能性を内包するものであったと言える。

さらに、先述した「近世初期の合理化」という課題は、内包された一門側にも共通していた。家中最高位に位置づけられた一門らは、本来的には自家の権威の剥奪に他ならなかった「御家」への包括を合理化し、再構築する必要があった。特に、政治上の存在感が稀薄になるに従い、こうした危機意識はより顕著な形を取って表出した。さらに言えば、表出した一門の「家」をめぐる意識は、「家」ごとに大きく異なっており、そこには「家」の戦略とも呼べるものを見ることが出来る。つまり、一門の家臣化により、一門の「家」を萩毛利家の「御家」のなかに取り込んでいったものの、官僚的家臣の登場によって一門の存在意義がゆらいだことを契機に、構造的矛盾をきたすこととなり、その結果として、大名側も想定し得ない形で一門家臣の独自の「家」意識が構築されていったのである。こうしたなかでは、大名の「身分的優位性の派生」であることを全面に主張することも当然戦略の一つであったが、同時に、大名の「身分的優位性の派生」であることを否定することもまた、「御家」と「家」の矛盾する関係から生じた戦略の一つとして想定出来よう。そして、このように矛盾の産物として構築された「家」意識は、「御家」の存続のための「御為」の論理として大名をも規制する可能性を内包していた。いわば、萩毛利家とは「御家」への包括が内包する矛盾の産物として表出する「家」意識を検討する上で、最適な事例であると言える。

では、萩毛利家の場合、この構造的矛盾が重大な問題となっていく時期はいつなのか。筆者はこの点について、一門らの系譜の本源、つまり、元就の権威に注目が集まる宝暦期（一七五一～一七六四年）にその契機があると考えている。萩毛利家の場合、一門家臣と大名家との関係が元就という一個人に集約される。例えば、仙台伊達家の一門が大名である伊達家との血縁関係強化を進めたことに比べ、萩毛利家の場合、近世中後期における新たな一門の創出や、大名庶子による一門の「家」相続といった血統の入れ替えは生じていない。つまり、萩毛利家の場合、大名家と一門家臣を系譜的に繋ぐのは、あくまでも元就という一個人であり、一門家臣が元就をどのように自身の系譜に組み込んでいくのかが問題となる。さらに、こうした元就への注目とは、近世大名家としての萩毛利家の祖である輝元の位置づけの見直しも意味している。すなわち、輝元の功績によって萩毛利家という近

【図1】毛利重就をめぐる相関図

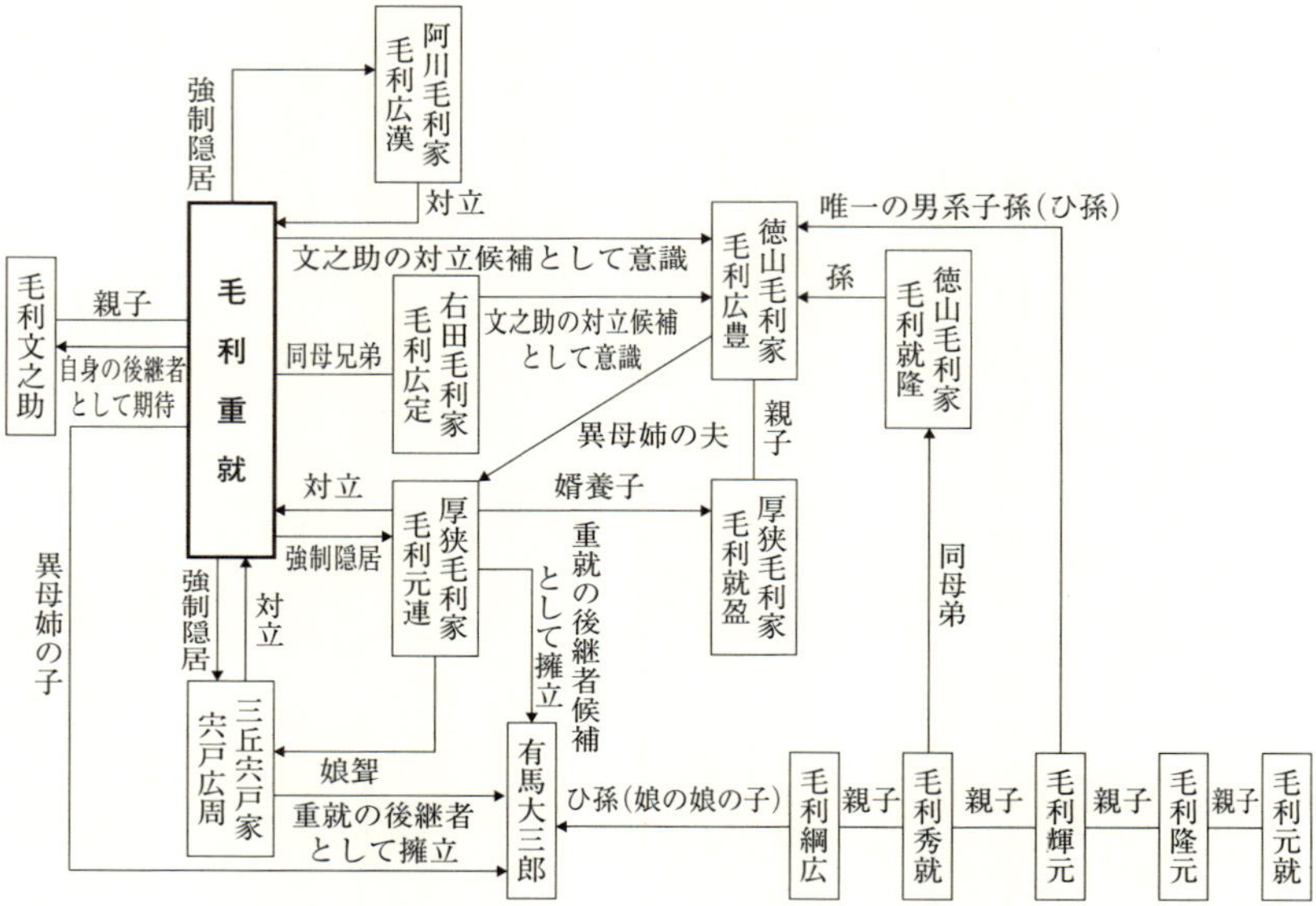

世大名家が成立したという理解ではなく、毛利家という「御家」が元就から輝元へと継承されてきたという理解への転換である。こうしたなかで、元就の子孫である一門家臣は大名との関係を再構築することを求められていったのである。

さらに言えば、宝暦期以降の萩毛利家は、後継者の不在と、傍系出身者による家督相続という「御家」の危機に直面することとなる。こうしたなかで、一門側は醸成した「家」意識に基づき、「御家」のなかにおける立ち位置を主張していく。さらに言えば、当主である重就《しげたか》自身もまた、萩毛利家、言うならば毛利家本家とは異なる歴史意識を持つ分家の出身であった。重就をめぐる相関図（【図1】）から明らかなように、当該期の毛利家では重就や一門らがそれぞれ「御家」のあり方を模索しており、分家同士の歴史意識が相克することで、新たな「御家」意識が形成されていく時期なのである。

毛利家の場合、宝暦期以降の改革は、この元就の存在に権威性を付与し、同人の治世への復古を改革の正当性の根拠として据えている。[29] このように元就の権威が見直されるなか、その権威の派生である一門家臣の位置づけや自己意識にも大きな変化が生じたと考えられる。しかし、当然当該期には、もはや元就の子孫、つまり大名家との系譜関係に関し、自覚を喪失していた家も存在していた。つまり、宝暦期に萩毛利家が必要としていたのも、一門家臣の「御家」への包括だったのである。但し、近世初頭における「御家」への包括が、一門家臣の「身分的優位性の派生」としての本質を否定することで成し遂げられたのに対し、宝暦期以降は如何にして、大名の「身分的優位性の派生」であることを一門らに自覚させるかという点が大きな課題となっており、同じ「御家」への包括でも、全くその目的が異なるものであると言えよう。いわば、近世初頭とは異なる形で、一門らが秩序維持の回路のなかに位置づけられていったのである。

また、本書の視角として、毛利家文庫に対するアプローチについて述べておく。本書が主要史料として用いる毛利家文庫は、昭和二六年（一九五一）に毛利家から山口県に寄託され、県立山口図書館を経て、昭和三四年（一九五九）に山口県文書館の設置とともに、同館へ移された。[30] 史料群の整理に携わった広田暢久氏は毛利家文庫の特異性について、その大部分を密用方で作成された写本史料が占めることであるとしている。[31] 同氏は、こうした特徴を持つ毛利家文庫は作成された役所ごとの史料分類がほぼ不可能であり、従って明治以来の毛利家の分類を尊重することが最善であると述べている。このため、今日の毛利家文庫はその史料群の大半を保有していた密用方の分類をほぼ踏襲する形で整理されている。

本書との関わりのなかで注目すべきは、こうした密用方の分類段階において、一門家臣に関係する史料はすでに独立した分類を付与されていたという点である。一門・準一門に関係する史料は他の家臣や末家、吉川家とも異なる独立した区分に分類されていた。そして、これらの史料が今日「巨室」として分類され保存されている。

また、この密用方所蔵文書の段階では、現在と同様に「巨室」[32]という分類のほか、「御一門並益福之部」[33]のようにより具体的な区分で示されている場合もある。「巨室」とは本来は譜代の重臣、もしくは勢力のある家のことを指しており、前者の方を考えれば、家臣の家を指す語である。これに対し、「一門」とは、本来は同家系の一族、宗族を指す語である。毛利家の場合、「一門」とは家格集団を指す名称であるが、このように「一門」と「巨室」では本来的な意味が異なっているのである。そして、意味が相違する語が用いられるということは、一門という家格集団の持つ多元性を如実に示している。つまり、こうした曖昧さが意味するところは何か、なぜ一門の位置づけとは歴史的展開のなかで推移していくのか、その変化が意味するものを考える必要性がある。

また、毛利家文庫の史料の特異性が写本史料であるということは、厳密な意味での一次史料の欠如という歴史学において最大の弱点を有するということと同義である。例えば、本書第三章で取り扱う一門と岩国との関係改善に関わる一件についても、現在保存されている一門の家の文書のなかには、関係史料がほとんど見られないのに対し、毛利家側には一件の顚末をまとめた史料が残されている。この一件史料は単に毛利家側からの通達の内容をまとめただけではなく、一件に関し、当事者である一門の間で取り交わされた書状や願書、また岩国吉川家の動向など、当事者以上に詳細な記述によって構成されている。つまり、毛利家にとっては事件の結果如何という以上に、いかにして争論の終息へ向かったのか、後年当事者たちからの反論を防ぐためにも、当事者以上に明確に一件の推移を把握する必要性を認識していたと言えよう。

こうした点を以て、本書においては一次史料の欠如という弱点は有しているが、その編纂意図を十分に考慮した上で、特定の事柄が一件史料として編纂され、保存されてきたということに萩毛利家の明確な目的意識を見いだし、毛利家編纂の一件史料を主要史料として用いている。萩毛利家にとっても、そして一門にとっても、争論とは、ある特定の時期の当主のみの問題ではなく、その子孫たち、つまりは永続していくであろう「家」の問題であり、時には「一門」という家格集団の問題であった。こうした点を踏まえ、なぜこうした一件に関わる史料が作成され、保存されたのかという文脈で新たに読み解くということが本書の史料に対する基本的な姿勢である。

また、本書の史料に対する姿勢としてもう一点指摘しておきたいのが、近世武家社会における合意形成のあり方である。従来の研究では、一つの争論を見る場合でも、争論の結果に比して、当事者間の合意形成に至る過程の持つ重要性については十分に検討されない場合もある。こうした点は、萩毛利家について結果として幕府の介入を招くような大規模な御家騒動がなかったため、保守的・安定的な一門像が固定化したこととも無関係ではないであろう。しかし、実際には一門が中心となる騒動は数多く発生している。さらに、元就への復古の契機を作った七代当主・重就は、記録編纂事業にも熱心であり、家中から譜録を提出させたほか、編纂事業に携わる役所として江戸御国大記録方・密用方を設置したが、これらの役所に対し、一門家臣の系譜や由緒の調査を命じた(34)。これは、一門家臣に対する同人の関心の高さとともに、これらの家の来歴を正確に把握することが大名としての重就にとって急務であったことを示している。つまり、二〇〇年に及ぶ政治的安定は、あくまでも不断の合意形成によって維持された一つの結果であり、むしろ、いかにして合意形成がなされたのかに目を向ける必要がある。そして、こうした視点から史料を読み解くことにより、争論の発生から当事者間の合意形成に至る過程をより動態的なものとして描出することが可能になる。

つまり、本書の試みとは、一門の「家」と大名自身の「家」、そして帰属集団としての「御家」の関係性に焦点を当てることで、そこに表象される権威のあり方や描かれる「御家」像、さらには近世初期の「御家」確立に関わる歴史意識の構築について検討を加えるというものであると言える。では、この萩毛利家とはどういった「御家」であったのか。さらに、この「御家」が直面した課題とは何であったのか。次節では、対象の概観とともに、この点について説明を行う。

第三節　萩毛利家の成立と「御家」の課題

近世大名家としての萩毛利家は、関ヶ原合戦後、毛利輝元が長門・周防二ヵ国を与えられ、成立した。もっとも、これが単純な転封ではなく、関ヶ原の敗戦に伴い、西軍の大将をつとめた毛利家への事実上の処罰であったことは周知の事実であろう。また、大幅な減封にもかかわらず、家臣の削減を行わなかったため、領地に比して家臣数が多いというのも特徴である[35]。そして、この家臣団の最高位に位置するのが、萩毛利家の親族的家臣である一門六家である。一門六家の内訳については後述するが、この家格集団の特徴は、六家全てが元就との系譜関係に由来するという点である。

近世以前に生き、本来は徳川家との接点を持たない元就という存在が、萩毛利家において象徴的存在として注目されるようになったのは萩毛利家七代当主・重就の治世を契機とする。重就治世において、毛利家という「御家」の中心が、近世大名家としての萩毛利家の祖として崇敬の対象となっていた輝元から、元就へと移行していった。そして、元就の存在に由来する一門六家の位置づけもこうした政治状況により大きく変化をしていくことになった。

ここで、萩毛利家の同族関係について概観しておく。そもそも、萩毛利家と同族関係を有していたのは、一門六家のみではない。同家は、一門の他にも、末家と称される分家、いわゆる分家大名三家と岩国領主吉川家も抱えていた。この末家や岩国領主・吉川家の場合、近世初頭に幕府の賦役や系譜作成事業を通し、本家である萩毛利家と争論を繰り返してきた[36]。この部分については、多くの先行研究が蓄積されているものの、双方の主張のなかで言及されている一門家臣の存在については、目が向けられていないのが現状である。

なぜ、こうした状況が生じたのか。それは萩毛利家の持つ特殊性の問題が影響している。萩毛利家の場合、幕末維新期において、討幕運動の主体となったという点に注目が集まってきた。確かに、近世中後期に関する研究も田中彰氏[37]や関順也氏[38]、三坂圭治氏[39]らによって検討が行われているが、同時にこれは明治維新という一つの結果を念頭に置き、いかにして明治維新の土壌が用意されたのかという課題意識に基づくものである。さらに幕末・明治維新史の研究は、「変革主体論」中心の研究潮流のなか、反封建的運動を展開しうる階層として豪農層や下級武士層に注目が集まった[40]。その結果として、家臣団の最高位に位置づけられる一門とはいわゆる保守集団として一括して描かれてきたのである。

また、近世初頭についても同様の問題を抱えている。田中誠二氏は、近世初頭の萩毛利家の家臣団統制のなかで一門家臣の果たした役割について言及している[41]。家臣団統制の過程、特に萩毛利家二代当主・綱広の幼年相続という危機に際し、一門を梃子とした家臣団統制の実態が明らかにされたという点については一定の成果であると言えるが、同時に、こうした成果から，萩毛利家における一門家臣を近世を通して保守的・安定的な存在であったと位置づけることは適当ではない。

確かに、萩毛利家の場合、幕府の介入を招くような大規模な御家騒動には至らなかった。しかし、この点から即座に保守的・安定的な一門像を析出することが可能であろうか。彼らの「家」をめぐる自己意識は、「御家」の枠組みを相対化するような展開の余地を持たなかったのであろうか。むしろ、先述した史料群のあり方や大名の系譜への関心の高さを踏まえれば、大名の想定とは異なる形で一門側からの近世的秩序の捉え返しがなされていたと言えるであろう。

人々の行為や価値観を左右する秩序とは一度形成されてしまえば、半永久的に社会のあり様を規定出来るというものではなく、むしろ生活全般のなかで繰り返され、絶え間なく再構築・再生産を行わなくては維持しえないものである[42]。例えば八〇年代以降盛んとなった儀礼研究のなかで、渡辺浩氏は近世社会について、「都市・建築物・家具・従者・荷物・衣装等すべてが舞台装置・大道具・小道具となって威信の系列を表象し、それを自他に公示し、相互に確認する儀式が至る所で念入りに執行されて[43]」おり、これらの諸表象が身分格式を支え、体制維持の一助となっていたと述べている。また、儀礼から近世秩序の検討を目指した小宮木代良氏は、儀礼を特定の意味を伝達する行為と定義した上で、儀礼が社会全体に抵抗なく受容されるようになるためには、一定の年月とせめぎ合いの過程が存在するとしている[44]。つまり、近世における秩序とは、日常生活のなかで、絶え間ない再生産と再構成を必要とする動態的な存在であり、そこには一見しただけでは分からない矛盾が存在している。

萩毛利家の場合、五代当主・吉元以降、本来の毛利家正統ではなく、傍系出身の当主が続いた。ようやく正統の血を引く元徳が萩毛利家に養子に迎え入れられたのは、嘉永五年（一八五二）のことであった。しかし、こうした血統に関する問題は、傍系から正統への復帰というだけではなく、歴代の当主を否定しかねない事態であり、いかにしてこうした現実を合理化していくのかという点が萩毛利家という「御家」が向き合い続けた課題であった。つまり、傍系の当主が続くなか、萩毛利家は大名のみではなく、家中を挙げて現状を肯定しうる「御家」意識を醸成し続ける必要があったと言える。天保期以降の毛利家のあり方については、田中彰氏[45]や井上勝生氏[46]の一連の研究のほか、近年では洋学の受容や洋式軍制改革に着目した小川亜弥子氏[47]の研究や、軍制改革や政事組織に着目した上田純子氏[48]の研究がある。確かに対外的危機に直面することで、毛利家という「御家」は新たなあり方を模索していくこととなった。しかし、対外問題を始めとする危機に直面することで噴出した問題そのものは毛利家の歴史的展開のなかで蓄積されたものであり、極めて歴史性を帯びた問題である。だからこそ、こうした問題を克服する上で、毛利家という「御家」、さらにそこに所属する「家」は自らのあり方を歴史的展開のなかで再検討する必要に迫られたのである。この点から萩毛利家を検討することは、幕末・明治維新に至る前段階において、同家内で現状の課題を克服することを目的にどのような理念が形成され、「御家」としてのあり方が模索されていたのか明らかにすることに繋がる。

最後に、個別の大名家を扱うことの可能性について言及しておきたい。近世史研究の現状について、平川新氏は「研究者それぞれの立場と視野から、実証的に裏打ちされた新たな歴史像の構築に取り組むことが推奨されなければならない」[49]とし、近世史研究の現状を「百家争鳴」と肯定的に評価している。これに対し、吉田伸之氏の「未開拓の分野だからといって、たとえば支配権力の細かな機構や制度、構成メンバーやその担い手の日常や心性を「緻密」に分析してことたりるような自己満足的な「研究」が増殖していないだろうか」[50]という言及に代表されるように、個別大名家の内部に関する研究の深化が、必ずしも日本史研究全体の発展へ寄与出来ていないという現状も重く受け止めるべきである。

だが、近世社会の本質を見る上で、平川・吉田両氏の見解をいずれかが正しいという二者択一の論理で見ることが出来るのであろうか。確かに、木村礎氏の「細部に関心を示さないむき出しの天下国家は空虚」[51]という言葉に示されるように、細部への視点を欠いては、近世社会の持つ本質の解明には至らない。木村氏の言及は個別大名研究というよりも、地域研究に対するものであるが、いわゆる「細部」に関する研究すべてに当てはまるものである。

一方、平川氏の「百家争鳴」という言葉も、肯定的な意味のみで理解することは危険である。「研究者それぞれの立場や視野」からの検討の深化は確かに必要なことであるが、こうした状況は、金森正也氏[52]が指摘するように、地域の特性への視点を欠いてしまえば、結局のところ、「個別分散化」批判と同義ではなかろうか。むしろ、今必要とされているのは、細部の緻密な研究をした上で、対象とする地域に正面から向き合い、その歴史的特性を踏まえた上で、そこから近世社会全体を俯瞰することである。また、個別大名家に関する研究を単なる個別事例研究で終わらせないようにするためには、個別事例の実証のみではなく、その上での理論の構築が必要不可欠である。こうした視角が、個別大名家を研究する上では最も重要な点であり、本書においてもこの視角を重視し、検討を進めていく。

第四節　本書の構成

本章第一節で示したように、本書の目的は、一門家臣の「家」をめぐる位置づけについて、大名からの位置づけ・一門家臣の「家」意識・家中からの期待という三つの視点を提示し、「御家」の維持・継承という目的のもと、一門家臣の「家」の位置づけがどのように展開していったのかを解明することである。本書では、以下の五章を通じて、この課題について検討を行っていく。

第一章では、萩毛利家七代当主・毛利重就の「御家」意識について、同人の功績を顕彰した「御国政御再興記」を中心に検討する。重就の治世である宝暦～天明期（一七五一～一七八九年）は小川國治氏の先行研究[53]でも示されているように、明治維新に向けた転換期と評価されている。しかし、この重就をめぐっては、明治維新の基礎を築いた「名君」か否かという議論に単純化されている傾向も否めない[54]。そこで、まずは、重就の治世において志向された「御家」の理念について焦点を当て、傍系の長府毛利家出身の同人が萩毛利家という「御家」をどのように捉えていたのか、また、元就への復古を推進する同人が大名家と同様に元就の子孫である一門をどのように位置づけていったのかという点について分析する。

第二章では注目するのは、一門六家の元祖・始祖の遠忌法要である。一門六家の元祖・始祖には、元就の子だけではなく、娘婿や孫も含まれていた。これらの人々の遠忌法要に対し、大名家は香典の下賜や代焼香のための使者派遣などを行っていくが、格式を決定するにあたり大名家・一門六家が用いた論理の相違や変遷に着目し、一門という家格集団の持つ特権的地位の源泉について明らかにしていく。さらに、天保期（一八三〇～一八四四年）に行われた祭祀改革に着目し、大名家の家内秩序において、一門らの存在がどのように再編されていくのか検討を行う。

第三章では、岩国吉川家と一門六家の交際関係をめぐる争論を検討対象とする。萩毛利家七代当主・重就は、宝暦一三年（一七六三）～明和元年（一七六四）に岩国吉川家と一門六家に対し、中断していた両者の交際を再開するように命じた。両者の交際関係に対する大名側からの干渉は異例とも呼べる対応であり、その背景に存在した重就の「御家」の理念と秩序の再生産回路における一門六家の位置づけについて検討を行う。また、文化期（一八〇四～一八一八年）には、両者の交際関係をめぐる争論が再発しており、このなかで、重就の「御家」の理念がどのように評価されたのか明らかにする。

第四章では、文化期以降、萩毛利家が直面し続けた後継者確保の問題について検討する。萩毛利家の場合、九代当主・斉房以降、実子相続が行われていない。一〇代当主・斉熙は、一度準一門の家へ養子に出した毛利豊之允を大名家へ呼び戻すことを決定するが、このなかで、基準とされた「正統」とは必ずしも、系譜関係に基づく本来的な毛利家正統ではなかった。さらに、注目したいのが、文化期以降の毛利家当主の婚姻関係である。一一代・斉元、一三代・敬親《たかちか》、一四代・元徳が毛利家内から正室を迎えたのに対し、一二代・斉広《なりとう》は将軍家から正室を迎えた。こうした極端とも言える婚姻政策がどういった方向性のもと志向されていったのか、大名の視点から毛利家の「御家」の理念の変遷とともに検討していく。

第五章で着目するのは、役職をめぐる一門六家の「家」意識である。一門六家は近世初期に官僚制に組み込まれていったが、その開始時期やその後の役職との関わりは六家一様ではなかった。ここでは、こうした役職に関わる来歴の差が一門側の「家」意識にどういった影響を与えたのか、大名側の反応とともに検討していく。さらに、注目したいのが、改革時に表出する「御家」の運営に関する理念と一門の家の関係性である。萩毛利家では、一三代当主・敬親治世に天保改革・安政改革が行われた。この際、家中から改革に関する上申書が提出されたが、興味深いのは、一門六家ではなく、村田清風や坪井九右衛門のように、改革の担い手となる中下級家臣から、一門六家の威光回復が求められたという点である。この点に着目し、第五章では、大名の「身分的優位性の派生」であるという一門の本来的性格に対する家中からの期待について明らかにしていく。

以上の検討を通し、近世中後期において、一門の「家」をめぐる位置づけの歴史的展開と秩序再生産・再構築過程を明らかにすることが本書の主たる目的である。これらの検討を通し、近世大名家家中において一門家臣の存在に求められた役割についても検討を加えてみたい。

【註】

(1)朝尾直弘「『公儀』と幕藩領主制」(『講座日本歴史』五巻　東京大学出版会　一九八五年)三七頁
(2)水林彪「近世の法と国制研究序説」五(『国家学会雑誌』九四巻九・一〇号　一九八一年)六九七頁
(3)鎌田浩『幕藩体制における武士家族法』(成文堂　一九七〇年)
(4)朝尾直弘「将軍政治の権力構造」(岩波講座『日本歴史』一〇巻　岩波書店　一九七五年)
(5)笠谷和比古『主君「押込」の構造』(平凡社　一九八八年)
(6)福田千鶴『幕藩制的秩序と御家騒動』(校倉書房　一九九九年)
(7)三宅正浩『近世大名の政治秩序』(校倉書房　二〇一四年)五八頁

(8)永原慶二・住谷一彦・鎌田浩編『家と家父長制』(早稲田大学出版部　一九九二年)
(9)井戸田博史『家族の法と歴史―氏・戸籍・祖先祭祀』(世界思想社　一九九三年)
(10)服藤早苗『家成立史の研究―祖先祭祀・女・子ども』(校倉書房　一九九一年)
(11)服藤弘司『幕府法と藩法』(創文社　一九八〇年)
(12)大藤修『近世農民と家・村・国家』(吉川弘文館　一九九六年)
(13)武士の従属性を強調する代表的な見解としては、石井紫郎『日本思想大系27近世武家思想』(岩波書店　一九七四年)や高木昭作『近世日本国家史の研究』(岩波書店　一九九〇年)などがある。
(14)水林彪『日本通史Ⅱ封建制の再編と日本的社会の確立』(山川出版社　一九八七年)三一二頁
(15)前掲朝尾(1)一九八五年
(16)前掲笠谷(5)
(17)J・F・モリス『近世日本知行制の研究』(清文堂　一九八八年)　同『近世武士の「公」と「私」　仙台藩士玉蟲十蔵のキャリアと挫折』(清文堂　二〇〇九年)
(18)高野信治『近世大名家家臣団と領主制』(吉川弘文館　一九九七年)
(19)根岸茂夫『近世武家社会の形成と構造』(吉川弘文館　二〇〇〇年)
(20)磯田道史『近世大名家臣団の社会構造』(東京大学出版会　二〇〇三年)
(21)藤方博之「大名家臣の「家」研究の必要性」(『千葉史学』五〇号　二〇〇七年)・同「近世大名家内部における「家」々の結合とその共同性」(『歴史評論』八〇三号　二〇一七年)
(22)前掲磯田(20)
(23)笠谷和比古『近世武家社会の政治構造』(吉川弘文館　一九九三年)一六一頁
(24)吉田真夫「近世大名家における諫言の実態―元禄六年、仙台藩一門衆の諫言を題材に―」(『日本歴史』六〇五号　一九九八年)・同「仙台藩第五代藩主伊達吉村の一門対策―格式をめぐって」(『文化』六三巻一・二号　一九九九年)・浅井陽子「仙台藩武家社会における一門の存在意義」(『国史談話会雑誌』五五号　二〇一四年)
(25)前掲吉田(20)・同「伊達騒動　一門の藩政介入」(福田千鶴編『新編御家騒動』下　新人物往来社　二〇〇七年)

(26)喜多野清一『家と同族の基礎理論』(未来社　一九七六年)
(27)米村千代「イエの変遷」(『日本の思想　第六巻　秩序と規範』岩波書店　二〇一三年)一一八頁
(28)野口朋隆『近世分家大名論』(吉川弘文館　二〇一一年)・同「再生される本分家関係―長岡・小諸・笠間各牧野家における同族的結合の構築過程―」(『茨城県史』九六号　二〇一二年)
(29)岸本覚「長州藩藩祖廟の形成」(『日本史研究』四三八号　一九九九年)・同「長州藩の藩祖顕彰と藩政改革」(『日本史研究』四六四号　二〇〇一年)・同「近世後期における大名家の由緒―長州藩を事例として―」(『歴史学研究』八二〇号　二〇〇六年)
(30)山口県文書館編『毛利家文庫目録』第一冊(一九六三年)
(31)広田暢久「長州藩編纂事業史」(『山口県文書館研究紀要』九号　一九八二年)
(32)「秘府明細目次」(54目次6)
(33)「秘府御書物部類目録」(54目次2)
(34)山﨑一郎「宝暦末~明和前期における萩藩の記録編纂事業について―江戸御国大記録方の設置および中山又八郎の活動―」(『山口県文書館研究紀要』三四号　二〇〇七年)・同「萩藩密用方と中山又八郎の活動について―藩主重就期における密用方設置前後の動向―」(『山口県文書館研究紀要』三八号　二〇一一年)
(35)萩毛利家の家臣団については、森下徹『武士という身分―城下町萩の大名家臣団』(吉川弘文館　二〇一二年)で詳細な検討がなされている。
(36)田中誠二「萩藩本・支藩関係をめぐって」(『山口県地方史研究』六一号　一九八九年)・同「毛利秀元論」(『同』六二号　一九九〇年)・山本博文『江戸お留守居の日記』(講談社学術文庫　二〇〇三年　初出は一九九一年)・山本洋「『陰徳太平記』の成立事情と吉川家の家格宣伝活動」(『山口県地方史研究』九三号　二〇〇五年)・同「『陰徳太平記』編述過程における記事の改変について」(『軍記と語り物』四四号　二〇〇八年)・拙稿「家格争論から見る吉川家認識―毛利家・吉川家を事例に―」(『社会文化史学』五七号　二〇一四年)
(37)田中彰『幕末の藩政改革』(塙書房　一九六五年)
(38)関順也『藩政改革と明治維新』(有斐閣　一九五六年)

(39)三坂圭治『萩藩の財政と撫育』（春秋社歴史新書　一九四四年）
(40)代表的なものとして、遠山茂樹『明治維新』（岩波書店　一九五一年）・堀江英一『明治維新の社会構造』（有斐閣　一九五四年）・田中彰『明治維新政治史研究』（青木書店　一九六三年）をあげておく。
(41)田中誠二「萩藩家臣団編成と加判役の成立」（『山口大学文学会志』五五号　二〇〇五年）
(42)堀田幸義『近世武家の「個」と社会―身分格式と名前に見る社会像』（刀水書房　二〇〇七年）
(43)渡辺浩「『御威光』と象徴」（『東アジアの王権と思想』東京大学出版会　一九九七年）一九頁
(44)小宮木代良『江戸幕府の日記と儀礼史料』（吉川弘文館　二〇〇六年）
(45)前掲田中(37)
(46)井上勝生『幕末維新政治史の研究』（塙書房　一九九四年）
(47)小川亜弥子『幕末期長州藩洋学史の研究』（思文閣出版　一九九八年）
(48)上田純子「海防軍役と大名家臣団―天保～嘉永期の萩藩軍事改革―」（『歴史評論』八〇三号　二〇一七年）
(49)平川新「なにが変わったのか／九〇年代の近世史」（『歴史評論』六一八号　二〇〇一年）四五頁
(50)吉田伸之「日本　近世　総説」（『史学雑誌』一一六編五号　二〇〇七年）七一四頁
(51)木村礎「私が地方史研究者である理由」（『地方史研究』二〇〇号　一九八六年）四八頁
(52)金森正也『藩政改革と地域社会―秋田藩の「寛政」と「天保」』（清文堂　二〇一一年）
(53)小川國治『転換期長州藩の研究』（思文閣出版　一九九六年）・同『毛利重就』（吉川弘文館　二〇〇三年）
(54)前掲三坂(39)・河村一郎『長州藩思想史覚書』（私家版　一九八六年）

第一章　宝暦～天明期萩毛利家における「御家」の課題

―二つの復古と新秩序への移行―

はじめに

本章では、近世初頭から毛利家が直面し続けた系譜に関わる問題を整理した上で、歴史的展開のなかで蓄積された課題が、宝暦～天明期（一七五一～八九年）にかけて萩毛利家が直面した危機、具体的には分家出身の重就の家督相続に関わる一連の動向のなかでいかに表出していったのかを明らかにすることを目的とする。その上で、幕末維新へと向けた転換期とも位置づけられる宝暦～天明期の持つ時代性に焦点を当てた上で、当該期が毛利家という「御家」のあり方にどのような変容をもたらしたのか検討を行う。

いわゆる宝暦～天明期論とは、中井信彦氏の『転換期幕藩制の研究』に代表されるように、一八世紀末期にあたる宝暦～天明期を幕末維新へと至る転換期と捉える研究視角である[1]。では、維新の中心ともなった萩毛利家において、当該期はどのように位置づけられているのであろうか。毛利家の宝暦～天明期については、小川國治氏の『転換期長州藩の研究』が端的に示しているように、維新に向けた転換期として位置づけられ、結果、重就を明治維新の礎を築いた「名君」「中興の祖」とする今日の評価にも繋がった[2]。そして、こうした重就＝名君という見解は研究者間ではなく、むしろ萩毛利家の旧領地である山口県下において一種のイメージとして定着しているのが現状である。確かに、宝暦期（一七五一～六四年）の萩毛利家における改革は、結果として後年の毛利家の動向を経済的に支えたことに疑いはない。しかし、同時に明治維新が一つの結果であるということも忘れてはならないであろう。そもそも、小川氏の著作の題が象徴するように、宝暦～天明期を転換期とする視角は、先述の中井氏の研究や、佐々木潤之介氏の宝暦～天明期＝維新の起点とする理解[3]を機械的に適用している側面も否めない。

このように明治維新という結果からその起点を求めるという方法で、果たして宝暦～天明期の意義や本来的な課題を明らかにすることが出来るのであろうか。

小川氏も指摘していることであるが、重就治世である宝暦～天明期は同時代において好意的に評価されたわけではない。むしろ、治世が短く、指導力を発揮し得なかった人物であったとされている次代当主・治親《はるちか》も、自身の治世当初には重就治世の克服とも理解出来る行動を取っている上、(4) 重就存命中から、この父子の間に意見の相違があったことを示す事例も存在している。(5) つまり、重就の業績は直線的・単線的に明治維新という結果に繋がっていくのではなく、多元的な歴史的展開への視点が必要不可欠であると考える。そして、こうした視点こそ、現在に至るまでの萩毛利家の研究に欠落していたものではなかろうか。

さらに、重就＝名君という見解に対しては、批判的意見も多数存在する。例えば田中誠二氏は財政を分析するなかで、重就による宝暦改革の実態解明を行っている。(6) また、河村一郎氏は明治維新の結果から描き出される重就＝名君という評価に対して「改革に伴う犠牲の面を捨象してしまっている」(7) とし、維新の結果から遡って宝暦～天明期の意義を検討することに警鐘を鳴らしている。

ただし、ここで明確にしておきたいのは、本章は単純に重就＝名君という見解を否定することのみを目的としているわけではないということである。現在に至るまで、重就＝名君という見解に反発するように、重就治世に対する家中からの批判の存在に注目が集まった。しかし、そもそも「名君」とはどういった存在なのか。辞書通りの意味で理解するならば、「名高い君主」であり、「明君」であれば「賢明な君主」というような意味となる。また、吉武佳一郎氏は、「名君」（明君）とは「幕藩体制社会の矛盾の進行に対して幕政あるいは藩政改革を行い、人民や家臣の窮乏を救うことに一応成功し、その治績が後世まで高く評価されている幕藩領主のこと」(8) とし、辞書の定義とは若干異なり、実態に関わらない理念的なものを指している。

さらに研究史上における「名君」「明君」については、深谷克己氏[9]を始めとし、若尾政希氏[10]や小関悠一郎氏[11]らにより研究成果が蓄積されている。これらの研究を通し、「名君」「明君」として、大名が自己形成を遂げる過程や、「明君」「名君」として人々の間に認識されていく過程に注目が集まるようになった。こうした研究動向を端的にまとめるならば、為政者が実際に「名君」「明君」であったか否かという点ではなく、むしろどのような「名君」「明君」を目指していたのか、そしてどのような「名君」「明君」が求められていたのかという点を重視する傾向と言える。

こうした近年の研究動向のもと、改めて重就について考えてみる。重就が家督相続以降、向き合い続けなくてはならなかった課題とは何であったのか。この点について考えるに際し、重要な示唆を与えてくれるのが、岸本覚氏による一連の研究である[12]。同氏は、重就が元就祭祀に強い関心を持っていたことに着目し、近世後期の萩毛利家の中心となる復古を標榜する改革の前段階として重就治世を位置づけている[13]。つまり、宝暦～天明期において毛利家という「御家」をまとめ上げる論理として、重就は毛利元就という存在に着目したのである。さらに言えば、重就の家督相続自体が一門六家の主導により実現されたものである一方、家督相続直後から先代の遺志という形で傍系出身の重就を規制したのも、この一門であった。そこで、この点について考えるため、まずは重就が対峙した一門という家格集団の歴史的展開を見た上で、萩毛利家という「御家」が内包していた問題について見ていく。

第一節　本分家関係から見る一門

（一）毛利家における本分家関係―末家・吉川家の独立問題―

近世初頭の毛利家において、大きな問題となったのは、一門ではなく、「支藩」とも称される三末家（長府・徳山・清末毛利家）や岩国領主・吉川家[14]であった。

まずは萩毛利家が近世初期から直面し続けた問題、つまり、長府毛利家との本分家関係をめぐる問題について説明を行う。【系図1】で示したのは、毛利元就と毛利家分家との関係であるが、まず一見して分かることとして、近世期に萩毛利家の同族とされる家すべてが元就と系譜関係を有するという点が指摘出来る。特に、近世初期の毛利家をめぐる問題として注目されてきたのが、毛利秀元の系譜上の位置づけである。

再び【系図1】のなかで、四角で囲んで示してある毛利秀元の位置づけを確認してみる。毛利秀元は毛利元就四男・穂井田元清の子として天正七年（一五七九）に出生した。当時、本家当主の地位にあったのは、元就の嫡孫・輝元であり、秀元から見れば従兄弟であった。そして、この輝元に子がいなかったため、養子として指名されたのが秀元であった。秀元は同二〇年（一五九二）豊臣秀吉から輝元嫡子として公認され、侍従に任じられたほか、文禄二年（一五九三）には朝鮮へ渡海、さらに翌年には秀吉の養女と結婚しており、順調に毛利家の後継者としての地位を築いていた。

【系図1】毛利元就系図

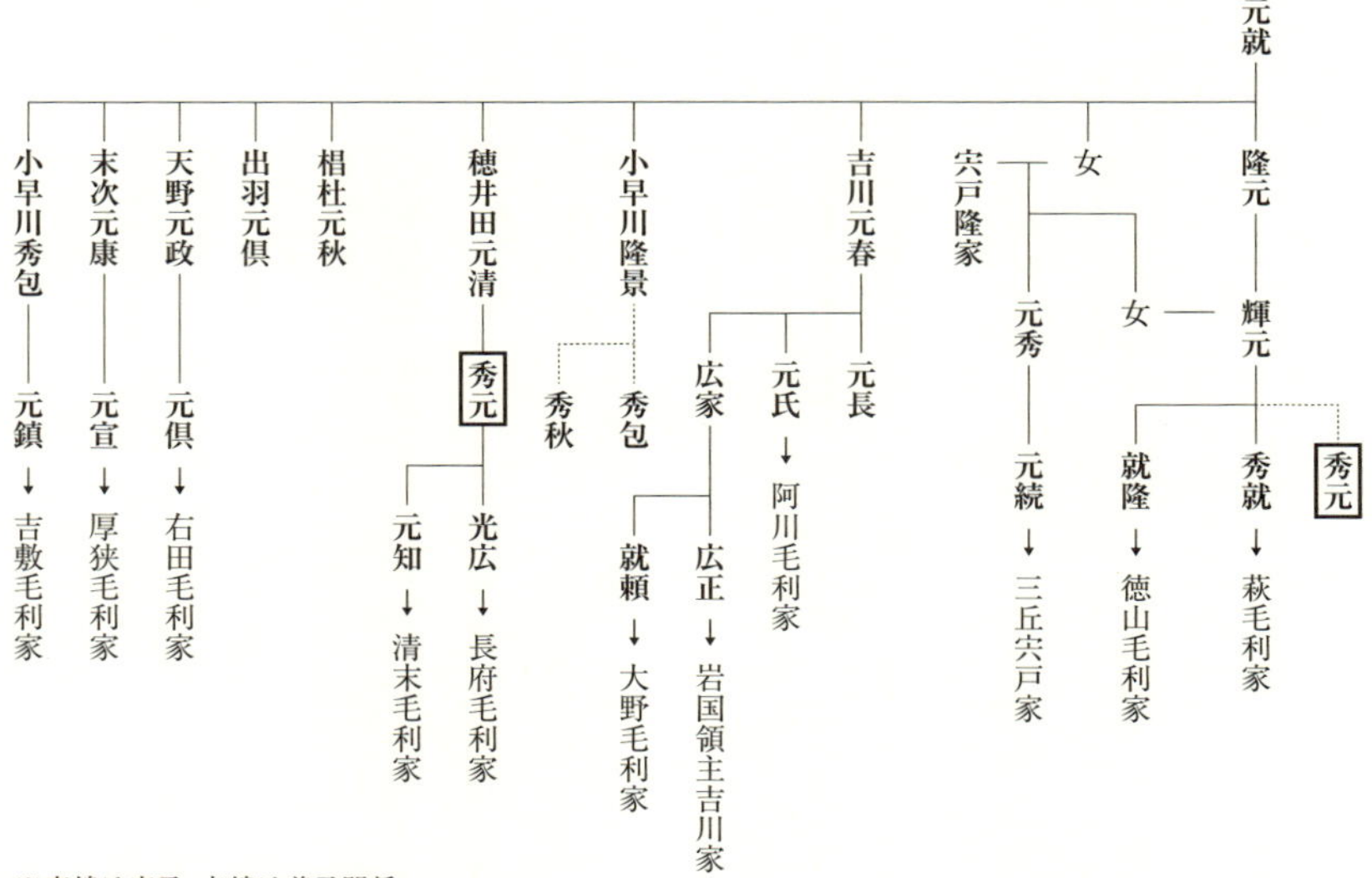

※実線は実子、点線は養子関係。
※『近世防長諸家系図綜覧』から筆者作成。

このように、庶流出身でありながら、本家当主の養子となった秀元であるが、文禄四年（一五九五）に、輝元に実子・秀就が生まれたことにより、秀元の立場は難しいものとなった。秀就が成長するまで、毛利家において秀元がどのような立場に置かれていたのかについては、依然不明な部分が残っているが、最終的に、秀元は嫡子の地位を返上し、後に長府領を分知され、長府毛利家を興した。

一見すると、正常な家督相続が行われたように見えるが、萩・長府両毛利家の問題は、むしろ徳川幕府の下で顕在化した[15]。先述の経緯を経て、家を興した秀元であるが、自家の系図作成に際し、毛利家本家の家督は輝元→秀元→秀就と相続されたものであり、自分の領地は隠居領であるという主張を展開した。こうした秀元の主張はやがて、長府毛利家の公式な主張となり、幕府の編纂物である『寛永諸家系図伝』や『藩翰譜』でも採用されていった。

近世初頭の秀元の立場について分析を行った田中誠二氏[16]は、そもそも秀元は家督相続当初から、輝元に実子が生まれた場合には、嫡子の地位を返上することを約束しており、この契約を前提とした上での養子入りであったという点を指摘している。だとするならば、長府毛利家の主張は歴史的事実とは言えないのであるが、実際にはその主張は『藩翰譜』などの書籍などを通し、近世社会で広く受け入れられた見解であった。

一方、萩毛利家側もこうした状況を静観していたわけではない。長府毛利家の見解を否定する史料を多数作成し、毛利家正統は輝元→秀就と相続されたものであり、秀元はあくまでも一時の養子であったことを一貫して主張し続けた。

また、田中氏は、慶長一四年（一六〇九）に元就の子である毛利（天野）元政が死去して以降、毛利秀元が若い一門を支える役目を担っていたことを明らかにしている。[17] しかし、田中氏が言及した一門とは、秀元と婚姻関係や近しい血縁関係を持つもの（右田・厚狭・吉敷）に限られていた。当該期は未だ阿川・大野両毛利家は成立しておらず、後に一門筆頭となる宍戸家も、秀元からは政治的に距離を取っている。つまり、ここで田中氏が言及した一門（右田・厚狭・吉敷）と、その後の家格としての一門は必ずしも一致していないのである。こうした点を考えると、秀元と一門（右田・厚狭・吉敷）の関係は、後の萩毛利家家臣団内における一門という家格集団としてではなく、あくまでも毛利家の同族内における血縁に基づく関係であると言える。後年に秀就と秀元の関係が悪化したため、こうした関係は断絶せざるを得なかったものの、後述する家臣団統制と並行して関係が変容していったことは注目すべきである。

ところで、大名の分家家臣である一門家臣の位置づけは、大名家ごとに差が見られる。例えば、仙台伊達家のように、官僚制のなかには位置づけられない存在もあった。また、秋田佐竹家のように、各地の所預《ところあずかり》として分領支配を担ったものもあった。こうした位置づけは個々の大名家の内部事情（新参家臣の登用や一門の勢力状況など）による部分が大きかったと言えよう。いわば、「御家」の戦略を強く反映しているのである。こうした点を踏まえ、次は一門の役職就任について見ていく。

（二）一門家臣の役職への就任

長府を筆頭とする末家や吉川家が萩毛利家と距離をとったのに対し、一門らは家臣として官僚制機構の内に位置づけられていった。萩毛利家の職制上、一門が就任する役職は、おおむね当役・当職・加判役の三つに限定されていた[18]。当役とは、大名の補佐のため、参勤に随従する側近としての性格を持つ役職であったのに対し、当職は国許で財政諸役所を統括する役職であった。このため、前者を「行相」、後者を「国相」と称する場合もあった。また、加判役とは、重要書類に判を押す役職であり、家臣団統制に関わる職務を担当していた。この内、大名の参勤に随従する者を江戸加判役、国許に残る者を御国加判役と呼び区別した。また、当役・当職・加判役を総称して、当役中と称した。

一門がこうした役職へ就任していく過程について、先述の田中氏は「藩主幼少の危機を、一門を梃子とする家臣団秩序の引き締めで乗り切ったと言えよう。他藩でよく見られる一門・家老の反目を原因とする、いわゆるお家騒動が起きなかったのは、一門の構成が比較的平準化されていたことと、元就以来の一門の団結の伝統があったからであろうか[19]」と述べている。確かに、多くの大名家で「御一門払い」と呼ばれるように、大名との血縁関係によって地位を保障されていた家々が追放されたことや大名と大身家臣の不和から生じる御家騒動が生じたことと比すれば、近世初頭における萩毛利家一門の動向は、特筆すべきものとして位置づけられる。

しかし、疑問も残る。例えば、中世史研究の分野において、石畑匡基氏は、毛利家権力内における一族に関する研究が十分になされていない点を指摘し、近世期まで見据えた毛利家の権力構造を検討する上で、吉川家・

小早川家以外の毛利一族、具体的には、元就庶子たちの立場についても十分に目を向ける必要性に言及している。[20]つまり、裏を返せば、中世から近世初頭における毛利家の一門の位置づけについては未だ不分明な部分が多く残されており、「元就以来の一門の団結の伝統」を証明する段階には至っていないのである。石畑氏も、戦国期において、長府毛利家の祖・元清が一族の内でも優遇されていたこと、これに対し、異母弟である元康が反発していたことを指摘している。[21]だとすれば、近世初頭の危機を乗り切る要因となったはずの「元就以来の一族の団結の伝統」はどこから生じたのか。

この点について、興味深い指摘を行ったのが、岸田裕之氏である。岸田氏は大坂夏の陣に際し、毛利輝元がこの「張良か一巻」をたくみに利用しながら、兄弟・一族の結束を元就の遺訓として一門ら共有していったとしている。[22]このように見ると、あたかも、中世における元就の遺訓、つまりは兄弟・一族の結束や団結が直線的に近世に引き継がれたようにも見えるが、同氏も指摘しているように、あくまでもこの「伝統」は大坂の陣という、毛利家の内部崩壊を引き起こし兼ねない極めて不穏な情勢を「元就の遺訓」を持ち出して乗り切ろうという戦略的な意図のもとで作り出されたものである。従って、「元就の遺訓」に基づく団結の伝統とは大名、この時点では輝元からの強烈な介入があって初めて実現するものであり、自然発生するものでも、無条件に一族間で共有されていたものでもなかったのである。

また萩毛利家の一門統制を他家と比較し、安定的なものとする見解に対しては、異なる意見も示されている。市村佑一氏は、萩毛利家の家臣団統制のなかでも、特に指導者層となり得る存在に着目し、検討を行っている。[23]同氏の指摘のなかでも、特に興味深いのは、正保～延宝期（一六四四～一六八一年）を境に萩毛利家の指導者集団に一門が参画していくようになったという点である。同氏の分析によれば、一時期は右田毛利家が参画したものの、近世初頭に恒常的に加判役を務めていたのは、阿川・大野両毛利家、つまり吉川家系の比較的新

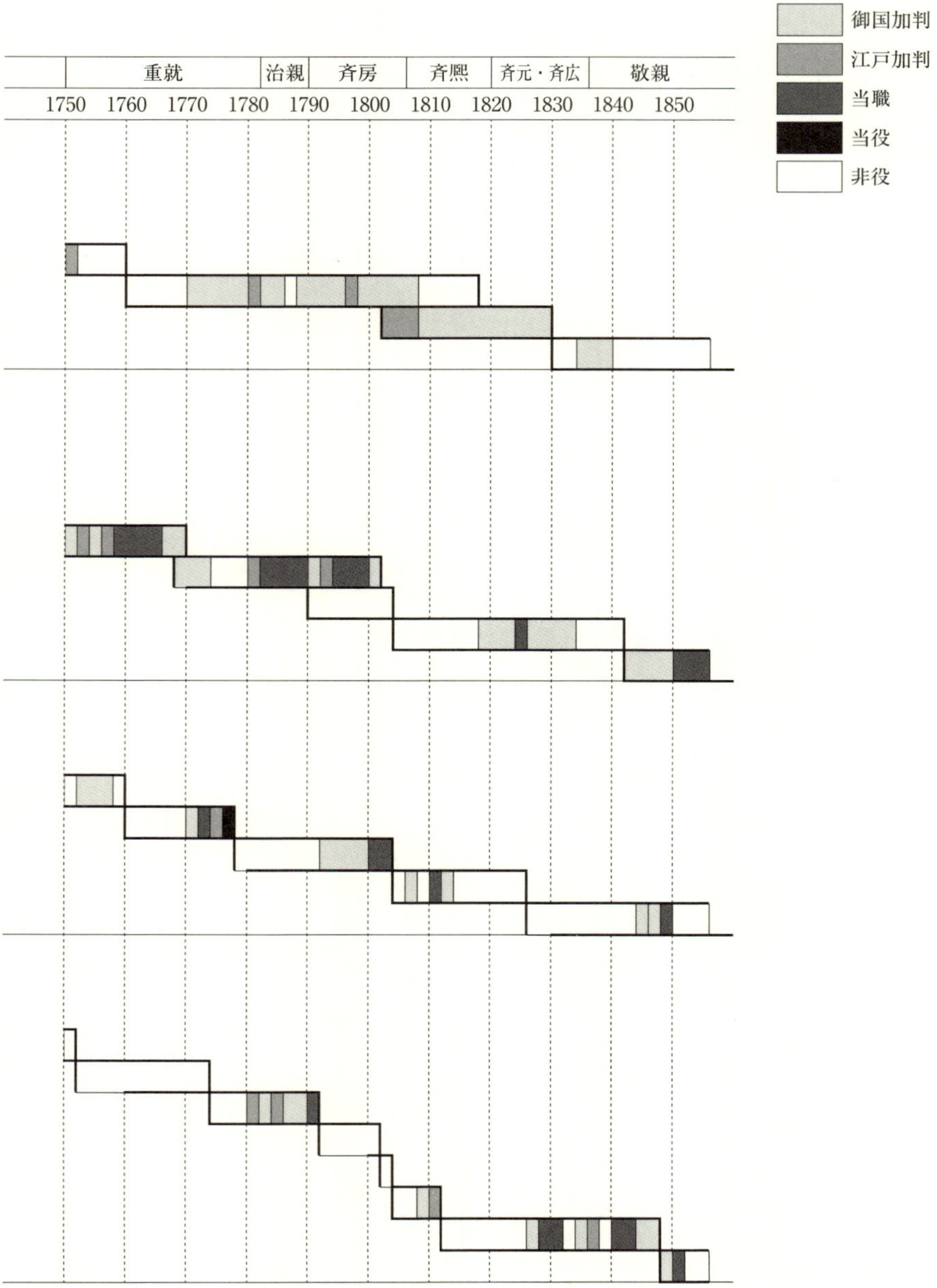
御国加判
江戸加判
当職
当役
非役
重就
治親
斉房
斉熙
斉元・斉広
敬親
1750
1760
1770
1780
1790
1800
1810
1820
1830
1840
1850

【表1】一門の役職就任期間

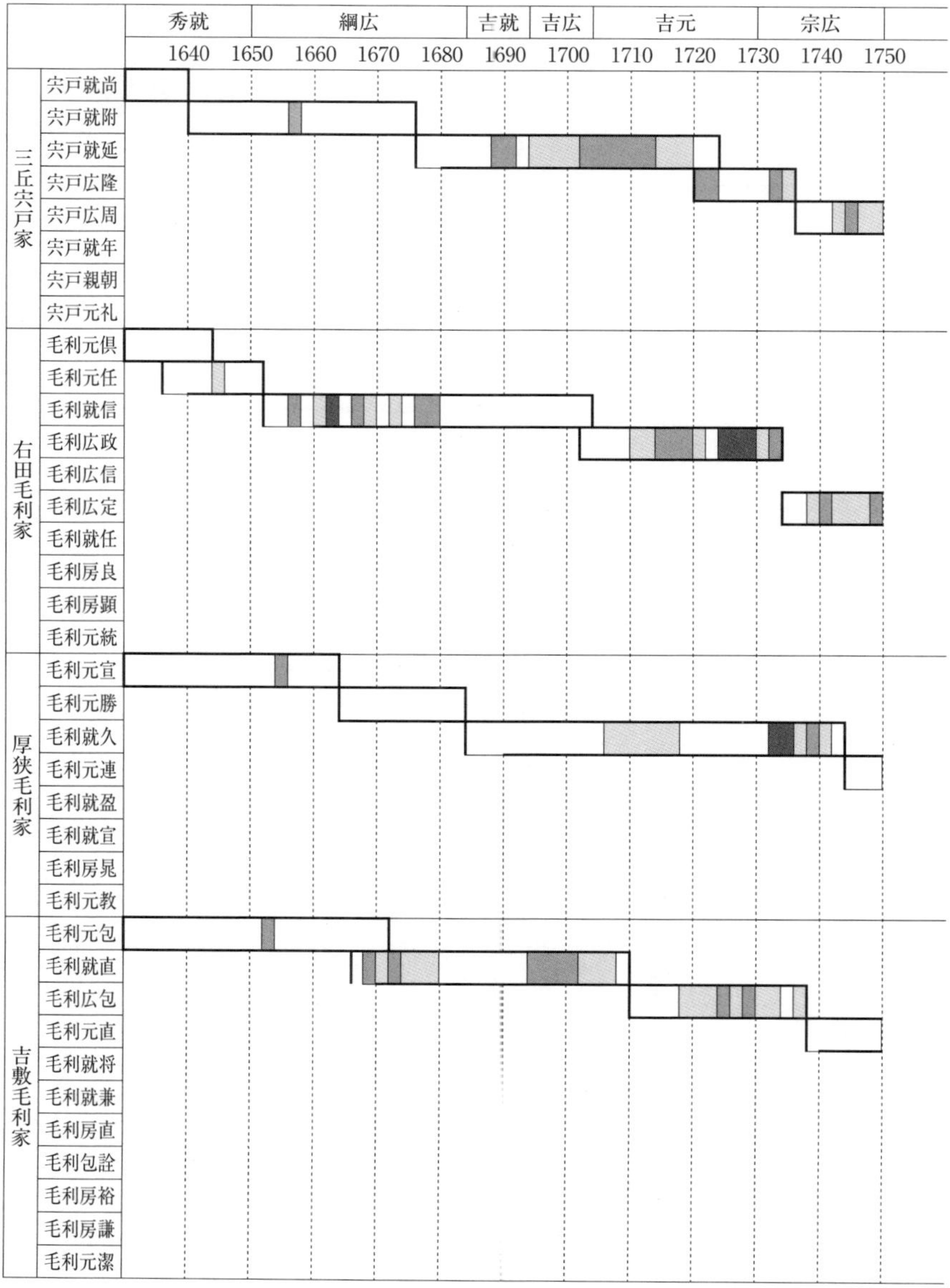

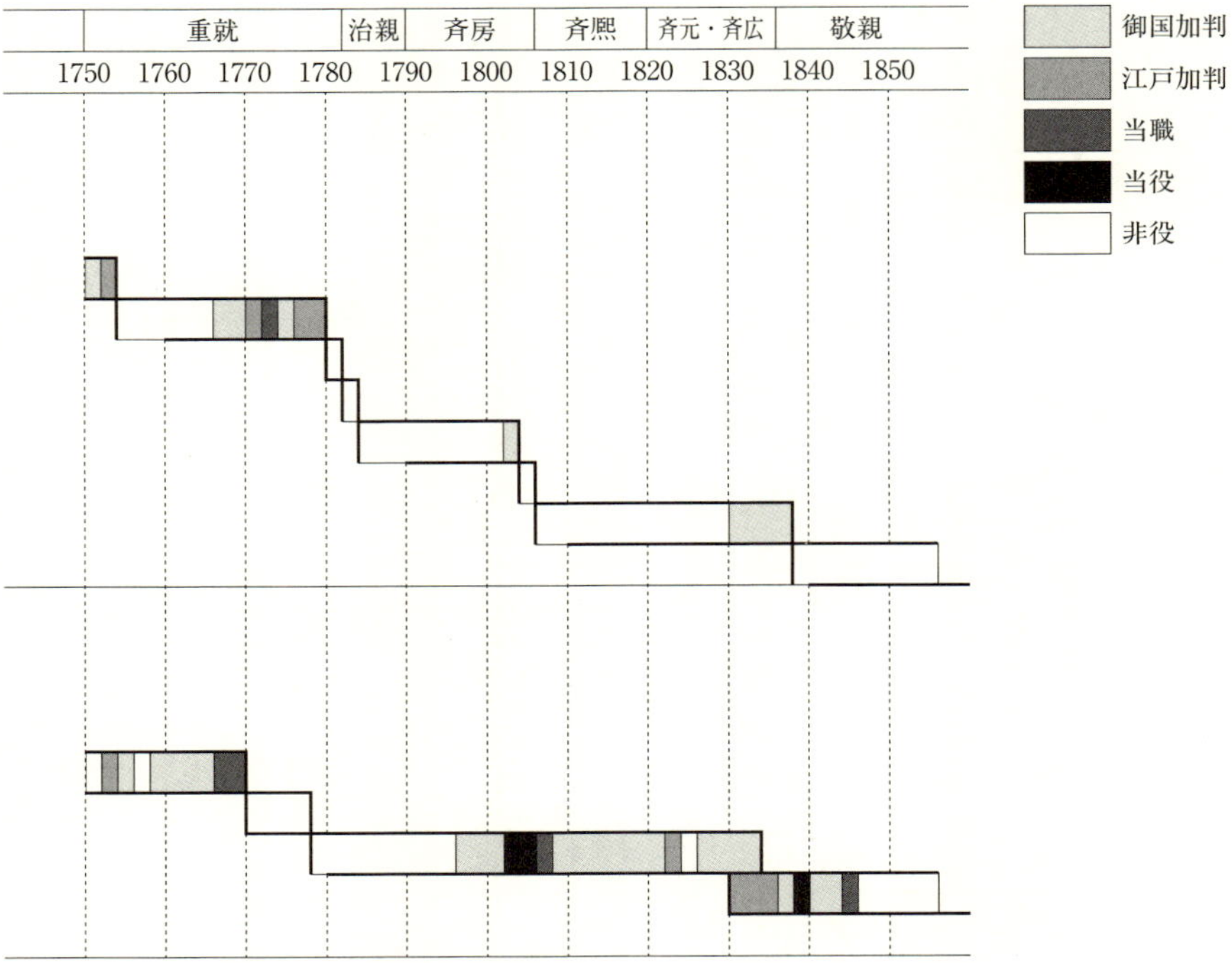

しい一門らであった。しかし、承応三年（一六五四）、国目付の派遣にともない、交替で江戸詰めをする要員に、阿川・大野毛利家以外の一門らが組み込まれたことを以て、一門全体が指導者集団へ組み込まれていたという。もっとも、一年交替で江戸詰をするようになることが、即座に指導者集団への包括を意味するかは疑問が残るが、役職就任、特に大名の供としての江戸詰の開始時期が一門という家格集団のなかで相違しているという点は極めて重要な示唆を与えてくれる。

同氏の指摘する役職への就任に関わる格差は、近世初頭のみに見られたものではない。【表1】は、各一門当主が御国加判・江戸加判・当職・当役に就任した期間を比較したものであるが、ここからは以下の四点が指摘出来る。

①就任する役職に相違がある。特に、大

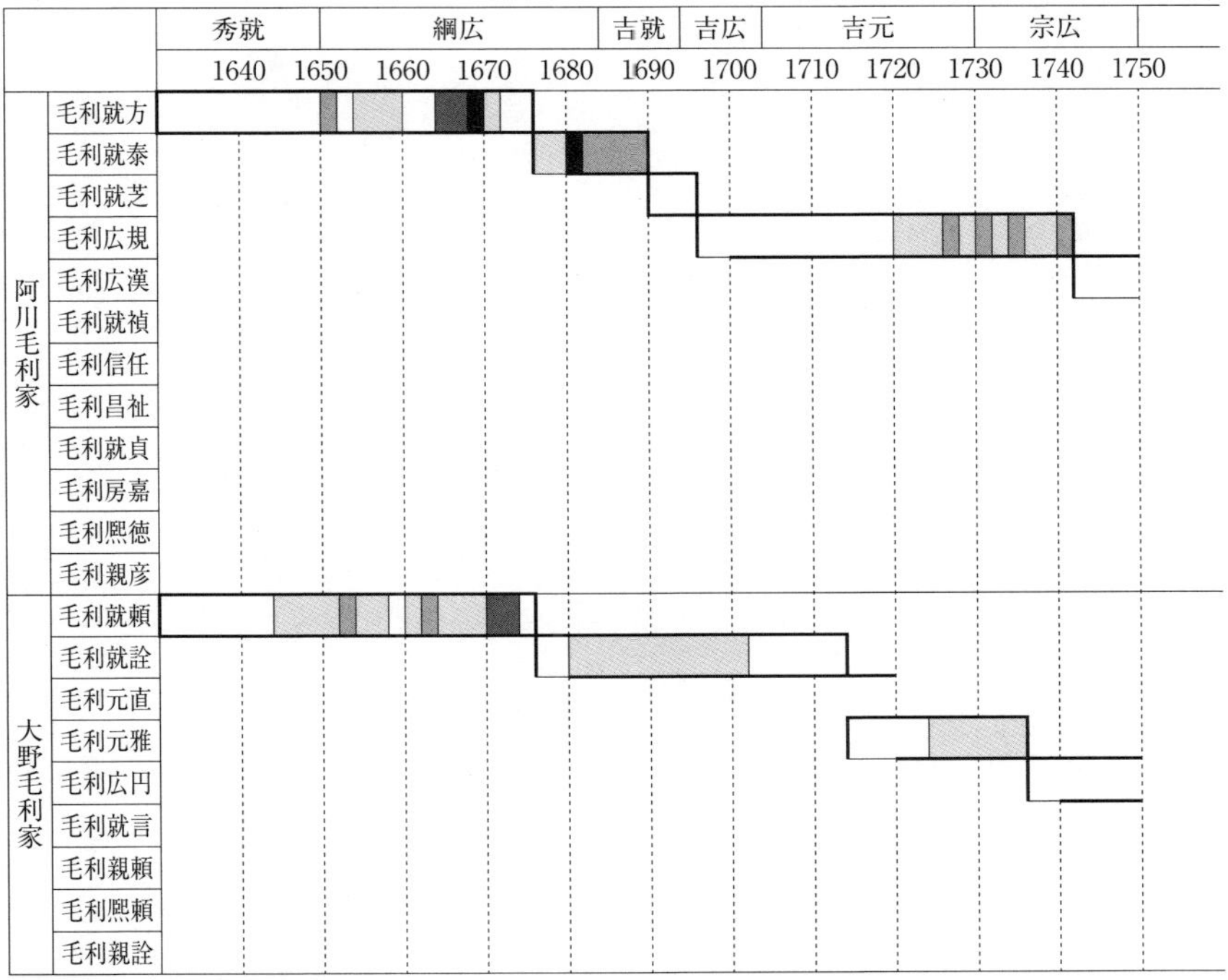

※『萩藩主要役職者年表』より筆者作成

名側近である当役への就任は、厚狭毛利家が一度、阿川毛利家・大野毛利家が二度であり、他三家は就任していない。また、阿川・大野両毛利家の場合でも、阿川毛利家が近世前期に当役を務めたのに対し、大野毛利家は近世後期に当役を務めるなど在職の時期に違いが見られる。

②系統だった昇進パターンが確認出来ない。例えば、御国加判→江戸加判→当職と昇任していくのではなく、最初に就任する役職やその後の転役に関し、六家で共通の傾向が見られない。また、一生の内の在職期間や職の種類も家ごと、さらに言えば個人によって相違しており、官僚制への編入の程度は家以上に個人によって差が見られる。

③一つの役職に一〇年以上在職した例は稀である。特に当職・当役については

この傾向が顕著であるが、これは一人に権力が集中することを避けるためであると考えられる。一方、加判役を見ると、宍戸就年・親朝のように一〇〜二〇年在職した例も見られるが、この両名が長命であったこと、さらに、当該期は一門当主の多くが幼年であったため、必然的に在職期間が長くなったものと考えられる。

④一門の多くは老年・幼年の時期以外にも、役職に就任しない期間が長く存在している。例外として、右田毛利家の広定がいるが、これは改革の実行という明確な目的のもと、重就が積極的に登用したものである。つまり、一門であっても、行政に関与する役職に任命されることは必然ではなく、登用する大名側の思惑を抜きにしては実現し得なかったと言える。

これらの点から考えて、一門と役職の関係は特定の家が特定の役職を独占する状況、つまり、家職化する段階には至っていなかったと言える。また、一つ注目したいのが、近世初頭において一門一列に「家臣」と位置づけられた背景である。先述したように、一門の役職就任は各家で差があり、特に成立の遅い一門ほど積極的に登用されていた。しかし、一門を「家臣」として位置づけ、積極的に主張しなくてはならない積極的な契機は別に存在した。それが末家・吉川家の家格問題であった。

(三) 末家・吉川家の家格問題と役職—家臣としての一門—

近世初頭において、一門に関して「家臣」という点がことさらに強調されたのは、家中向けの問題よりも、末家・吉川家の家格問題に関わる場面であった。先述した通り、長府毛利家は初代当主・秀元の存命中から積極的に家格上昇運動に取り組んでいたが[24]、萩毛利家側はこうした長府毛利家の主張に対し、長府毛利家の成り立ち、つまり、毛利家内における秀元の立ち位置から反論を試みている。【史料一】は、承応二年（一六五三）、国目付の石川弥左衛門に対し、萩毛利家の留守居・福間彦右衛門が長府毛利家の来歴を説明した史料であるが、注目すべきは傍線部分である。

【史料二】

（前略）

一、右之様子御物語ニ付、弥左衛門殿江彦右衛門申候者、扨者美濃守殿証文共被懸御目ニ様子御物語候哉、御挨拶無残所奉存候、如被仰候千代熊(綱広)方ニ者猶以数通之書物共可有御座候、又縁辺之儀茂為被仰達ニ少茂相違無御座候、又甲斐守(秀元)・宗瑞(輝元)・長門守(秀就)江忠節為仕由ニ御座候、又甲斐守ニ宗瑞・長門守より厚恩者莫太成儀ニ御座候、其故者甲斐守父元清(穂井田)者元就末子ニ而御座候、家来ニ罷居候一門之者共ニ毛利紀伊守(厚狭・元宣)・毛利佐渡守(吉敷・元包)・毛利右京(大野・就頼)抔与申候者共ハ、甲斐守父元清より者惣領筋之者之子共筋茂御座候へ共、只今少身ニて罷居候、甲斐守儀茂右之者共同前之仕合ニてこそ可被罷居儀ニ御座候処、一旦宗瑞養子ニ茂可仕与被存候付而、先年長門国ニ周防之内一郡相添遣置候、只今も両国之内ニて大分之知行遣置候、此段者過分成恩ニて御座候、又養子之儀者実子出来候得者、其実子ニ家を継せ申候儀者世間ニ其例有之儀ニ御座候事、(25)

傍線で示した箇所では、より高い格式を求める長府毛利家の主張に対する萩毛利家の反論である。ここで萩毛利家は、秀元が穂井田元清の子、つまり、元就庶子の子孫であることを指摘し、同様の出自を持つ家が萩毛利家においては「少身」に甘んじているという点を以て、長府毛利家の主張を不当なものであるとしている。いわば、単に元就の子孫であるという点を以て特権的地位を保障するという論理は当該期の萩毛利家にはなかったと言えよう。むしろ、萩毛利家にとっては、一門と長府毛利家は同列という位置づけであったと言えようこのように、比較対象として一門の存在へ言及した例は、後年の吉川家の場合にも見られる。家臣か独立した大名かという点をめぐる吉川家の家格上昇運動は、別朱印状の発給を求める長府毛利家のものよりも大規模かつ長期的な問題となった。同家の家格上昇運動は山本洋氏が「陰徳太平記」の出版を事例に検討しているが(26)、吉川家が自家の主張を正当化した論理のなかで注目すべきは、この時も一門の存在が大きな問題となっているという点である。

正徳三年（一七一三）に吉川家が自家の家格を主張するにあたって萩毛利家に提出した覚書のなかで、吉川家は自家を「日頼（元就）様以来之御手筋律儀ニ相心得、古格無相違様ニと相勤候処、年寄中之心得を以、おのつから御家老之部ニ相加り候様ニ被相計候段不審ニ存候、美濃守（吉川広正）を御家老之並ニ押置候而各同輩之仕成、面々かさり之様ニ共被存候哉、近年ニ至候而も、御本家之御家来勝之助同格之家外ニも有之由、江戸向之沙汰御座候、又四郎（長府・綱元）殿・飛騨守（徳山・元次）殿・讃岐守（清末・元平）殿之外、勝之助（吉川・広遠）同輩之家者御座有間敷様ニ存事候(27)」と言及し、吉川家と同格の家を「末家」である長府・徳山・清末各毛利家であるとしている。また、ここで吉川家が言及している「家老」とは具体的な役職というよりも、大名である末家と対比される家臣としての意味であり、一門らのことを指しているものと考えられる。つまり、彼らと同等＝萩毛利家の家臣として扱われることが吉川家にとって許容しがたいこととして理解されていたのである。

これに対し、萩毛利家側は、「吉川ニ筋目同前之一族之家老其外古キ物共数多罷在候故、民部大輔（吉元）領掌不仕儀を脇筋より之依願、万一相違之儀も御座候てハ、先祖以来之法式も乱レ、向後仕置申付候障ニも罷成候時者、家中之者共存念難計、国之騒ニも可罷成様ニ奉存候(28)」という見解を示している。つまり、萩毛利家は、吉川家とはあくまでも一門と同等の存在であり、吉川家へ特別な待遇を約束することは、一門を始めとする上級家臣に不満を抱かせることになり、ひいては「国之騒」をも引き起こすものとして捉えていた。特に、養子相続であった五代当主・吉元にとっては、現実味を持った問題であったと考えられる。当該期の状況について、山県周南の前期の弟子であり、萩毛利家六代当主・宗広に仕えた和智東郊も著作のなかで、吉元の一門家臣に対する処遇があまりにもよそよそしかったことを記述しており、分家である長府毛利家から相続した吉元にとって、一門家臣とは、吉川家と同様の問題を起こしうる存在であり、傍系出身の自身の権威を徹底させなくてはならない存在であったと言える。

また、本書第三章で詳述するが、吉川家は萩毛利家との間だけではなく、一門各家との間でも争論を抱えていた。一方、一門側は自家と吉川家との格式の差について強い関心を持っており[29]、両家の間には争論の萌芽が多数内包されていたのである。

こうした歴史的展開から明らかなように、大名の分家であるという性質上、大名は一門の処遇に大きな関心を寄せていた。特に、前述した萩毛利家五代当主・吉元や本書で検討していく同家七代当主・毛利重就のように分家からの養子当主の場合、家臣団最高位であるとともに、大名権威の派生である一門の存在は大きな脅威となり得た。さらに、近世初頭から続いた末家や吉川家との争論は、一門にとっても無関係なものではなかった。そこで、こうした背景を踏まえ、次節では、重就の家督相続後、毛利家という「御家」が直面した問題について検討をしていく。

第二節　重就の家督相続と「御家」の課題

（一）重就の家督相続に伴う問題

本章の中心となる毛利重就は、享保一〇年（一七二五）、長府毛利家六代当主・毛利匡広《まさひろ》の子として誕生した。しかし、重就には同じ長府毛利家出身でも萩毛利家五代当主・吉元とは異なる事情があった。重就の父である匡広は当初、清末毛利家二代当主として毛利元平と名乗っていたが、同三年（一七一八）の長府毛利家断絶に伴い、同家の領地を相続し、名を匡広と変えたのである。つまり、系図で示すと【系図2】の通りとなり、本家たる萩毛利家から見れば、分家の分家に当たる。重就自身は父が長府毛利家を相続してから誕生した子ではあるが、こうした事情が後に同様に長府毛利家から本家を相続した吉元に対する複雑な感

【系図2】萩毛利家正統系図

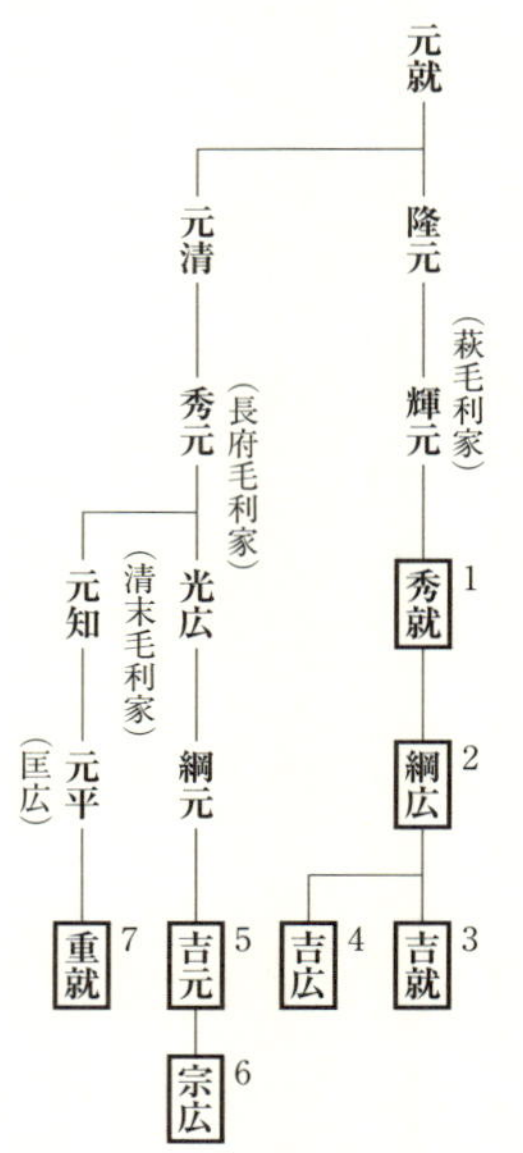

四角内が萩毛利家当主であり、数字は代数を示す。
※『近世防長諸家系図綜覧』から筆者作成

情を生む一因となったとも考えられる。

また、重就には、姉一人（異母）、兄三人（異母一人、同母二人）、弟一人（同母）がおり、本家どころか本来ならば分家の当主にさえなれないはずの存在であった。しかし、異母兄である師就《もろなり》が長府毛利家の家督を相続した後、同母兄二人がそれぞれ清末毛利家と、右田毛利家（本家家臣・一門）の家督を相続したことなど種々の事情が重なり、師就の後を継ぎ、同二〇年（一七三五）に長府毛利家八代当主となった。さらに、寛延四年（一七五一）には本家当主・毛利宗広の死去に伴い、本家の家督を相続したのである。

重就の家督相続に当たっては、通常の養子入りとは異なる側面があった。以下の【史料二】は宗広の死去した際、同人の願書という形で一門らによって作成され、末期養子願として幕府に提出された文書であるが、このなかでは宗広や一門らの意向が明確にされている。

【史料二】

私儀先頃以来足痛浮腫相煩、先達而御届仕候其後弥不相勝、別而太切罷在候、未男子無之候付去年国元江之御暇被下候節、書付を以奉願置候通配地之末家毛利甲斐守（匡敬、後の重就）当年弐十七歳ニ罷成候間、私病気養生不叶死去仕候者此者江無相違家督被仰付被下候様ニ奉願候、依之申上候以上、

二月七日　　御名（毛利宗広）[30]

実際には、宗広は二月四日に既に死去しており、この願書は宗広周辺の一門らによって作成されたものであると考えられる。さらに同日、今度は重就が本家へ移った後の長府毛利家に関する願書が萩毛利家側によって作成され、幕府に提出された。これが【史料三】である。

【史料三】

甲斐守在所ニ妾腹之男子七歳ニ罷成文之介（重就の子・後の匡満）と申者有之候、出生之砌より虚弱ニ付御届不仕候処、段々丈夫ニ致盛長候間、当春御届可仕由私国元江及相談候付御届可申上と奉存候、右文之助追而分地仕末家ニ仕候様ニ申含候、右文之介事末家ニ仕候訳者私国元ニおいて懐人之婦人有之候、若男子出生仕候ハ、往々甲斐守嫡子相願可申候、若死去弱御座候ハ、、先達而出生之娘国元ニ罷在候間、相応之者聟養子相願右娘と取合候存寄ニ御座候、此段御聞罷置可被下候以上、

二月七日　御名（宗広）[31]

この二つの史料の要点をまとめると、以下の二点となる。まず一つ目として、重就の存在はあくまでも中継ぎであったということである。これは重就が実子・文之介（助）を長府毛利家に残すよう求められていたことからも言える。そして、この時重就の後継者の候補として想定されていたのが、まだ生まれていなかった宗広の実子か、「相応之聟養子」となる人物であった。つまり、家督相続当初は、重就の血筋がこの後も本家当主となることは、想定外のことだったと言えよう。同時に、問題となるのが「相応之聟養子」とはどういった人物を指しているのかという点である。ここに、重就が一門らと対立する原因が存在していた。

まず、先代・宗広と一門を筆頭とする家臣団は「相応之聟養子」として、「宇田川御子様」[32]を想定していたことが、重就・広定兄弟の間で交わされた書状のなかで明らかにされている。この「宇田川御子

【系図3】 毛利重就系図

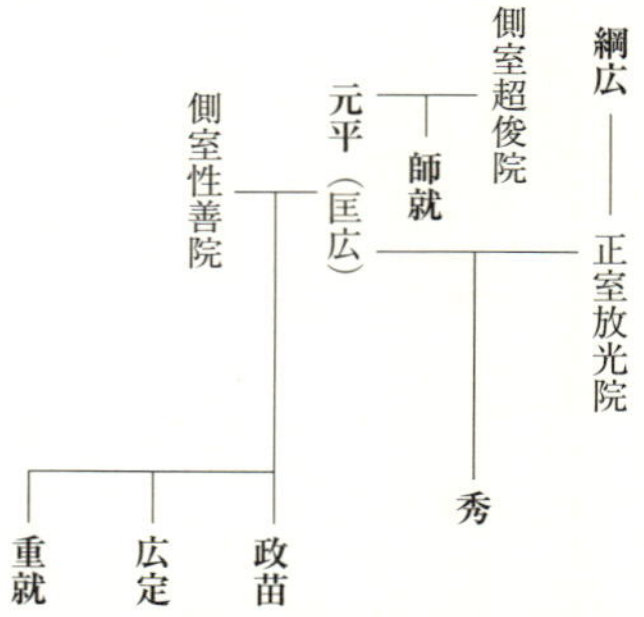

※『近世防長諸家系図綜覧』から筆者作成。

様」とは重就の異母姉・秀の子たちであるが、彼らの名前が挙げられたのには、家臣団側が綱広の直系の血筋を正統とし、その血筋への回帰を求めていたという事情がある。

【系図3】は重就とその兄弟の系図である。先述したように、重就の兄弟はほとんどが妾腹の出身であったが、唯一、匡広と正室・放光院の間に生まれたのが、姉・秀（有馬一準正室）であった。そしてこの正室・放光院が萩二代当主・綱広の娘であったため、秀の子たちは、母系血統ではあるが、毛利家正統の血を引いている。このことから、萩毛利家家中は、長府毛利家から入家した五代当主・吉元よりも前、綱広の血筋に復することを希求していると言える。いわば、二代当主・綱広の血筋への回帰を以て復古するということが一門側の理想だったという事が出来る。そして、こうした理想実現のために作成されたのが【史料二】【史料三】であったのである。

これに対し、重就は実子の文之助を宗広の娘と結婚させるという計画を実兄の広定に打ち明けている。この間に重就・広定兄弟の間で交わされた書状やそこで明らかにされている彼らの認識は後述するが、ここで指摘しておきたいのは、後の宝暦改革の指標となる復古や回帰といった目標は重就のみが抱いていたものではなく、むしろ重就よりも先に、毛利家という「御家」全体が持っていたということである。しかし、宝暦改革時に重就の想定した復古と、宗広死去に際し「御家」の構成員が希求した復古との間には大きな溝があった。重就の目指した復古の具体像については後述するが、両者の相違はただ一つ、「どのような方法を以て、いつに回帰するのか」という点の相違であった。

ここまで述べてきた重就の家督相続に至るまでの一連の動向は、同人の治世に言及した先行研究のほとんどが触れているが、その多くがこれらの点を後に起こる重就と一門ら上級家臣たちとの対立の前提条件として位置づけるのみであった。確かに、重就と上級家臣らの対立を決定的にしたことの背景には、この後継者をめぐる一連の動向が少なからず影響していることは疑いがないが、そもそも対立の前提には「御家」を運営していくための戦略として、復古という目標をめぐる意見の決定的な相違があったことは、今後の重就の動向を考える上で極めて重要な観点となるため、重ねて強調しておきたい。

ここで重就治世と同時期に発生した類例として、阿波蜂須賀家当主・蜂須賀重喜を見てみたい。[33] 佐竹家出身の重喜は、宝暦四年（一七五四）に蜂須賀家を相続した。家督相続当初から先例を無条件に重視する家中に対して否定的な見解を示した重喜は、次第に家中の反発を招き、明和六年（一七六九）に幕府から隠居を命じられた。その際、蜂須賀家の家老らは幕府から重喜以前の政治のあり方に戻すよう命じられている。

こうした例を見ても、養子である重就が先代の遺志に反する行動をとり続けることには、重就自身の地位を脅かす危険性が伴っていたと言うことができる。しかし、同じような条件下にあったにもかかわらず、大きく異なっていたのは、重喜と違い、重就は宝暦九年（一七五九）の改革開始以降、先祖である毛利元就の存在を最大限に利用したという点である。

（二）宝暦改革と元就

宝暦九年（一七五九）、重就は毛利元就の神霊に誓うという形式を以て改革の開始を宣言した。岸本覚氏は、こうした契機で開始された毛利家の宝暦改革について、祖先への誓いのなかで、政治を運営していく復古の性格を見出した。[34] 換言するならば、元就治世に理想的な秩序を求めたと言えよう。[35] 他家を見ても、同時期に復古を標榜した改革は一般的に見られる現象である。そもそも、幕府の寛政改革自体が、慶長・享保への復古を目標に掲げており、遠い過去のなかに理想的秩序を見出すという姿勢自体は普遍的なものであると言える。しかし、萩毛利家の場合、特筆すべきは復古するべき過去が近世以前であったこと、つまり、徳川家と何の繋がりも持ち得ない元就が理想的秩序の体現者として注目されたこと、さらに、こうした復古が単なる理念では終わらず、それによって合理化された秩序が再編化され、具体化され、適用されたという点である。

また、従来の研究において過去への回帰を標榜する性質の諸政策を復古として一括りにしてしまう傾向があった。しかし、復古というものは同時代的には改革を実行する上で普遍的な理念であったが、先述したように、単に復古というだけであれば、一門ら上級家臣も同様の理想を抱いていた。そして、重就がこうした一門らに反発していたことも事実である。つまり、復古という言葉で一括りにしては、重就の企図する復古の本質や特質を十分に理解することは出来ない。では、重就の考える復古とはどういったものなのか。こうした重就の見解を考える上で、重要なのは前年に家中へ与えた重就の直書である。

【史料四】

（前略）

一、先例旧格家風とさへ申候へは脇より否不得申故、不心得之役人は事品寄おの〳〵か勝手宜敷事は先例旧格家風を申立、人を防我意を立候輩も有之やうに相聞へ候、先例旧格家風と申も多くは近来之仕癖にて必しも祖宗之古法にあらす、たとへ家風と成来候事にても道理に不叶儀は時に依可改、只今先御代御存生にて候共道に違候儀をは御改可被成候、然者向後其心得を以万事先例旧格家風と申事になつみ不申才力之及候程は道理に随ひ可致吟味候、[36]

（後略）

この史料のなかで、重就は家臣らの主張する「先例旧格家風」とされるものの多くは「近来之仕癖」であり、

「祖宗之古法」ではないと説明している。つまり、一門らが主張する毛利家の「家風」や「先例」に真っ向から対立する見解を表明しているのである。これは、先代以来の「先例旧格家風」を以て重就の地位を脅かす一門に対する挑戦と言っても過言ではないだろう。この点において、重就の企図する復古とは、毛利家本来のあり方の見直しに他ならないと言うことが出来る。

また、改革に至る過程で、御家内部にも大きな変化が生じた。一つの要因は、重就による一門の排斥である。重就との対立のなかで、宝暦四年（一七五四）には阿川毛利家当主・毛利広漢《ひろくに》、同一〇年（一七六〇）には宍戸家当主・宍戸広周《ひろちか》、厚狭毛利家当主・毛利元連《もとつら》が隠居させられた。また、重就周辺にも変化が生じた。重就の後継者候補は、家督相続当初は妾腹の男子のみだったが、同四年（一七五四）に正室立花氏との間に男子（後の治親）が誕生した。そして、決定的な要因となったのが、同一〇年に家中の求めによって迎えた養子・重広の急死であった。

養子の急死により、重就は実子の岩之允（後の治親）を後継者として指名した。このことによる一連の騒動については、小川氏の研究[37]で詳しく言及されているが、強調したいのは、この宝暦一〇年の一件を以て、重就の血筋が本家当主として続いていくことが現実となったという点である。つまり、中継ぎという位置づけを脱した重就自身は、自身の功績を「御家」の歴史として子孫に継承していくことが可能になったと言える。そして、岸本氏が指摘した元就を中心とした復古は、まさにこうした「御家」内部の変化と並行して起きていたのである。ここで問題となるのは、一門の希求する復古と重就が提唱する復古には、具体的にどういった相違があるのかという点である。この点について明らかにするため、次節においては、従来記述の記述内容の客観性の問題から検討対象とされてこなかった「御国政御再興記」をもとに、重就の理想的復古について検討を行う。

第三節　重就と「御国政御再興記」

（一）研究史における「御国政御再興記」の評価

重就の復古に関係する認識を検討する上で、注目したいのが「御国政御再興記」という史料の存在である。まずは、この史料が成立する過程の検討を通し、この史料の持つ問題点と可能性について考えてみたい。「御国政御再興記」は重就の治世を顕彰した史料であり、全二巻で構成されている。同書は、御宝蔵に納められた他、洞春寺顕西殿・江戸・萩当職座へ写しが納められた。現在は山口県文書館に同書の原本が所蔵されている他、明治に至り毛利家編輯所所属の大田報助によって編纂された『毛利十一代史』に収録されている。しかし、後述するように、この二巻は成立に至る経緯が異なっている。

次に、内容について見ていく。まずは一巻であるが、こちらは安永七年（一七七八）一〇月一日、宝暦改革で重就を補佐した高洲就忠が当役を退任するに当たり、約二〇年に亘る事績をまとめ、翌八年（一七七九）に後任の当役・国司備後が奥書きをし、完成したものである。（この後「第一」とする）この書が就忠自身の功績をまとめるという形を取りながら、実は重就の功績を顕彰するものであるという点は先行研究で度々言及されている。また、以下の史料から分かるように、そもそも就忠が「第一」を作成したのも、重就自身の命によるものであったと考えられる。

【史料五】

一、安永七年戊戌九月廿一日被遊　　御帰城候、其已後此内先達而高洲平七就忠当役江被仰付置候御国政御再興之廉々御記録草案一冊出来ニ付平七より同年十一月朔日差出候、左候而清書於御密用方中山又八郎役座相調可然与之趣ニ付追而書調相成候、然処平七気分相ニ付、同日御役御断申出之、同月五日如願退役被仰付候故、同年十二月十二日御直目付山縣半兵衛を以右御記録御前差上候得者、可被遊　　御熟覧与之旨ニ而被遊　　御留置候、此段半兵衛より平七江も相達候事、[38]

（後略）

これに対し、第二巻は同九年（一七八〇）八月二九日、重就が密用方に命じ、作成させたものが原型となっている。この密用方とは、安永三年（一七七四）に設置された役所であり、本来は重就の命に基づく内密の調査や記録作成を担っていたことが、山﨑一郎氏によって明らかにされている[39]。成立期の密用方が重就の命により、文武諸芸御取立政策や元就らの遠忌法要の先例調査を行っていたことを明らかにした同氏は、重就が密用方を設置したことに対し、「毛利家の歴史や過去の情報（先例）の把握が強く指向されるのは、その正確な情報を掴むことで、対立する家臣たち（「先例旧格家風」を主張する家臣たち）に対し、情報面で優位を保つという側面をもつ[40]」と指摘しており、この点は本書にも大きな示唆を与えるものであると言えよう。同氏は重就と対立する家臣として実務役人らを挙げているが、それだけではなく、前述した家督相続に関する重就に直接「先例旧格家風」を主張しうる存在として、一門ら上級家臣らの存在も想定出来る。

この密用方によって作成されたものが、現在、山口県文書館に所蔵されている「御国政御再興記草稿」（以下「草稿」）である。この「草稿」は天明二年（一七八二）に再度重就から治世顕彰が命じられた際、直目付らの名のもとで加筆され、「御国政御再興記　第二」（以下「第二」）として清書された。また、後述するが、この「草稿」「第二」は作成当初から家中に流布する「浮説誤伝」、具体的には重就への批判に対抗する目的として作成された。つまり、当初から重就治世の顕彰が第一の目的にされていたことをここで指摘しておきたい。

以上のような経緯を経て成立した同書であるが、研究史上における同書の意義は必ずしも定まっていない。当初こそ、畑中誠治氏[41]や井上勝生氏[42]によって、同書をもとに宝暦改革の実態解明が目指されてきた。これに史料の客観性という観点から疑問を呈したのが、小川國治氏[43]や河村一郎氏[44]である。特に河村氏は重就＝名君という見解に批判的立場から同書について「重就の自画自賛の書」とし、特に作成当初から重就治世の顕彰を目的として作成された「第二」については「重就批判の『浮説誤伝』に対抗した自己弁護的なもの[45]」と評価を加えている。

確かに、同書の内容は客観性に問題があり、改革の実態解明には不向きな史料であると言える。しかし、その点を以て即座に同書の史料的価値を全面的に否定して良いのだろうか。確かに史料の客観性は、歴史的事実を明らかにする上で必要不可欠ではあり、そうした目的の下では、「御国政御再興記」は十分な価値を発揮しえないであろう。一方で、同書が重就の治世を肯定するという明確な目的意識のもとで作成されたことは先述の通りであり、その文脈には重就が自身の治世をどのような理論で正当化し、継承しようとしていたのか、換言するならば、重就の戦略が組み込まれていると理解することも可能である。この重就の戦略を読み取ることこそ、同書の史料的価値を最大限に活かすことに繋がるのではなかろうか。

このように考えるのは筆者だけではない。近年、その史料的価値が見直され始めている「明君録」について見てみると、例えば、深谷克己氏は「明君録には程度の差はあれ虚実が入り交じっているが、虚実を腑分けするだけが明君録の活用にはならない。虚実のまま明君録の文脈を理解することによって、この時代の「期待される君主（領主）像」が浮かび上がり、日本近世における「政治文化」の特徴が理解できるようになる[46]」と述べている。

こうした史料を分析する上での新視点の導入は、「御国政御再興記」の従来とは異なる側面、つまり「明君録」としての性格に焦点を当てるものであり、重就の抱いていた理想の大名像や「御家」に対する理念を読み取ることを可能にすると考えられる。よって、ここでは、河村氏が指摘しているように、より重就の主観が強く反映されていると考える「草稿」「第二」を敢えて対象とすることで、重就の持つ「御家」の理念について、明らかにしていく。

(二)「草稿」から「第二」へ

まず、最初に「草稿」作成に際し、重就が密用方に示した意向を見ていく。以下の【史料六】は「草稿」の作成に際し、重就が密用方へ命じた指示内容である。

【史料六】

密用方江極密申付之事、

先達而密用方拵候国政再興之記録江相添、子孫江も相伝之覚悟候大意、左之廉々ニ応其心得を以草案可相調事、

一、宝暦以来国政再興不容易訳并所務永否荒地等餘分之再興故、其餘計を以只今迄一方之便ニも相成、猶此已後以永々相伝之得益国中撫育之程旁子孫考ニ相成候調方之事、

一、十三ヶ年之間両度之御手伝、辰ノ年両屋敷類焼、此三ヶ条無間合、非常之造作入差湊、誠ニ天災・国役故、偏ニ国中及難儀候訳之事、

一、此度国中之難儀偏近年上之分過之奢有之、近年不首尾故抔と内輪より浮説、下之心得違之処、此分ニ而年月立候而者上之身通も難立候、当代ニ至御先祖以来之家中を見離之、国中ヲ令忘脚（却カ）候所存全無之儀、先年神力を仰キ懇祈も此儀ニ候旁不心得之浮説子孫ニ至聞迷ひ無之様ニ分過ニあらす、不首尾ニあらす、正路之証拠有之事ニ付、其訳道理明白ニ書集候事、
但先年内匠・頼母国持持方聞書・留書等之類今も存たる者可有之哉、何分密用方心得候事、
右之通安永九年（一七八〇）庚子　御在国八月廿九日ニ被　仰出候事、[47]

この史料から明らかになるのは以下の二点である。まず、一点目として、重就は密用方に作成を命じた史料（＝「草稿」）が「子孫江も相伝之覚悟」であることを明示している点が挙げられる。つまり、重就は作成される史料、この場合は自身の治世を顕彰する記述の読者として、後年の「御家」の構成員を想定しており、自身が作り上げた「御家」の理念の継承を意図していたと言える。二点目は、この史料編纂の目的は、毛利家が当時直面していた困難がすべて「天災・国役」によるものであり、重就の失政によるものではないことを証明することであったと言う点である。これが重就の言うところの「解嘲之一冊」であり、河村氏が「自画自賛の書」とする所以である。

従来の研究では、こうした点を以て、重就の改革に対し、家中から不満の声が上がっていたこと、つまり、重就が自ら弁明の書を編纂しなくてはならないほど危機感を感じる状況に置かれていたことの証明であるとしている。確かに、顕彰の記述を自ら用意することは、自身の正統性・正当性に危機感を覚えていたことの裏返しとも理解出来る。しかし、重就はどのような理論を以て、「浮説誤伝」に対抗しようとしたのであろうか。さらに言うならば、「子孫江も相伝之覚悟」で作成を命じた史料を通し、重就は何を後世に伝えようとしたのであろうか。

「草稿」「第二」の内容を「第一」と比べて見ると、重要な特徴を見出すことが出来る。確かに「草稿」「第二」も「第一」と同様に撫育方による蓄財や検地による収入増加など財政に関わる記述が多数見られるものの、重就が「再興」した他の事柄についても多数記載されており、一概に経済政策のみ顕彰するものとは言えない。例えば、「神仏御信仰中絶之御祈祷迄御再興被遊(48)」や「三田尻稽古場再興被仰付候事(49)」などの記事がこれに相当する。そして、このなかで、「洞春様（元就）御年回之儀先規よりも段々被入御念候事(50)」という記事も記載されており、元就への関心の高さも重就の「再興」した功績として捉えられていることは注目すべきである。

ところで、「草稿」「第二」に関わる最大の特徴は、「草稿」から「第二」に至る過程で大幅な加筆が行われていることである。「第一」は高洲就忠の提出した文章と大きな変更点がないのに対し、「草稿」は「第二」に至るまでの間にいくつかの内容が加筆されている。それは単純に、「草稿」段階では起きていなかった事柄もある一方、安永二年（一七七三）の少将昇進やそれに関わる関連事項なども含まれており、こうした事柄に対し、重就が自身の治世を顕彰する役割を期待していたことが読み取れる。では、こうした特徴を持つ「草稿」「第二」は重就治世をどのように描き出しているのか、従来は着目されなかった経済政策以外の記述にも目を向けながら検討を行う。

(三) 重就にとっての「古法」

ここでは、重就の考える「御家」について、「草稿」「第二」の内容の中でも特に以下の三点に特に焦点をあてて検討をしたい。まず一点目はこの記録のなかで、重就の事績はあくまでも「再興」「中興」という文脈で語られているという点である。それは、「御当代様御国政抜群之御験効百年以来之御中興著明之御事ニ御座候(51)」という記述からも読み取ることが出来る。いわば、後年、そして今日において重就に与えられる「中興の祖」という評価は、重就の自己評価と通じる点もあったと言えよう。それは、現在一般に流布している明治維新を目指したための「中興」「再興」ではなく、あくまでも毛利家先祖の功績に対する「中興」「再興」であるという点が今日における重就像とは大きな相違点である点を強調しておきたい。

このように重就が「中興」「再興」という表現を多用していることに対し、河村氏は「自分達の改革を、何も恣意的に新政策を打出したものではなく、古法に則り、先人達が実施しようとして果たせなかった政策を継承してその実現を図るものである旨を常に強調するのである」[52]と述べている。確かに同氏の指摘は、明治維新の成果を前提とした重就＝名君論への警鐘という意味では、致し方ない評価であると言えよう。しかし、ここで注目すべきは、同氏自身の指摘にもあるように、重就が歴代当主について、先祖以来の政策を「実施しようとして果たせなかった」存在としている点である。つまり、自身の政策を正当化するための方便であったとしても、重就は毛利家という「御家」の理想を果たせなかった歴代当主と、それを「再興」「中興」した自分自身という対比構造を表現する記述を作成し、子孫たちへ伝えようとしたのである。

こうした点は、「第二」で加筆された少将昇進に関わる記事がより明確に示している。つまり、少将への官位昇進という事実は、少将へ昇進出来なかった歴代当主と、少将へ昇進出来た重就というように、先述の対比構造を客観的に証明する要因として利用されているのである。そして、歴代当主への言及という点こそが、本章において着目したい二つ目の特徴である。

重就は自身の功績に対し、度々「百年以来」という表現を用いている。この「百年」は単純に慣用句としても理解出来るが、歴代当主に対する重就の評価を見ていると、興味深い傾向を析出することが出来る。【表2】は「草稿」「第二」双方において、歴代当主の功績に重就が言及している箇所を「嗜好翫物」「官位」に区分してま

【表2】　歴代当主に対する表現比較

		嗜好翫物		少将への昇進
初代・秀就	草稿	諸事戦国之餘習ニて治世之御見渡ニ難相成儀有之候故除之	草稿	
	第二	同上	第二	
2代・綱広	草稿	木部原御茶屋	草稿	
	第二	同上	第二	
3代・吉就	草稿	玉江御茶屋・俵山御茶屋等之類此外大寺建立	草稿	
	第二	同上	第二	
4代・吉広	草稿	深川正明之市より御滞留ニて御入湯之御構之儀相見候、尤纔拾六ヶ年之御在世　御多病ニ被成御座候故、其外各別之儀不相見候	草稿	
	第二	同上	第二	
5代・吉元	草稿	二之丸御茶屋御再興之由、尤此御代最初被成御奢候由、末々老人共申伝も有之候へ共、宝永五年御初入ニ候へ者正徳二年迄者其間五ヶ年ニ候処、正徳之頃右御評判起り候由、其後宍戸就延老後咄候由申伝も有之、就延者浮説同意ニ無之、上之御瑕瑾ニ相成候処を嗟嘆せられ候由申伝も相聞候、彼是浮説誤伝者後世可恐御事歟、	草稿	
	第二	同上	第二	御年齢も五十歳を被遊御越、御参勤之度数も餘程被為積、大概其儀出来寄御病臥御譫言にも被懸御心頭候由に候へ共、天命不被至、御願望不被相叶
6代・宗広	草稿	廿一ヶ年之間江戸両御屋敷火後之御作事、御初入年御両国虫枯、大照院大変之御再興旁如形之御厄害、此外青雲院様御代以来無之御手伝事被蒙仰、此時諸人共ニ其事を不承馴儀故、貴賤共ニ聞懼有之候程之儀ニ付於　上も別而御辛労被遊候、纔御年数之内右諸災被差閊、無間被遊御逝去候故、各別御再興之御間合も無御座様ニ相見候事、	草稿	
	第二	二十一ヶ年之間江戸両御屋敷火後之御作事　御初入国年御領国虫枯其後大照院大変之御再興旁如形之御厄害其外青雲院様御代以来無之御手伝事被蒙　仰、此時諸人共其事を不承馴儀故、貴賤共聞懼有之候程之儀ニ付、於　　上も別而被遊御辛労候故歟、各別之儀不相見候、尤萩　御城之大下馬北之浜堀抜又者四本松より北之方見通し之所植松、或ハ明倫館前馬場仕直等被仰付候類御歴代様方依御嗜好被仰付候儀も有之事候、	第二	引続段々御手遣ひも御座候へ共、無其詮誠に御家之御残懐共可申

7代・重就	草稿	三田尻御普請抔も屹度不被差向儀御倹約中抔も如何敷歟之由浮説も有之候由、是又甚僻論ニ而当時諸御大名御隠居方凡七十家武鑑ニ相見へ其例不少儀、且御当代様ニ者御五拾をも被遊御越候儀旁以異論有之間敷御事ニ御座候、	草稿	
	第二	三田尻御普請抔も屹度不被差向儀御倹約内如何之様浮説も有之候由、是又甚僻論ニ而当時諸御大名御隠居方凡六十餘家武鑑ニ相見へ其例不少儀、且御当代様ニ者御五十をも被遊御越候儀旁旁異論有之間敷御事ニ御座候、	第二	近来之御中興第一には頻年段々被遊心苦被尽御手候訳不大形寔天運に被成御叶候義御数代之御願望一時に被相済候趣不容易に御座候

※「御国政御再興草稿」・「御国政御再興記　第二」より筆者作成

とめたものである。この表を見ると、重就は初代当主・秀就の治世に対しては「戦国之餘習」を理由に参考とはならない旨を述べており、重就の意図する「百年」とは、大体二代・綱広からを示していると考えられる。一方、二代・綱広、三代・吉就、四代・吉広に対する記述と比較すると、五代・吉元、六代・宗広に関わる記述が多いことが一見して読み取れる。では、こうした特徴は、何を意図しているのであろうか。

この点を考える上で注目したいのが、「草稿」から「第二」に至る過程で加筆された安永二年（一七七三）の少将昇進に関わる記事である。次の【史料七】は「第二」において重就の少将昇進の意義を説明した記事である。

【史料七】

（前略）

一、大照院様《綱広》御代以来御中絶之少将御官被遊御昇進候、此儀青雲院様《吉広》御代長府綱元様御同官御先官に付、其節より御手遣ひ始り、泰桓院様《吉元》には御年齢も五十歳を被遊御越、御参勤之度数も餘程被為積、大概其儀出来寄御病臥御譫言にも被懸御心頭候由に候へ共、天命不被至、御願望不被相叶、観光院様《宗広》にも引続段々御手遣ひも御座候へ共、無其詮誠に御家之御残懐共可申処、御当代様《重就》には世上に唱来候十三番手五十歳以上と申候より少々早く御昇進被遊候段委細奥之附言の箇條に有之近来之御中興第一には頬年段々被遊心苦被尽御手候訳不大形、寔天運に被成御叶候義御数代之御願望一時に被相済候趣不容易に御座候、[53]
（後略）

この史料中で、重就は、少将昇進を熱望し「御病臥御譫言にも被懸御心頭」ながらも、「天命不被至」実現出来なかった五代・吉元と、同じく少将昇進を実現出来ず「無其詮誠に御家之御残懐」としてしまった六代・宗広と対比する形で、自分自身については「寔天運に被成御叶候義数代之御願望一時に被相済候」と言及している。為政者が「天運」という言葉を用いて自身の政権を正当化するという行為は、近世を通じて普遍的に見られる行為であった。[54]このように考えると、官位上昇に関する重就の認識とは、「御家」への貢献が少なく、官位上昇が果たせなかった＝「天命不被至」なかった歴代当主と、「御家」や先祖への貢献が認められ、異例の官位上昇を果たした＝「天運」に恵まれた自身という文脈で読み取ることが出来る。つまり、重就の「御家」に関わる理解の根幹には、こうした歴代当主、特に直近の五代・吉元、六代・宗広への強烈な否定が内包されていたのである。

一方で、重就は自身の行った改革についても言及している。そして、この改革に対する自己評価が三点目の視点である。【史料八】は、当時家中で流布していた家臣の召し放ちという噂に対し、重就が反論を行った記述であるが、興味深い点が読み取れる。

【史料八】

（前略）

一、此度之御仕組御沙汰之儀世上一統困窮之上、後江懸り年数之出米等被仰付候而弥以御家頼中難儀可仕と於

御上者　御仁慈之　御賢慮を被　悩候儀故其砌御書付ニも相見候様ニ御思召之旨難相叶候得共、近年之内御借銀無之様ニ可仕段申出之趣有之、勿論其内之御国役其外御差閊無之御間欠不仕相調候段者於尓下僉議候上申出之儀ニ候故、無虚伺之筋ニ被相任候、御所帯御盛衰之儀者　御家御永久ニ順ひ、自今以後も間々可有之儀、其衰を凌候儀者賢才を被挙候ハヽ、国政之奥儀を害せす、何分共其道可有之儀、然所ニ御所帯差閊とし而　御先祖様以来之御譜代をも御見放被成候儀之様ニ数多之人情物移有之時者自今諸事心懸迄も相背候儀御国政之奥儀ニ大害甚敷、第一　御当代様御思召ニ全く無御座、此度御内密之被仰付書御注文ニも被仰記候、御当家之儀者匹夫ニ而も　御相伝筋目之者離散不仕候様ニと古より之御掟御ヶ条尓今被相行儀ニ候、依之自今安永格と称し、其実者　御思召ニも不叶儀共を却而後世口実ニ可仕段如何敷と之趣ニて如是　御垂示被仰付候事、(55)

（後略）

この文章は「草稿」のものであるが、「第二」にも多少表現に相違があるものの、同じ内容の記事が収録されている。このなかで、重就は自身の行動を「古より之御掟御ヶ条」に沿ったものとして位置つけるとともに、「安永格」という呼称が「後世口実」とされることを危惧している。つまり、重就は自身の改革を「安永格」＝新法として理解されることに不快感を示し、あくまでも「古より之御掟御ヶ条」＝「古法」であることを強調しているのである。ここにも、重就の改革の持つ復古という性格が反映されているのである。近世における古法重視・祖法尊重の思想は、近世法制史において、度々指摘されている。服藤弘司氏は近世における古法尊重の理由について、祖先崇拝と始祖英雄視論の二つを指摘している。(56)しかし、重就の想定する「古法」とは、単純にこの二つの論理で解決するものではなかった。

また、加えて、重就の主張の中で「天災・国役」が併記されている点も興味深い。重就は、幕府からの「国役」を最早「天災」と同様に、つまりは降ってわいた災難として理解していたのである。そして、この「天災・国役」に関する不満が家中からも出ていた以上、この「国役」に関わる認識は家中においても共有されていたと考えられる。近年の研究では、宝暦～天明期は幕府の公儀性の稀薄化に伴い、大名家の中で自立の機運が高まったとされている。(57) 確かに、「天災・国役」とする重就の思想も、最早幕府への奉公を名誉ある義務として捉えるのではなく、天災と並ぶ災難の一種と捉えており、一般的に見られる宝暦～天明期の特徴を反映していると言えよう。つまり、幕府への奉仕より各家の存続、「御家」の論理が超越しているのである。同時に、重就は、官位や座列などで表象される幕府内における序列の向上を自身の功績と結び付けて捉えており、「御家」を評価する役目を幕府へ期待していたことが分かる。このことから、宝暦～天明期とは大名家の自立化の発端であるかもしれないが、同時に幕府という存在に対する大きな矛盾をも生み出した時期であると言えよう。先述した「天」の論理の導入も、将軍家を超越した「天」という存在への言及であり、こうした矛盾の一端として理解も出来る。

ここまで見てきたように、重就が作り上げた「御家」の理念とは、復古を実現出来なかった歴代当主と、それを可能にした自分という対比構造を以て、自身の正統性・正当性を強調しているという点を読み取ることが出来る。では、何故重就はこうした対比構造を必要としたのだろうか。換言するならば、何故復古の対象とする時期が初代・秀就よりも以前、元就治世に求められたのか。この点について検討するため、次節では、「御国政御再興記」で重就が言及しなかった点について着目していく。

第四節　系譜意識の再編と「御家」

（一）重就・広定兄弟の系譜意識

先述してきたように、重就は「御国政御再興記」の中で、非常に多くの事柄について言及している。それは、従来注目されていた経済政策のみではなく、同人が「再興」「中興」したもの全般に及んでいる。一方で、同書にはもう一つの特徴がある。それは重就が不自然なまでに言及を避けている事柄が存在するという点である。それは血筋に関わる問題である。

冒頭でも述べた点であるが、萩毛利家では五代・吉元と七代・重就が長府毛利家から本家の家督を相続している。つまり、輝元以来の毛利家正統は四代・吉広で絶えてしまっているのである。こうした事実にもかかわらず、重就は自身や吉元の養子入りや本家の血筋の断絶については全く言及していないのである。

しかし、重就自身がこれらの事柄に関心がなかったとは考えられない。それは、同母兄であり、萩毛利家一門・右田毛利家を相続した広定との一連のやりとりから判断することが出来る。第二節で述べたように、重就は治世当初、自身の後継者問題で一門ら上級家臣らとの対立を深めていたが、実兄である広定とは頻繁に書状を取り交わし、後継者問題の相談を行っていた。【史料九】はこの際、広定から重就に宛てられた書状であるが、このなかには長府毛利家出身者特有とも言える認識が見て取れる。

【史料九】

（前略）

一、右ニ付相考候所、　観光院（宗広）様御遺書　誠姫（宗広娘）様事次宇田川御子様方之事相見候得共、必御落着被成たる御文言ニも無之、其内　誠姫様御事御老中方へ被仰入置候趣有之事ニ候間、其筋被相立候儀勿論之儀と相見候、左候而御養子之事宇田川之儀ハ泰巌院（綱広）様御血筋ニても御女子続之儀ニ御座候、御男子続き候て無之候へ者本筋之御血脈とハ難申、先ハ他姓之御養子と申ニ罷成候、

一、元来養子之儀ハ同姓一家之男子続之血筋を相用候段勿論之儀、長府御家之儀ハ　元就様御子孫御末家之内とも秀元様御事一往　輝元様御養子ニ被為成候御由緒之事候へハ　泰桓院（吉元）様を　青雲院（吉広）様御養子ニ被成、御本家御相続被成候段、左様ニも可有御座事と奉存候、然所又々御本家御養子と有之時者山城守（徳山毛利家・毛利広豊）様御家筋之儀ハ元就様・隆元様・輝元様と段々連綿仕たる御血筋之事ニ候へハ観光院様御養子ニハ山城守様御父子間とも可有之儀候様相見候所、又々長府御家より被為継間事候得者、此上之御養子と有之時ハ山城守様御子達之内にて可有之所を御女子続之宇田川御子達之内と候てハ山城守様御心底御本望ニハ有之間敷候へ者、違却と被思召候様ニも可罷成哉、左候へハ御内輪之不折合外向へ聞候、御養子之儀ニ付筋目御取違被成候故と申候様有之候て御為不宜筋ニて可有御座候、将又　御当代御家続被成候而者文之助様御事御実子之事ニ候得ハ御本家之御嫡子ニ可被相備、強而及異論可申儀と不相見、左候而長府御家続之儀ハ讃岐守（清末毛利家・毛利政苗）様御父子間へ御願可被成儀と相見候[58]

（後略）

これは、重就が自身の後継者決定に関し、意見を求めて送った書状に対する広定の返答である。この中で広定は、重就の養子について、「宇田川御子様」「文之助」「山城守御父子」の三者を具体的に挙げている。このなか

で「宇田川御子様方」は重就の姉の子どもであり、二代当主・綱広の血を引く唯一の存在であった。一方で、当時、重就の後継者候補となっていたのは、この「宇田川御子様」のみではなかった。二人目は重就の実子であり、当時は長府毛利家の当主となっていた文之助であり、三人目は分家の徳山毛利家当主・毛利広豊の子どもであった。この内、徳山毛利家について、【史料九】のなかで、広定は「元就様・隆元様・輝元様と段々連綿たる血筋」であるとし、その血筋の正統性を認めている。さらに注目すべきは重就・広定の生家である長府毛利家に対する文言である。広定は、徳山毛利家の血筋を認めたものの、吉元・重就の二人が本家当主の養子となったことを指摘し、その根幹として「秀元様御事一往輝元様御養子ニ被為成候御由緒」の存在に言及しているのである。

萩毛利家と長府毛利家の間で系譜をめぐる争論が生じていたことは先述の通りであるが、こうした点を踏まえた上で、改めて広定の書状を見ると、長府毛利家の正統性に対する強い自負を読み取ることが出来る。先述したように、広定は長府毛利家について「元就様御子孫御末家之内とも秀元様御事一往輝元様御養子ニ被為成候御由緒」が家格の根拠にあると言及している。そして、五代当主・吉元が本家へ迎え入れられたのも、そして、今回、宗広の後継者として徳山毛利家ではなく、長府毛利家出身の重就が再び指名されたことも、長府毛利家の持つ正統性の反映であるとしているのである。

このように、重就・広定の書状からは、彼らが長府毛利家特有の系譜意識、つまり、秀元の正統性に対する強い自負を抱いていたことが指摘出来る。では、何故重就はその治世のなかで、長府毛利家の血筋について全く言及しなかったのか。

（二）継承すべき「御家」の歴史

ここで新たな検討対象として「治元公申上」を取り上げる。前節で取り扱った「御国政御再興記」が当職役座への設置を通し、要職へ就く家臣らを読み手として想定したのに対し、ここで取り上げる「治元公申上」は文字通り、重就の実子である八代当主・治元（後・治親）が毛利家の歴史を学ぶため、重就の命によって作成された史料である。こちらも「草稿」と同様に密用方が作成したことが山﨑一郎氏によって明らかにされている[59]。いわば、この史料には、重就が次代の当主、しかも自身の子孫たちに対し、毛利家をどのように伝えようとしたのか、つまり重就の「御家」の理念が反映されているのである。【表3】は山﨑氏の指摘をもとに、同書における内容を整理したものであるが、ここに興味深い点が指摘出来る。

まず、同書は毛利家の歴史を学ぶために作成された史料であることは先に述べた通りであるが、【表3】から分かるように、具体的に言及されている項目のほとんどは大江広元から毛利輝元に至るまでの歴史である。つまり、近世期に関わる事柄としては寛永一一年（一六三四）の朱印状交付や、初代・秀就と徳川家康の孫娘との婚姻などごく初期の限定的な事柄にとどまっている。

こうした点を考えると、重就が次代の当主に対して学ぶべきだと考えていたのは、主に近世以前～初頭に関わる部分であり、重就が「古法」を含む様々な事柄が「中絶」していたと考える時期は、学ぶ対象から除外されていたのである。このように考えると、重就が子孫に伝えようと考えた「御家」の理念は、「御国政御再興記」によって示された功績と繋がる部分があるのである。

一方で、各分家に対する記事は圧倒的に多い。先述した寛永一一年（一六三四）の朱印状交付も、長府・徳山両毛利家との争論に端を発しており、広い意味では分家に関わる記事であると言える。このなかで、重就は自身の生家でもある長府毛利家について、以下の通り言及している。

【表3】「治元公申上」の記事と年代

記事名	記載事項の年代
大江御姓由来之事	貞観8年(866)の事
毛利御称号之事	毛利季光(建仁2年〈1202〉生.宝治元年〈1247〉没)について
松平御称号之事	慶長13年(1608)の事
御末家方次第大概之事	—
先年以来岩国家筋趣大概之事	—
萩御一門六家并益田・福原両家大概之事	—
公家武家御差別之事	治承4年(1180)～
広元様以来御領地之事	久安4年(1148)～永正13年(1516)
中国十州之事	天文20年(1551)～永禄9年(1566)
高松陣以来御領国之事	天正10年(1582)の事
関東以来周長一円御領国之事	関ケ原合戦直後
寛永十一年御判物御拝領之節之事	寛永11年(1634)の事
元就公以来御代々御官位次第之事	天文2年(1533)～
菊桐御紋之事	永禄4年(1561)の事
義昭公より桐御紋被下候事	天正年間(1573～1592)初頭
龍昌院様之御事※	慶長7年(1602)～同13年(1608)

太字で示した項目は大江広元～毛利輝元代に関わる項目。
※龍昌院は輝元の子・秀就の正室であるが、当該期は輝元が存命中で秀就の後見を行っていたため、輝元治世の項目とした。
※「治元公申上」・山﨑一郎「萩藩密用方と中山又八郎の活動について—藩主重就期における密用方設置前後の動向—」(『山口県文書館研究紀要』38号、2011年)を元に筆者作成。

【史料一〇】

（前略）
宰相様《秀元》已来　大照院様《秀就》御幼少之節、一旦　天樹院様《輝元》より宰相様御家督被成、左候而宰相様より　大照院様江御家続被成候付、長府之儀者御隠居領ニて御嫡家抔と証跡も無之儀、長府御家来より申触候趣も有之、猶其儀ニ付、色々申伝も有之候、併於御控者其儀ニて者無御座、宰相様御事者勿論暫時御嫡子ニ被成候計ニて往々者一之臣下ニ被仰付との儀旁其節之御控委細有之候故、省略仕候、[60]
（後略）

ここで重就は、自らの生家である長府毛利家の主張する系譜認識を「証跡も無之儀」と一蹴しているのである。さらには、広定の書状では、長府毛利家と徳山毛利家の比較に対する言及があるものの、「治元公中上」のなかで、重就は長府・徳山・清末各毛利家に関し、「天樹院様(輝元)以来之御支族ニて長府・徳山・清末御三家共ニ柳之間御席　公辺者勿論　御本家より之御会釈都合御同様之儀ニ御座候[61]」と述べ、石高に関する多少の相違はあるものの、毛利家という「御家」内においては各分家間に差はないと述べている。また、「御本家之御家来江被対候而者只今之長府抔よりも大日向守様(徳山毛利家初代当主・就隆)以来之御引付之由ニて驕泰之趣も有之様相聞候事[62]」と言及しており、この段階において唯一毛利家正統の血筋を継承していた徳山毛利家に対する重就の危惧を読み取ることが出来る。

　このように、実兄である広定との間では、自身の生家の持つ正統性に関し、絶対的な自信を見せていた重就であるが、その認識は本家当主となり、自身の子孫が後世の本家当主となることが現実となった段階で見直しを求められたのである。本家家督を相続した重就が直面したのは、養子入りという血筋の変更を以て復古をめざす一門ら家中と、自身の生家とは異なる本家の系譜認識、さらには自身よりも血筋の面で正統に近い徳山毛利家の存在であった。このなかで、重就は血筋以外の形で、自身の正統性を確保する必要性に迫られたのである。そして、長府・徳山といった分家の優位性の根拠となりうるものや、分家間の対立を招くような部分を否定する形で本家の系譜意識を再編したのである。そのなかで、重就の正統性を脅かす輝元ではなく、共通の先祖としての元就へ注目していった。

　だからこそ、「御国政御再興記」にも「治元公中上」にも血筋に関わる記述を確認することが出来ないのである。重就にとっては、いかに正統に近い血筋であるかという点よりも、元就の子孫としていかに先祖や「御家」の理念を継承し、「御家」に貢献したのか、つまり「中興」「再興」という点こそが当主の地位を支えるものであり、子孫へも継承していくべきであると考えたと言える。

しかし、こうした元就への復古は、単純に歴代当主の作り出した先例への反発のみに止まらなかった。重就は本家たる萩毛利家だけではなく、元就に関わる家として長府・徳山・清末の三分家や岩国吉川家、さらに家臣である一門六家についても復古の名のもとに、元就を中心とする新たな秩序のなかに取り込んでいったのである。

（三）新秩序への移行―重就の同族観―

先述したように、「治元公申上」のなかで、多数を占めているのが毛利家の分家に関わる記事である。このことからも、重就が自身の子孫に対し、分家の処遇について、十分な知識を継承する必要があると考えていたことが分かる。興味深いのは、重就による分家の区分である。

まず、「御末家」とも称される長府・徳山・清末各毛利家についてである。この三家は内分分家であり、研究によっては「支藩」とも称されることもあるが、これらの家について、重就は「天樹院様以来之御支族[63]」としている。この「天樹院」とは、毛利輝元のことであり、いわば、輝元治世に分かれた家であると述べているのである。このように三末家を輝元に由来する存在であるとする理解は重就特有のものではないが、注目すべきは【史料一二】で示した部分である。

【史料一二】

（前略）

鍋島・池田其外他国之例を伝承候処、御内配之御末家者高札御添札も無之、御本家之御城下ニも不断御詰居被成、其国之制令をも御請有之、御本家之於家中も何某殿と唱ニ仕、家老之面々於御内輪参会之席等も大概同輩ニ似寄候程之儀有之由ニ御座候、此御方ニおいても　大照院《秀就》様御代中頃迄者大概世上同様之御格式ニ御座候処、右之通御普請役其外追々御断之筋有之　泰厳院《綱広》様御代より御配地之所者其御領主之御添札ニ相成、青雲院《吉広》様御代より御家来中之様唱ニ相成、其外小々之儀ニ付而者御格式次第ニ宜敷相成候様ニ致し懸、いつとなく其形ニ相成候段、自然と驕泰之端を起、争競之萌を引出し、枝本木より大に、尾本身より張候儀古人之戒も有之候処、取計ひ之役人其気付無之不学無術故と可申哉、乍恐　御本家之御為御持方ニ付、後来可然筋をも相見兼候、併於只今諸事不残古格ニ御引復し被成候様も事勢勿論難相成様ニ相見候間、唯今迄之所を見詰、事之疆ニ被仰付、此已後御仕向潜り趣廻仕候様相見候儀者不及申、少々瑣細之儀ニても相違不仕候様被仰付候外有御座間敷哉[64]

（後略）

このなかで、重就は鍋島家など他家を引き合いに出し、本来ならばより低い待遇、具体的には「家老之面々」と「大概同輩」であったはずの末家が初代・秀就から四代・吉広に至るなかで、格式を上昇させ、重就の意図する元就治世の「古格」との間に相違が生まれていたと理解していたことが指摘出来る。また、これら三末家とは別の項目を設けて説明されているのが、岩国吉川家である。同家と萩毛利家の争論については先述した通りであるが、重就はこの吉川家についても、「御国御一門同格ニ者難相成、勿論昵勤《ママ》之御末家之様ニも難被為相成、必竟際之物ニ而　公辺御内輪共ニ先例格式計ニて相立候家柄ニ而御会釈抔甚以六ヶ敷儀ニ御座候[65]」と述べ、格式の取り扱いに注意を促している。さらに興味深いのが、これら三末家・吉川家とは別の項目が設けられている「萩御一門并益田・福原両家等大概之事[66]」である。これらは重就が家督相続直後から一〇年に亘り、対立した「御家」の構成員たちである。

「治元公申上」の記述を見ると、重就は一門六家については「洞春様御血脈[67]」、益田家は「他家ニ而　洞春様御代已来御奉公申上候へ共、別而　天樹院様・大照院様御代異《ママ》に他忠勤有之候[68]」、福原家は「御親類頭と申候而、往古より之御家老筋[69]」とし、それぞれが区別されている。しかし、注目すべきは、一門六家については「洞春様御血脈」とし、元就の子孫として、一括で把握されている点である。

第二章で言及をしていくが、近世期における毛利家の一門六家は一概に本家との系譜関係を意識していたわけではない。むしろ、本分家関係ではなく、主従関係に重点を置き、そのなかで個々の「家」として自らの「家」意識を醸成していたのである。場合によっては、一門らは元就から連綿と続くはずの系譜についても相対化する姿勢を見せることもあった。故に、重就のこうした「洞春様御血脈」という極めて単純化された分類は、それ自体が重就の目指す、元就を中心とした新たな秩序の反映であると言えよう。

さらに、重就は分家や家老の実情に対し、以下のように述べている。

【史料一二】

（前略）

老中も益田・福原を潜し、益田・福原ハ御一門六家を潜し、御八家抔と申触し、御一門六家は岩国も同列之様ニ心得、往々者御末家方とも見習候様ニ其家臣さして取計ひ仕、又家来一列之御法度をも請苦敷様ニ相心得一体惣御家来中ニ者各別之儀ニ付ヶ様之儀ハ先規ヶ様有之、ヶ程ニ者可被仰付儀抔と種々之工面仕身柄知行所住居をも仕度、名代使者等ニても難相成をも先同列申合御沙汰をも懸、領分をも其所代官より之支配等をも遁可申手段をも先仕懸候様ニ存る儀共有之様ニ内々相聞候、其外ヶ様之儀彼是筆頭ニ難尽候条、猶其事ニ応し追々可申上哉、貞享元年寿徳院《吉就》様始而御入国之節、御国御一門家老之御会釈甚六ヶ敷被思召候条、能々御気被配可

然旨　泰巌院（綱広）様重畳被仰候由、古人申伝有之[70]

（後略）

このように、重就は個々の家が所属する家格を、遵守すべきことであると子孫たちへ伝えている。現実には、家格規定が遵守されていない状況のなかで、重就はそれぞれの家の来歴について再確認し、新たに位置づけをし直しているのである。ここに重就の新秩序への志向性を読み取ることが出来る。

小　括—復古をめぐる対立が生んだもの—

ここでは、冒頭で提起した問いに答えることで、本章の小括とする。本章の最初で提起したが、宝暦期に重就が直面した「御家」の課題とは何だったのか。筆者はこの点に関し、「自身の正当性・正統性の確保」と「そのための新秩序の形成」であったと考える。

そもそも、復古という言葉自体、単純に過去へと復するという意味以上に、直近の過去への否定という性質を持つものであり、そこから復古の名を借りた新たな秩序を創造する可能性を秘めたものである。羽賀祥二氏は著書のなかで一九世紀の日本における復古論を提起したが[71]、本章において検討を行った萩毛利家七代当主・重就にとっても、復古とは、やはり、直近の当主たちへの否定と同様の意味を持っていたと言える。だからこそ、従来から注目されていた輝元以外で自身の正当性・正統性を確保するための存在として、毛利元就という存在への回帰が目指された。この元就は、重就が持つ血筋の問題、つまり、二代当主・綱広の血筋を継承していないという点をも克服することを可能とし、重就にとっては、まさに新秩序の中心たるべき存在であったと言えよう。

このような背景には、重就の家督相続を支え、同時に家督相続直後から重就と対立した一門らの目指した復古があった。一門ら重臣は、二代当主・綱広の血筋を継承する養子を迎えることで、血筋の面からの復古を目指した。確かに河村氏が指摘しているように、長府毛利家から本家家督を相続した吉元に対しては、その行動に家中から不満が寄せられていた[72]。吉元治世における一門家臣のあり方については改めて検討を加える必要はあるものの、吉元―宗広の血筋が継承出来ないのであれば、この機会に本来の毛利家正統の血筋へ復古したいという思いが一門らの間に存在していたと言える。こうした一門らと対立するなかで、重就はより古い過去への復古、つまり、一門らの主張する「古法」「古格」は「近来之仕癖」であるという主張のもと、重就の想定する毛利家本来の「古法」「古格」への回帰を標榜したのである。

重就は「御国政御再興記」「治元公申上」のなかにおいて、歴代当主、特に近世期の当主に対し、直接的に否定する言葉は用いていない。しかし、重就は彼らに対し、「病弱」「幼少」「天命不被至」とし、それらの事情により、彼らが毛利家という「御家」に貢献出来なかったことを強調している。つまり、それらの当主と対比し、自身の功績を「中興」「再興」としているのである。

こうした重就の「御家」認識は家督相続以降、単線的に形成されたとは考えられない。それは、実兄・広定との書状からも読み取ることが出来るように、自身が生家において身につけた長府毛利家をめぐる理解が、重就の後継者決定の際には色濃く反映されている。しかし、重就は自身の実子を嫡子とするなかで、より古い「先例旧格」を調査することで、生家で身につけた認識は見直さざるを得なくなったのである。こうした重就の「御家」をめぐる葛藤の結果が、「御国政御再興記」であり、「治元公申上」であったと言える。

このように、元就を中心とした家中秩序は重就が直面した「御家」の課題への解決を模索するなかで形成されていったのである。しかし、ここで疑問が生じる。それは、重就と復古をめぐる対立を続けた一門の存在である。「治元公申上」において、「洞春様御血脈」、つまり、元就の子孫として位置づけられたことは、萩毛利家の歴史的展開のなかでどのような意味を持つのだろうか。次章においては、一門ら各家の来歴をもとに、こうした「御家」の秩序の展開について検討を行う。

【註】

(1)中井信彦『転換期幕藩体制の研究』(塙書房　一九七一年)
(2)小川國治『転換期長州藩の研究』(思文閣出版　一九九六年)
(3)佐々木潤之介『幕末社会論』(塙書房　一九六九年)
(4)小川氏は前掲書の中で重就の晩年に至り、次代当主・治親の側近と、重就周辺の家臣、特に改革を主導してきた家臣たちとの間で対立があったことを指摘している。
(5)「岩国殿様事掛相事一件」(25吉川事103)山口県文書館所蔵毛利家文庫　以下特に断りのない限り、原文書は同館の所蔵である。
(6)田中誠二「萩藩宝暦検地の研究」(同『近世の検地と年貢』塙書房　一九九六年)・同「萩藩天明山検地の研究」(『瀬戸内海域史研究』第七輯　一九九九年)・同「萩藩後期の藩財政」(『山口大学文学会志』第四九巻　一九九九年)・同「萩藩後期の経済臣僚たち」(『瀬戸内海域史研究』第九輯　二〇〇二年)
(7)河村一郎「『蔵櫃録』が語るもの」(『防長藩政期への視座』私家版　一九九八年)六二頁
(8)吉武佳一郎「『名君』たちの虚像と実像をめぐって」(青木美智男・保坂智編『争点日本の歴史』第五巻　近世編　一九九一年)一一四頁
(9)深谷克己「名君とはなにか」(『歴史評論』五八一巻　一九九八年)・同「明君録―期待される君主像」(鵜飼政志ほか編『歴史をよむ』東京大学出版会　二〇〇四年)
(10)若尾政希『「太平記読み」の時代―近世政治思想史の構想―』(平凡社　一九九九年)

(11)小関悠一郎『〈明君〉の近世―学問・知識と藩政改革―』(吉川弘文館　二〇一二年)
(12)岸本覚「長州藩藩祖廟の形成」(『日本史研究』四三八号　一九九九年)・同「長州藩の藩祖顕彰と藩政改革」(『日本史研究』四六四号　二〇〇一年)・同「近世後期における大名家の由緒―長州藩を事例として―」(『歴史学研究』八二〇号　二〇〇六年)
(13)前掲岸本二〇〇一年(12)
(14)吉川家を萩毛利家の一家臣とするか、独立大名とするかは研究者の立場によって意見が分かれている。しかし、近世を通じ岩国吉川家が家格上昇運動を継続し、自らが萩毛利家の家臣ではないことを内外に主張し続けていたという点を重視し、少なくとも吉川家自身が独立大名としての格式を受けているという自覚を持っていなかったと考える。但し、吉川家を萩毛利家の一家臣とするというよりも、吉川家の位置づけ自体が、極めて歴史性を反映したものであり、同家の位置づけを家臣か大名かという以上にどのように変遷をしていったかに目を向ける必要がある。よって、この点から、「家」意識からの検討を主とする本書にしては、吉川家を独立大名としては扱わないという立場を取る。
(15)田中誠二「萩藩本・支藩関係をめぐって」(『山口県地方史研究』六一号　一九八九年)・同「毛利秀元論」(『山口県地方史研究』六二号　一九九〇年)
(16)(17)前掲田中一九九〇年(15)
(18)時山弥八編『稿本もりのしげり』(東京大学出版会　一九八一年)　初版は一九一六年
(19)田中誠二「萩藩家臣団編成と加判役の成立」(『山口大学文学会志』五五号　二〇〇五年)五九頁
(20)(21)石畑匡基「戦国期毛利元清の権限と地位」(『古文書研究』七八号　二〇一四年)
(22)岸田裕之「毛利元就と「張良か一巻之書」」(『龍谷大学論集』四七四・四七五号　二〇一〇年)
(23)市村佑一「長州藩における家臣団形成過程」(藤野保編『論集幕藩体制史』七　雄山閣出版　一九九四年)
(24)長府毛利家の家格上昇運動については、前掲田中(9)の他、山本博文『江戸お留守居役の日記』(講談社学術文庫　二〇〇三年)　初出は一九九一年
(25)「福間彦右衛門覚書」中(『山口県史史料編　近世二』　二〇〇五年)四二二頁

(26)山本洋「『陰徳太平記』編述過程における記事の改変について」(『軍記と語り物』四四号　二〇〇八年)
(27)「蓮得院口上覚写」(『山口県史　史料編　近世二』二〇〇五年)五七五頁
(28)「当役志道就保願書写」(『山口県史　史料編　近世二』二〇〇五年)五七〇頁
(29)拙稿「萩藩主家法要における一門の代焼香―特権意識の形成と否定―」(『山口県地方史研究』一一四号　二〇一五年)
(30)(31)「公儀所日乗長府帳書抜」(24末家11)
(32)「毛利重就養子事等内密書状」(右田毛利家63(2))
(33)笠谷和比古『主君「押込」の構造』(平凡社　一九八八年)・三宅正浩「藩政改革の政治構造―徳島藩における藩政史認識形成」(『史林』九〇巻四号　二〇〇七年)後『近世大名家の政治秩序』(校倉書房　二〇一四年)に収録。
(34)前掲岸本二〇〇一年(12)
(35)例えば、福田千鶴氏は宝暦・明和期における福岡黒田家の改革の中に復古主義的性格を指摘している。(「近世中期の藩政」大石学編『享保改革と社会変容　日本の時代史一六』吉川弘文館　二〇〇三年)　また、浪川健治氏は一八世紀後半の盛岡南部家において奢侈・頽廃の象徴としての「当風」と対比する形で、あるべき身分秩序としての「古風」への注目が集まったことを指摘している(「「諸士知行所出物諸品并境書上」の作成とその歴史的背景」浪川健治編『近世の空間構造と支配―盛岡藩にみる地方知行制の世界―』東洋書院　二〇〇九年)。なお、盛岡南部における「古岡」については兼平賢治「「御国」「他国」「異国」からみた一七～一八世紀の盛岡藩の「国政」「御国之風儀」」(浪川健治・小島康敬編『近世日本の言説と「知」』清文堂二〇一三年)でも詳細に検討されている。この他にも前掲三宅(33)による蜂須賀家の事例など多くの事例が復古や「古風」への着目が当該期において普遍的課題であったことを明示している。
(36)『毛利十一代史』第七巻　一二三〇頁
(37)前掲小川一九九六年(3)・同『毛利重就』(吉川弘文館　二〇〇三年)
(38)「御国政再興記一事」(11政理66)
(39)山﨑一郎「萩藩密用方と中山亦八郎の活動について―藩主重就期における密用方設置前後の動向―」(『山口県文書

館研究紀要』三八号　二〇一一年）・同「寛政～文化期前半における萩藩密用方について」（『山口県文書館研究紀要』三九号　二〇一二年）

(40)前掲山﨑二〇一一年(39)二五～二六頁

(41)畑中誠治「宝暦・天明期瀬戸内諸藩における経済政策とその基盤」（『歴史学研究』三〇四号　一九六五年）

(42)井上勝生・乾宏巳「長州藩と水戸藩」（『岩波講座日本歴史』一二巻、近世四　岩波書店　一九七六年）

(43)前掲小川(2)

(44)前掲河村(7)・同『長州藩思想史覚書―山県周南前後―』（私家版　一九八六年）・同『長州藩徂徠学』（私家版　一九九〇年）

(45)前掲河村一九八六年(44)九七頁

(46)前掲深谷二〇〇四年(9)一九五頁

(47)「御国政再興記一事」（11政理66）

(48)「御国政御再興記草稿」（11政理64）

(49)「御国政御再興記　第二」（11政理65）

(50)(51)「御国政御再興記草稿」（11政理64）

(52)前掲河村一九八六年(44)一〇二頁

(53)「御国政御再興記　第二」（11政理65）

(54)若尾政希「近世の政治常識と諸主体の形成」（『歴史学研究』七六八号　二〇〇二年）

(55)「御国政御再興記草稿」（11政理65）

(56)服藤弘司『幕府法と藩法』（創文社　一九八〇年）

(57)藤田覚『近世の三大改革』（山川出版社　二〇〇二年）・同「近代の胎動」（『日本の時代史一七　近代の胎動』吉川弘文館　二〇〇三年）

(58)「毛利重就養子事等内密書状」（右田毛利家63(2)）

(59)前掲山﨑二〇一一年(39)

（60）～（70）「治元公申上」（3公統132）
（71）羽賀祥二『史蹟論―一九世紀日本の地域社会と歴史意識―』（名古屋大学出版会　一九九八年）
（72）前掲河本（7）

第二章　一門家臣の「家」と家中秩序

―遠忌法要に関わる論理の変遷―

はじめに

本章において検討対象とするのは、萩毛利家家中における最高家格に属する一門六家である。第一章で検討をしたように、これら一門は重就治世には「洞春様御血脈」[1]と位置づけられており、それは系図から見ても至極当然であるようにも見える。では、何故、重就は一見すれば系図上当然な位置づけであるはずの「御血脈」という位置づけをわざわざ子孫へ伝えなくてはならなかったのか。

この点を考える前提として、近世大名家における分家家臣である一門家臣の存在について説明を行う。近世大名家はその成立過程において、中世から続く大身家臣の自立性を制約し、「御家」へ組み込んでいった。しかし、こうした過程は決して平穏に行われたわけではなかった。

初期の大名家中において広範に見られる現象として、「御一門払い」と呼ばれるものがある。これは、大名の宗主権を確立する過程において、その妨げとなる存在、つまり、当主と血縁や縁戚関係を持つ人々を政治意思決定の場から追放するというものであり、鎌田浩氏は近世初期の大名家において、支藩と呼ばれるような家よりも、むしろ家臣化した分家の方が宗主権確立を妨げる要因であったとしている。[2]

さらに、福田千鶴氏は近世初頭の大名家と一門家臣を含む自立性の強い大身家臣をめぐる問題が初期御家騒動の大きな原因になり得るという点を指摘している。[3]同氏は近世期の御家騒動を初期・前期・後期の三つに区分し、初期御家騒動の特質として、自立性の強い大身家臣を大名「御家」のなかに包括し、大名個人や有力家臣らの恣意的行動を規制する家老合議制を導入する過程で、主君と大身家臣との間に生じた不和を要因とする騒動であるという点に言及している。つまり、近世初頭における大名宗主権の確立を目指すにあたり、一門家臣を含む大身家臣の存在は大名にとって大きな脅威であったと言える。

近世初頭における一門家臣については多数の言及があるが、藩政確立期以降の一門家臣については一転してほとんど注目がなされていないのが現状である。しかし、大名宗主権の確立、すなわち大身家臣の自立性の制限及び「御家」への包括という結論のみで、一門家臣という存在の持つ問題が通時的に解決されたとは言いがたく、未だ検討を要する問題が多数残されている。

こうした点を踏まえた上で本章で重視するのは一門家臣という存在を、大名家との系譜関係から見るという視点である。一門家臣の権威は本来、系譜の本源である大名家に由来するものであり、このことから、笠谷和比古氏は一門家臣を大名家の「身分的優位性の派生」[4]と位置づけた。しかし、一門家臣の存在基盤は完全に大名家に収斂されていったのだろうか。例えば、高野信治氏は大名家臣の「家」が持つ自律性に関わる言及を行い、個々の家を分析する重要性に言及している[5]。また、注目すべきは野口朋隆氏による一連の研究である[6]。同氏は同族や系譜関係という観点に着目し、近世大名家における同族関係とは極めて政治的な関係であり、自然に維持されるものではないと指摘した。つまり、系譜上で同族であるという客観的事実と、双方がその系譜関係を受け入れているかという点は別の問題として扱わなくてはならないのである。

このように考えた場合、先述した大名家の「身分的優位性の派生」としての位置づけとは果たして本家である大名家と分家である一門家の相互理解を反映しているのであろうか。一門の家紋使用について見てみると、萩毛利家においては本家たる毛利家と同じ家紋の使用許可を求めた一門家臣は六家中たった一家に過ぎなかった[7]。残り五家の一門家臣は、本家の権威の表象を用いることについて極めて消極的であったのである。こうした事実は、一門家臣のなかで自身の「家」に関わる意識が、大名家に必ずしも収斂されることなく、醸成されていたことを如実に示している。

そこで本章では、先行研究で示されてきた「御家」に包括され、自立性を喪失した存在としてではなく、各自の「家」の問題に向き合う新たな一門像を導き出すため、萩毛利家内において、一門の「家」の歴史がどのように理解されていたのか、それぞれの「家」の元祖・始祖の位置づけをめぐる論理を中心に検討を行う。そこで、まず注目したいのが、一門の来歴と系譜上の位置づけである。

第一節　一門家臣の系譜問題と自己意識

（一）萩毛利家家中における一門家臣

まず、次節以降の前提として、ここで萩毛利家における一門家臣の来歴とともに、研究史上における同家格集団の評価と問題点について整理しておきたい。萩毛利家の場合、家中における最高位の家格として一門という家格集団が存在した。【表4】が一門に属するとされる家である。ここで、萩毛利家における一門という家格について説明をしておく。先行研究においても、萩毛利家における一門に所属する家は、六家であるという見解と八家であるという見解に分かれている。前者の六家という見解については、毛利家との血縁関係がある六家が対象であるのに対して、後者はこの六家

【表4】萩毛利家の一門

三丘宍戸家	一門六家	一門八家
右田毛利家	一門六家	一門八家
厚狭毛利家	一門六家	一門八家
吉敷毛利家	一門六家	一門八家
阿川毛利家	一門六家	一門八家
大野毛利家	一門六家	一門八家
須佐益田家	準一門二家	一門八家
宇部福原家	準一門二家	一門八家

に益田・福原の準一門二家を加えたものであり、軍役などの面において、六家と二家の間に期待される役割に大差がないことを以て、八家とするものである。

例えば、田中誠二氏はこの一門という家格集団に所属する家について八家であるとしている[8]。これは近世初頭において、家中でこれら八家が果たした役割に大きな相違がないという点から導き出された区分であり、政治史的視点から見れば妥当な評価であると言える。事実、これら八家は加判役や当職、当役など就任する役職に大差はなかった。一方で重就のように各家の来歴をもとに、毛利家との系譜関係を重視し、一門は六家であるとする見解も確かに存在する。特に、六家と二家を分ける傾向は、儀礼面において多く確認されている。こうした点をふまえれば、萩藩の一門は六家であるか八家であるかという観点ではなく、どのような場面において使い分けがされているかという点に着目すべきであろう。また、さらに踏み込んで言えば、近世を通じて、一門の数が明確にされなかったこと自体に意味がある。中世以来の国人の家を多く内包する萩毛利家の場合、多様な来歴を持つ家が多く、上から家臣の家の来歴を明確化すること自体が新たな確執を生む可能性を持っていた。一門の場合も同様の理由が考えられる。同時に、これは萩毛利家家中には、争論の芽が潜在的に存在していたとも言える。

では、一門六家の場合、同家格集団が大名との系譜関係に由来する存在であることが明白にもかかわらず、なぜ準一門との間で曖昧な部分が生じたのか。この点について検討を行うため、まずは一門六家の来歴とそれに伴う認識について見ていく。

(二) 一門家臣の来歴と認識

ここで、一門家臣六家の来歴を整理してみる。【表5】は一門六家の来歴であるが、この表からは、六家すべ

【表5】一門六家の来歴

	席次	始祖・元祖	石高	本姓	毛利姓の由来
三丘宍戸家	第一席	元就娘聟・宍戸隆家	約11300石	源	—
右田毛利家	第二席	元就七男・毛利元政	約16000石	藤原（天野氏と同姓）	賜姓
厚狭毛利家	第三席	元就八男・元康	約8300石	大江	他家を相続しなかったため。
吉敷毛利家	第四席	元就九男・小早川秀包	約10800石	大江	復姓
阿川毛利家	第五席	元就孫・繁沢元氏（吉川元春二男）	約7300石	大江	賜姓
大野毛利家	第六席	元就ひ孫・吉見就頼（吉川広家次男）	約8600石	源（吉見氏と同姓）	賜姓

※『近世防長諸家系図綜覧』をもとに筆者作成。

てが元就との来歴を有しているというのが、この家格集団の最大の特徴であることが指摘出来る。この点については第一章でも言及しているが、注意すべきは六家の間で元就との系譜上の関係は決して一様ではないという点である。例えば、宍戸家は元就の娘の嫁ぎ先であり、右田・厚狭・吉敷各毛利家の始祖・元祖は元就の子ではあるものの、元政・秀包と元康は異母兄弟である。また、阿川毛利家の始祖・元氏は元就から見れば孫世代に属し、大野毛利家の始祖・就頼《なりより》に至ってはひ孫世代に相当する。さらに厳密に見ていくと毛利を名乗る家は五家存在するものの、そこには「復姓」と「賜姓」の二種類が存在する他、それぞれ大江姓の毛利家とは異なる本姓を持つ家も二家存在することは注目に値する。

こうした系譜上の位置づけや来歴の相違が持つ意味は次に見るように決して小さなものではない。例えば、宝永二年（一七〇五）に萩毛利家が作成し、幕府へ提出した「御家筋並御末家御家依頼筋目其外」において、一門家臣は【史料一】の通りに書き分けがされている。

【史料一】

（前略）

宍戸丹波（就延）

右元就聟宍戸安芸守隆家末也、知行(一脱カ)万石余遺之、
毛利山城(広政)
右元就末子毛利讃岐守元政末也、知行一万三千石余遺之、
毛利大蔵(就久)
右元就末子毛利大蔵少輔元康末也、知行六千石余遺之、
毛利蔵主(就直)
右元就末子毛利筑後守秀包末也、知行一万石余遺之、
毛利若狭(広規)
右吉川駿河守元春二男元就孫毛利宮内元氏末也、仍各別ニ知行六千石余遺之、
毛利阿波(就詮)
右吉川蔵人広家二男毛利隠岐就頼末也、仍各別ニ知行六千石余遺之、
右一族家老(9)

（後略）

【史料一】は萩毛利家四代当主・吉広が幕府へ毛利家の来歴を説明するために作成させた筋目書であるが、注目すべきは傍線部である。阿川・大野両毛利家に関し、萩毛利家はわざわざ「各別ニ」という一語を添えていることが確認出来る。つまり、この【史料一】からは知行を遣わす根拠も当初は六家のなかで一様ではなかったことが分かる。こうした点にもかかわらず、萩毛利家は彼らを「一族家老」として大名家の親族的家臣として一括して位置づけていた。つまり、萩毛利家側の位置づけと一門家臣の実態の間にはこの段階でずれが生じていたの

である。

　さらに、こうした系譜上の差異は、家督相続など家の運営にも反映されている。正徳四年（一七一四）大野毛利家当主・就詮《なりあき》が死去した。この就詮は当初、準一門・福原家から養子を迎えていたが、同時期に福原家当主も後継者のないまま死去したため、この養子を福原家へ戻し、新たに毛利万之助（萩毛利家二代当主・綱広の孫）が大野毛利家の家督を相続することとなったのである。

　大野毛利家と萩毛利家は近世初頭に複数回、養子縁組みや婚姻を行っており、毛利万之助の家督相続もその一連の関係構築の一環である。ただし、こうした関係構築政策にもかかわらず早逝や離別により萩毛利家の血統は大野毛利家には継承されていないが、ここで注目すべきは、大野毛利家に萩毛利家の血統を入れるに際し、吉川家へ配慮する姿勢を見せているという点である。【史料二】は万之助の相続に関わる史料であるが、このなかで吉川家への通達に関し、以下のように言及されている。

【史料二】

（前略）

一、阿波（就詮）家之儀広家次男ニ而隠岐就頼江吉見之家相続被仰付、吉川家トハ御別家ニ而候へ共、常々親ミ深く候故、かやう之儀本家同前ニ相談仕来たるやうに相見聞候、然者阿波在世之時ニ候へ者阿波より可致相談筋を者致相談　殿様御かまい無之事ニ候へ共、此度之儀者養子雅楽江相続御願置候処　　上より御授了を以雅楽を福原隠岐江被返下、阿波願之筋と相違仕儀ニ候へ者、岩国江も前廉御相談被成候ても可有之哉と各申合候へ共、ヶ様之儀前方御相談之様ニ被仰入たる儀無之候、付而御知せ之御文章と相聞候様に勝之助殿江御書を以被仰入、御相当之御口上ニ而御使番を以被仰入候、右之返答被聞召上ニ而　万之助様江可被仰渡との御事ニ而も無之候へ共、

先何となく御延引被成候、上使岩国より罷帰候上ニ而御請之趣被聞召、六月十五日万之助様江阿波嗣子ニ可被
仰付之旨上使を以被仰渡候、[10]
（後略）

史料中で、萩毛利家は大野毛利家と吉川家との関係を、家督相続に関わる相談をもちかけるような「本家同前」の関係であったとしている。実際、第三章でも詳述するが、大野毛利家は吉川家を自家の本家であると説明している。また、大野毛利家当主は度々岩国を訪問しており、【史料二】における萩毛利家の見解も杞憂ではなかった。このことからも、両家の系譜関係は家の経営に大きな影響を与える要因であったと言える。つまり、大野毛利家は毛利の名字を名乗ってはいるものの、【表5】で示したようにあくまでも「賜姓」されたもので、毛利家の「同族」たる意識の反映ではなかったのである。

同様の問題は、一門の筆頭である宍戸家についても言える。先述したように、元来毛利家と同格の国人でありながら、元就の娘聟という来歴を有していた宍戸家の自己意識は、毛利家の縁戚であるという系譜関係と、中世以来毛利家を支えた「武」の役目を担った家という自負の間で大きな葛藤を抱えていた。【史料三】は寛政九年（一七九七）、宍戸家が提出した覚書である。

【史料三】

覚

拙者家柄加判役之外相勤不来候趣者、先祖安芸守隆家御当家ニて御縁辺ニ被成候、以後備前守元続代生涯御軍
役之外不被仰付候、依之元続より出雲守広匡江家督相続之節申聞せ趣ハ、奉対　御当家御奉公之儀於御軍

役者尽粉骨可相勤候、自余之役儀家柄ニ相勤候而忠節ニ可相成候条子孫ニ至り被仰付候共、幾よりも御請不仕、家を潰シ身柄御勘気を蒙り候とも無是非候、以此趣専御軍役忘却仕間敷候、若至子孫此趣忘却其段家柄相立候共、対先祖可為不孝候段記録所相控置伝来仕候、已後広匡代為証人相詰候得共、自道之御役等不相勤候、其子越前守就尚代猶以其通之儀ニ御座候、其子土佐守就附代泰厳院様御代江戸罷越、初御入国之御供被仰付候得共、御役之名目無御座候、且江戸相詰候得とも、是又　泰厳院様御子様方御後見被成御頼之旨ニて相勤、御役名目無之候、其子主計就延代ニも猶以最初其通之儀ニ御座候処　寿徳院様御代ニ至り御役被仰懸候付、前断之趣を以御断申上候へハ、達而被成御頼旨ニ付難黙止御請申上候、其後元禄七年（一六九四）四月廿日　青雲院様御代御国加判役被仰懸候、家柄之儀加判役等相勤不来候趣御断申上候処、其段を者被聞召上置候、然処共達而御頼候旨被成　御意候故無拠相勤候、左候而主計存念之筋申上候趣ハ、元続代より家柄御奉公之儀筋御軍役第一と申聞せ候儀ハ勿論御座候得共、次第世御静謐ニ相移差上御軍役と申儀も無御座、高禄被下置無役罷居候段も無本意候、加判役等之儀ハ大都合之儀ニ御座候得ハ先者御請仕相勤申候、自然当職役等被仰懸候とも幾よりも御断可申上候、無左候而ハ先祖より代々第一と申せ来候家柄御奉公之筋忘却ニ相成候条、縦如何躰之御咎を蒙り候共御請不申上覚悟ニ罷居候通国司主税を以届　御聞、其段被聞召上置旨主税より承知仕置候、其後　泰桓院様御代ニも開作地拝領被仰付候砌身柄之儀ニ付家柄御奉公之趣大概之処覚書を以桂能登・山内縫殿迄申達候、其後美濃広隆家督之節も主計より申聞、美濃よりも申聞せ前断之趣控等有之候、右元続以来之代々家柄相続之節此趣肝要申聞せ間断御座候以上、[11]

（後略）

【史料三】の傍線部では、自家を「軍役」の家柄であるとし、「家を潰シ」たとしても他の役職を引き受けないという宍戸家の「家」意識が示されている。しかし、実際には軍役を実現する機会が減少していくなかで、一門という家格に属する家として加判役の職務のみは勤めることに決めたことも示されており、宍戸家が「軍役」へのこだわりとともに、それが実現されないことによる葛藤を抱えていたことが分かる。しかし、後述するように宍戸家は元就の娘、五龍の遠忌法要に際し、萩毛利家へ申し入れをおこなっている。つまり、宍戸家の「家」意識とは固定的なものではなく、それぞれの社会状況のなかで変容しうるものでもあったのである。

ここで示した三事例は、重就の言う「六家と申候得共、其内にても宍戸第一各別之訳有之、其次者勇之進・駿河・伊予此三家と宍戸を合四人之家各別之由、其次伊勢・彦二郎両家之儀ハ岩国之末家之道理有之、一段違候抔と内々色々申伝も有之由ニ候得共、真ニ少々之意味合ニて左様ニ瑣細之訳御控ニ一切相見不申候、六家共ニ孰も同様之儀と相見申候[12]」という見解が決して自明のものではないことを如実に示している。では、こうした一門を毛利家の同族として一括で把握していく見解はどのように形成されていくのか、また、何故こうした見解が必要とされるようになったのだろうか。この点を明らかにするため次節では一門の先祖の遠忌法要をめぐる論理の変遷について分析していく。

第二節　一門先祖の遠忌法要と家中秩序

まず、史料から執行が確認出来る一門先祖の遠忌法要は【表6】の通りである。本章では、これらの事例のなかでも萩毛利家の公的記録である「諸事小々控」に記録が存在している事例（事例番号③～⑲）を中心に、一門の元祖・始祖をめぐる一門側と萩毛利家側の見解を比較検討していく。

【表6】近世における一門元祖・始祖の遠忌法要

事例番号	年号	法要内容	萩毛利家当主	執行者	出典史料
①	元禄12年（1699）	元康100回忌	吉広	毛利就久	「巨室雑載」（写）（21巨室4）
②	宝永5年（1708）	元政100回忌	吉元	毛利広政	「毛利元政様御百年忌御法事記録」（右田毛利家164）
③	享保7年（1722）	五龍150回忌	吉元	宍戸就延	「諸事小々控」（31小々控8　53の14）
④	同15年（1730）	元氏100回忌	吉元	毛利広規	「諸事小々控」（31小々控8　53の34）
⑤	同19年（1734）	元秋150回忌	宗広	毛利就久	「諸事小々控」（31小々控8　53の44）
⑥	元文4年（1739）	宍戸隆家150回忌	宗広	宍戸広周	「諸事小々控」（31小々控9　46の16）
⑦	寛延3年（1750）	元康150回忌	宗広	毛利元連	「諸事小々控」（31小々控12　26の17）
⑧	同年	秀包150回忌	宗広	毛利元直	「諸事小々控」（31小々控12　26の18）
⑨	宝暦6年（1756）	元政150回忌	重就	毛利広定	「諸事小々控」（31小々控13　44の22）
⑩	安永2年（1773）	五龍200回忌	重就	宍戸就年	「諸事小々控」（31小々控15　20の1）
⑪	同9年（1780）	元氏150回忌	重就	毛利信任	「諸事小々控」（31小々控15　20の16）
⑫	天明3年（1783）	元秋200回忌	治親	毛利就宣	「諸事小々控」（31小々控16　25の7）
⑬	寛政3年（1791）	宍戸隆家200回忌	治親	宍戸就年	「諸事小々控」（31小々控17　74の9）
⑭	同10年（1798）	元康200回忌	斉房	毛利就宣	「諸事小々控」（31小々控17　74の64）
⑮	同11年（1799）	秀包200回忌	斉房	毛利房直	「諸事小々控」（31小々控17　74の67）
⑯	文化4年（1807）	元政200回忌	斉房	毛利房顕	「諸事小々控」（31小々控19　49の20）「天徳寺様二百回忌御作善記」（右田毛利家165）
⑰	文政6年（1823）	五龍250回忌	斉元	宍戸親朝	「諸事小々控」（31小々控20　37の17）
⑱	同8年（1825）	就頼150回忌	斉元	毛利親頼	「諸事小々控」（31小々控20　37の24）
⑲	同13年（1830）	元氏200回忌	斉元	毛利熙徳	「諸事小々控」（31小々控20　37の36）

（一）「先祖」に関する認識

最初に問題となったのは、事例番号③の五龍一五〇回忌である。享保七年（一七二二）、宍戸家から萩毛利家に対し、元就の娘である五龍の一五〇回忌法要を宍戸家の知行所・三丘で執行することと、萩城下の宍戸家屋敷内に仮位牌を建立することが申し入れられた。こうした行為は、五龍という萩毛利家出身の人物を介して、萩毛利家と宍戸家との関係をより明確な形で確認する行為であると言える。これに対し、萩毛利家側は詮議を経て香典銀五枚の下賜と上使派遣を決定するのであるが、ここで見ていきたいのは、その際の詮議内容である。

宍戸家からの申し入れを受けた萩毛利家は類例に基づき、待遇を詮議した。注目すべきは、その際に萩毛利家が五龍法要の類例として想定した人々である。【史料四】は「諸事小々控」のなかで、五龍遠忌法要の待遇確定に関わる部分である。

【史料四】

（前略）

一、宍戸美濃方先祖五りう殿隆家御室百五十回忌享保七壬寅年被為当、付而七月十五日より十六日之朝迄知行所三尾ニ而法事執行之由、於萩も宅江出家申入、仮位牌立候由被　聞召上候、依之段々旧格等讃談被仰付候処、女儀之御格不相見候、然共秀包・元康なと御遠忌之節、其在所ニ而法事有之　上使を其所江被差越候、ヶ様之格を以此度之儀萩宅江可被成上使旨ニ付而、七月十六日為　上使御使番大庭源大夫を以御香典銀五枚拝領被仰付、御代焼香相勤候事[13]、

（後略）

傍線で示した部分から分かるように、ここでは萩毛利家側は五龍の遠忌法要に関わる待遇を決定するにあたり、類例として五龍同様に元就の子である秀包《ひでかね》・元康の二名の存在に言及している。つまり、この場面において、五龍は一門筆頭の宍戸家の先祖という以上に、嫡出・庶出を問わず元就の子であるという点を以て待遇が決定しているのである。いわば、香典銀五枚の下賜も上使派遣も、元就の子であることを以て行われるものであったと言えよう。しかし、この元就の子か否かという基準は早々に見直しを迫られることになる。

（二）「同列之並」への言及と元祖の確定

五龍の遠忌法要から八年後の享保一五年（一七三〇）、当役・山内広通により、毛利広規（阿川）の「元祖」・元氏の一〇〇回忌法要が同年に相当することが、萩毛利家側に伝えられた。このなかで、広通、そしてその背後にいると考えられる広規自身の論理を見ていくと、明らかに先の五龍とは異なる点を確認することが出来る。この時の宏通・広規の主張は以下の【史料五】の通りである。

【史料五】

（前略）

一、毛利宇右衛門広規・江戸加判役元祖元氏之百年忌当享保十五戊十月十六日ニ相当リ候、付而同列之並も有之候付、御香典被下候へしと山田縫殿広通江戸当役内存之趣申由候付、[14]

（後略）

特に注目すべきは傍線部である。ここで広通、そして、広規が元氏遠忌に際し、萩毛利家へ香典下賜を求める根拠としているのは「同列之並」、つまり、他一門との格式の釣り合いであった。これは元就の子であることを理由にしていた五龍遠忌の基準論理とは全く異なるものであると言うことが出来る。

この申し出を受け、萩毛利家は詮議を開始した。この時、先例として想定されたのは、広規の言う所の「同列」、つまり他一門の先祖である宍戸隆家・毛利元政・毛利元康・小早川秀包・毛利就頼であった。萩毛利家の詮議により、萩毛利家からの香典下賜が証明されたのは元康一〇〇回忌のみであり、その他については古老の証言などはあったものの、この時点においては明確に根拠となり得る文書の確認には至らなかった。しかし、萩毛利家はこの元康一〇〇回忌を類例として、元氏遠忌への上使派遣と香典下賜を決定するのであるが、注目すべきはこの決定に当たり、元康遠忌の位置づけが変化しているという点である。

当初、萩毛利家の調査は、元康一〇〇回忌には元康が「元就様御子様之儀と候而上使を以御香典銀五枚被遣[15]」たとされている。これは、「巨室雑載」の元康一〇〇回忌の記事にも同様の内容が記されている。しかし、今回の元氏遠忌に際し、格式を決定する根拠は「一門衆元祖之内元康百年忌之節上使を以御香典被下例有之儀ニ付、此度元氏百年忌ニも上使を以御香典被下候[16]」と述べている。つまり、「御一門元祖」のなかで元康が香典下賜を行ったことに基づき、今回の元氏遠忌も同様の扱いとするというのが萩毛利家の主たる説明である。この点から、元康の位置づけが「元就様御子様」から「御一門衆元祖」へと変化していると言えよう。

この変化が持つ意味は決して小さいものではない。事例③の五龍一五〇回忌にも言えることであるが、「元就様御子様」であることによって待遇が決定されるということは、いわば法要対象者である死者自身に対する評価が根幹に存在する。これに対し、「御一門衆元祖」であることを基軸に据えるということは、前者とは逆に、法要執行者たる子孫、この場合は一門、さらには彼らが所属する家の位置づけによる部分が大きくなる。つまり、前者において萩毛利家側は元康が「元就様御子様」であるが故に対応しなくてはならなかったのに対し、後者の論理では一門の元祖であるが故に、元康や元氏の遠忌に対応する必要が生じているのである。元康を例にとるならば、この「元就様御子様」から「御一門衆元祖」へと位置づけが変化したことは、萩毛利家という家の一員から、厚狭毛利家という個別の、さらに言えば家臣の家の一員へと変化したことと同義である。これは元就との系譜関係ではなく、輝元以降の主従関係に重点を置いた論理と言えよう。

何故、萩毛利家側はこのように異なる論理を示したのか。その背景にある要因として考えられるのが、先述した一門六家の系譜関係である。今回「同列之並」にこだわった阿川毛利家は系譜の上では吉川家の分家に位置づけられる。つまり、遠忌への待遇が「元就様御子様」であることに起因する限り、同家が先祖遠忌に際し、特別香典下賜に代表される特別待遇を受けることは出来ないのである。遠忌法要が知行地や一門の家においてどのような意義を持ちうるかについては改めて論じる必要があるが、六家のなかで遠忌法要に萩毛利家から待遇がある家とない家が存在し、自家が後者へ入れられることは阿川毛利家にとって好ましい状況ではなかったことは想像に難くない。

一方、萩毛利家にとっても、一門という家格を設けている以上、そこに所属する六家の間に必要以上の、具体的に言えばすでに決定している席次以上の序列が生まれる状況は、ひいては六家の内部に不満を生じさせる要因となる可能性を秘めており、決して歓迎すべきものではなかった。この点こそが、阿川毛利家と萩毛利家が【史料五】に登場する「同列之並」という点で合意出来た理由であると考えられる。つまり、法要という儀礼の場は家格を確認する場であると同時に、維持するための機能も有していたと言えよう。個々の家の家格とは決して安定的に存在し得たものではなく、それ故に、変動による混乱を避けるために、絶えず政治的配慮を必要とするものであったのである。

さらに、この時、阿川毛利家のみではなく、全く主張を行っていなかった大野毛利家についても、元祖・就頼の一〇〇回忌には萩毛利家からの上使派遣・香典下賜を行うので、申し出を行うようにと通達がなされた。この事により、遠忌法要における特別待遇を受ける根拠は「御一門衆元祖」であるということがより明確にされたのである。しかし、このことによって「元就様御子様」であることが無意味になったわけではない。それは、この後も五龍遠忌への待遇に変化がなかったことからも言えるが、それ以上に享保一九年（一七三四）の厚狭毛利家の元秋一五〇回忌によるところが大きい。

(三)「元就様御子様」の持つ意義

享保一九年（一七三四）、厚狭毛利家当主・就久《なりひさ》が再び遠忌法要を執行した。しかし、今回就久が想定した先祖は先述の元康ではなく、その同母兄である元秋であった。では何故、就久はこうした元秋の遠忌法要を執行したのか。【史料六】は就久の訴えに関わる史料であるが、ここに厚狭毛利家が元秋の存在に言及した理由が記されている。

【史料六】

（前略）

元秋御事大蔵（就久）方先祖之趣之儀、御系譜等ニ而ハしかと分リ不申儀も可有之候、畢竟元秋ハ尼子家人質之気味と相聞、彼地居住之内病死ニ付、元康毛利之御家より右元秋領地三千五百貫御相続被仰付之由　元就様より被対元康御判物被下置、尓今所持、夫故家来等も尼子家より附属之者、元康より伝来共両様に今召抱被居候、右之趣を以元康を元祖之沙汰ニも相成候へ共、先者元秋を始祖ニ被立、其営も有之[17]

（後略）

このなかで就久は元秋の所領や家臣たちが元康へと引き継がれ、現在の厚狭毛利家へと連続していることを以て、元康を「元祖」、元秋を「始祖」としているのである。では、ここで厚狭毛利家が主張する「元祖」と「始祖」にはどういった違いがあるのだろうか。注目すべきは、元秋に関する説明のなかで、同人が「元秋ハ尼子家人質之気味」とされている点である。毛利家から尼子家への人質ということは、あくまでも元秋の存在が毛利家の一員、特に人質になり得る有力な一員であることを暗に示している。

また、元康に関しては元就から判物を与えられている記述があるのに対し、同母兄である元秋については判物の有無が記載されていない点も同様の意味を持っていると考えられる。判物を与えられるということは、主従関係の始まりであると同時に、こうした関係を結び得る個別の家としての独立を意味している。つまり、就久は、厚狭毛利家という個別の家の祖を「元祖」元康とするのと同時に、個別の家として独立する以前の祖、つまり、家系の祖は毛利家の内部秩序から逸脱することのなかった「始祖」元秋であると述べているのである。

先述した元氏一〇〇回忌に際し、萩毛利家は元康らの存在を「御一門衆元祖」として定め、毛利家、特に系譜の本源たる萩毛利家から切り離した。このことは萩毛利家と一門六家の間に、一定の距離が置かれたことを意味する。しかし、今回の就久の主張は自家の「始祖」として、毛利家の内部秩序の内に位置する元秋を設定し、萩毛利家との繋がりを強調するものであった。それはつまり、萩毛利家と自家との間を隔てる距離を詰めることを意味していると言える。

結城秀康の子孫である津山（越後）松平家と福井松平家の関係性のように、「家」や「御家」の成立をめぐる理解は自己意識と大きく関係していた。では、一つの家に「始祖」と「元祖」を並存させることは、萩毛利家のなかで、果たして許容されるものであったのか。これに関しては、後述する長府毛利家における元清・秀元父子の遠忌法要において、萩毛利家は両人に対する待遇に明確な差を設けているのである。つまり、萩毛利家において、家系の祖と個別の家の祖を同列に扱うという発想は、決して一般的ではなかったのである。従って、今回の元秋一五〇回忌においても、誰の功績でその家、具体的に言うならば、近世大名家家臣としての一門の家が成立したのか、特に近世初頭に限定して考慮するならば、萩毛利家は元秋遠忌への待遇を元康遠忌に比べ、軽いものとすることも論理的に可能であったはずである。しかし、萩毛利家はそれをしなかった。より正確に言うならば、元秋の持つある一つの肩書きにより、出来なかったのである。その理由を端的に示しているのが、【史料七】である。

【史料七】

（前略）

元秋当年百五十回忌ニ候ヘハ、貞享二年（一六八五）百回忌ニ相当リ候付而、其節之控物等見合させ候ヘ共、御香典等拝領之儀不相見候、然共元秋者　元就様御子様之儀、其上近年元氏百回忌之節御沙汰有之、御一門衆元祖年忌之節ハ御香典拝領可被仰之由就被仰出候、右之趣逮　御聞候処、此度も大蔵方ヘ御香典拝領可被仰付旨ニ付、御香典銀三枚仕出被申付、上使御使番を以可差越之由、二月（三月カ）二十八日之飛札を以御国当役中ヘ申遣候、尤御意書をも差越候事、[18]

（後略）

ここで、萩毛利家は、元秋が「元就様御子様」であること、元氏一〇〇回忌時に「御一門衆元祖年忌」に香典を与えることを定めたという理由を以て、他一門元祖と同様に香典下賜を行うことを決定している。いわば、遠忌法要を与える根拠をめぐり「元就様御子様」であるためという理解と「御一門衆元祖」であるためという理解とが混在しているのである。さらに言えば、この時点では、未だに「元就様御子様」であるという点が萩毛利家にとって無視出来ない重みを持っていたと言うことも出来る。

この後には遠忌法要の根拠が「元就様御子様」であるためなのか、「御一門衆元祖」であるためなのかという点に言及されることはなかった。それは、元秋一五〇回忌以降、すでに一〇〇回忌における香典下賜や上使派遣の先例を有する宍戸隆家や元康らの遠忌が続いたためである。こうした事例に際しては、萩毛利家は待遇の根拠を詮議することはなく、あくまでも先例に沿った対応をとり続けた。それは「元祖」とするには違和感が残る五龍についても同様である。五龍は引き続き、「元就様御姫様・宍戸隆家室」[19]とされ、他の一門「元祖」「始祖」と変わらない待遇を得ていた。

しかし、こうした先例至上主義のなかで、一度だけ先例が覆された事例が存在する。それは安永九年（一七八〇）の元氏一五〇回忌であり、先例を覆した人物こそ、前章で取り扱った毛利重就である。

(四)「家」の論理と「同列」の論理の相克

安永九年（一七八〇）一一月二五日、阿川毛利家当主・信任《のぶとお》から萩毛利家に対し、元氏一五〇回忌（事例⑪）執行が申し入れられた。今まで見てきた先例に従うならば、阿川毛利家からの申し入れを受けた萩毛利家は先例である元氏一〇〇回忌（事例④）に従い、従来通りの待遇を行ったはずである。しかし、この時は萩毛利家当主である重就が香典下賜・上使派遣という待遇を取ることに異議を唱えたのである。では、何故、重就はこのような行動をとったのであろうか。この点について、重就の見解を示しているのが【史料八】である。

【史料八】

（前略）

享保十五年百年忌之節も　上使を以御香典拝領被仰付候間、此度も其沙汰被仰付被下候様ニ別紙之通申出候間、何分相伺申越候様申来候、依之及　御聞候処、百年忌之節拝領被仰付候得者、此度も　上使御使番を以御香典拝領可被仰付候、然処新之丞（信任）事未家督以後御礼をも不申上、初而之　上使御香典拝領被仰付もいか、ニ付、此度者　上使被成間敷との御事、此段者　上御心を被用、右之通り被成　御意御心入之御事ニ候、[20]

（後略）

傍線部で示したように、ここで重就は信任（新之丞）が未だ家督の御礼を行っていなかったことを問題として挙げている。この点について、時系列を追って説明する。信任が先代当主・就禎《なりさだ》から阿川毛利家の家督を譲られ、正式に当主と認められたのは、同年一〇月一〇日であった。その翌日には重就は江戸へ向け、萩を出発している。つまり、家督相続の翌日に重就が江戸へ出発してしまったため、信任は家督相続の御礼の使者を派遣しないままになっていたのである。家督相続は主君である萩毛利家の当主からの許可のみではなく、その後の使者派遣を経て初めて完結する儀礼であり、それを終えない内は、信任は正式な当主としては認可されていない状態であったと言えよう。このことから、重就が元祖遠忌法要をめぐる待遇を元祖ではなく、その時点の当主の状況から判断していたことと理解出来る。

しかし、この元氏一五〇回忌をめぐる動向はこれで終わらなかった。先例通りの待遇を与えないことを明言した重就であるが、同時に以下の【史料九】の見解を示し、信任に伝えている。

【史料九】

（前略）

然とも上使無之於下気之毒之筋も有之候ハ、先格之通、尤正忌日者疾相済、延引之儀ニ付法事相済候巳後たりとも　御香典拝領可被仰付との御事ニ付、前断之趣新之丞(信任)方江通達相成、今一応趣申越候様ニと十一月十八日返、今以御国申越候処、於御国加判中示合左之趣新之丞方江及通達候得ハ段々事と被分候、　御思召御心入之程難有仕合奉存候、先規之通被成下同様之儀全気毒之筋も無之候ニ付、宜取計呉候様ニ申出候由十二月十三日益越中方より備後江申来候付及　御聞候事、[21]

（後略）

ここで注目すべきは、重就が上使の派遣を行わないという姿勢を見せつつも、全く何もしなければ阿川毛利家が「気之毒」であるとしている点である。何故、重就はこのように矛盾するような姿勢を見せたのであろうか。これは第一章での考察を合わせて考えるに、この状況の根底には、一門元祖遠忌をめぐる「家」の論理と「同列」の論理の相克が存在していた。

先述してきたように、遠忌法要に主君である萩毛利家が介入する根拠は、法要対象者が「元就様御子様」であること、いわば毛利家との「血」の繋がりに基づいて行われてきた。しかし、今回の当事者でもある阿川毛利家の訴えにより、遠忌への待遇は元氏一〇〇回忌の取り決めに見られた「同列」の問題、つまり、一門という家格集団に対して行われるものとして位置づけられるようになった。

今回の元氏一五〇回忌において、重就は各家の代表たる当主の社会的地位（信任の場合、正式な儀礼を経ていない状態）に基づき、元祖への待遇を変化させた。これは、その時々の各家の状況を基準にした「家」の論理とも呼べる。つまり、重就は一門の元祖がどういった人物なのかという点ではなく、子孫たる一門を基準として、どういった人物の先祖なのかという点を重視していたのである。この論理の下では、今回のように主従関係が完成していないなど、家中における当主の社会的地位が確立されていない場合には、先祖たる人物への待遇にも反映された。

ここで問題となるのが、「同列」の論理である。元氏一〇〇回忌の検討で見たようにこの論理が生じた契機は一門内部の序列化の抑止であったはずである。にもかかわらず、ここで「家」の論理のみを優先し、阿川毛利家への待遇を中止する場合、一門内にある同家の家格に与える影響は決して小さくない。後述するが、遠忌法要における急激な格式低下による影響に関し、萩毛利家側も一定の懸念を抱いている。まして、家臣団内における最高家格である一門の場合、その余波を軽視することは出来なかった。史料中に見られる「気之毒」という文言も、こうした危惧を回避するための手段と考えられる。

以上の点から考えると、家中秩序形成における元氏一五〇回忌の意義について、以下の二点が指摘出来る。まず一点目として、一門元祖に対する位置づけは、元祖の存在そのものというよりも、一門らに対する当該期の評価によって決定されていたという点である。

同時にこうした「家」の論理一辺倒になることで、先例を覆し、一門という特定の家格集団内の秩序を破壊することに関して、萩毛利家側は極めて慎重であった。この点が二点目である。これらの二点から考えて、阿川毛利家という「家」の問題と一門という「同列」の問題が相克した結果が、この元氏一五〇回忌をめぐる一連の動向であったと言える。

一門元祖遠忌に対する萩毛利家の対応は、元氏一五〇回忌以降、大きな変化のないまま幕末へと至った。こうした点を見ると、一門元祖に対し、萩毛利家や一門のなかでも様々な議論があり、見解の相違や変遷はあったものの、格式や待遇自体に大きな変化はなかったと言えよう。しかし、これら一門に対する待遇とは対照的に変動が大きかったのが、外戚や枝葉、末家の先祖らに対する待遇であった。よって、ここでは数は少ないものの、一門らと同じように毛利家と血縁関係や縁戚関係を持つ「御家」の構成員に着目し、一門の事例と比較検討してみたい。

第三節　毛利家関係者の遠忌法要—外戚・枝葉・末家を事例に—

(一) 外戚に対する遠忌法要—児玉元良一五〇回忌を事例に—

まず取り上げるのは、享保一八年(一七三三)に執行された児玉元良一五〇回忌である。この児玉元良とは、輝元側室・二之丸の父親であり、萩毛利家初代当主・秀就と徳山毛利家初代当主・就隆の外祖父に相当する。ちなみに、後で問題となる輝元正室の実父は、一門一席・宍戸家の宍戸隆家である。この元良の子孫である児玉家は、萩毛利家家臣団のなかで寄組と呼ばれる家格集団に所属し、知行高は三〇八〇石余であった。この知行高から見ても、一門には及ばないものの、家中においては上級家臣と呼べる存在であったと言える。附言すれば、二之丸が秀就の生母であることを除き、児玉家は萩毛利家との縁戚関係は有していない。

元良一五〇回忌を検討するに当たり、まずは、遠忌法要執行に際し、児玉家が行った主張の内容を整理しておく。【史料一〇】は児玉家から萩毛利家に対し、元良一五〇回忌執行を通達した史料である。

【史料一〇】

（前略）

一、享保十八丑八月廿六日之飛札を以御国毛利大蔵方ょり江戸山内縫殿方へ申来候ハ、児玉三郎右衛門より申出候趣ハ先祖三郎右衛門元良百五十年忌当十一月十九日ニ当り候、付而於洞春寺少志執行仕候、先年百年忌之節ハも　吉就様御代ニ而為　御名代児玉五左衛門参詣被仰付、御香典銀三枚拝領被仰付、且又五十年忌之節ハ秀就様御代ニて公儀法事被仰候、右奉行益田孫右衛門へ被仰付候、其以前之年忌等之儀者年久敷儀ニ而得与相知不申候、前々少志仕候節者申出来候由ニて申出候付、此度も　御名代被成御意御香典拝領可被仰付哉、如何申越候様申来候[22]

（後略）

この史料から判明するのは以下の三点である。（a）元良遠忌は確認出来る限り、五〇・一〇〇回忌の二回行われていること、（b）その際、萩毛利家側から香典下賜や名代派遣があったこと、（c）特に萩毛利家当主・秀就の治世に執行された五〇回忌には、萩毛利家主催の「公儀法事」が執行されたということが児玉家の主張の要点として指摘出来る。

その申し出に対し、萩毛利家側は一門の事例と同様に先例の検討を行った。その結果、五〇回忌の「公儀法事」についいては言及していないものの、天和三年（一六八三）の一〇〇回忌に萩毛利家が香典銀三枚を下賜したこと、名代を派遣したことが確認された。
このように、先例が確認されたという点を見るならば、児玉家の要求自体は、極めて妥当な内容であったと言えよう。にもかかわらず、萩毛利家は児玉家への格式を縮少する決定を下した。この決定に関する萩毛利家の見解を見てみる。

【史料一二】

（前略）
百年忌ハ寿徳院（吉就）様御代之儀御外戚高祖父之御続ニ候へハ左様も可有候儀、於尓今ハ段々御続キも遠ク被為成候儀、乍余妙寿（隆元正室）様御父内藤興盛　清光院（輝元正室）様御父宍戸隆家、御本室御外戚之儀猶以年忌之節　御名代御香典等之御沙汰可有之儀ニ付、御控をも見合させ候へ共、右両所遠忌之節之趣不相見候、然共此度一向御沙汰無之候てハ於三郎右衛門家格も覆候様可存と各申談、右令僉議候趣旁逮　御聞候処、三郎右衛門方之儀五十年忌・百年忌追々事軽ク御仕成も相成たると相見候、付而旁此度者御香典計拝領可被仰付旨ニ付、銀子弐枚仕出申付、[23]
（後略）

この史料の要点を整理すると以下の三点に要約出来る。
（ⅰ）元良一〇〇回忌の際の萩毛利家当主・吉就にとって、元良は「高祖父」であり、この続柄が格式決定の根拠であったが、現在はこうした血縁も薄くなっている。
（ⅱ）「御本室外戚」である内藤興盛・宍戸隆家の遠忌に際し、外戚であることを理由に香典下賜や名代派遣は行っていない。

（iii）しかし、全く沙汰がなければ、児玉家の家格を揺るがす事態となるので、以前より額を減じた香典銀二枚が相当である。

まず、（i）について見ていく。元良一五〇回忌にあっては、萩毛利家当主は六代当主・宗広であった。この宗広は先代当主・吉元の子であるが、吉元自身は末家である長府毛利家の出身であった。つまり、この元良一五〇回忌時点において、児玉家と萩毛利家当主の間の血縁関係は消滅していたのである。この点も、萩毛利家が元良遠忌に対し、消極的な対応を取る一因となったのではないかと推測される。

次に（ii）である。ここで極めて興味深いのは、萩毛利家が宍戸隆家遠忌に際し、特別な対応を取っていないと述べた点である。一見すると、今まで見てきた一門元祖の遠忌法要の事例と矛盾しているようにも見える。しかし、この史料の文脈から考えるに、ここで萩毛利家は、宍戸隆家に対し「御本室外戚」という点を遠忌法要の格式決定の根拠としては捉えていないことを意味していると考えられる。

（iii）については、（i）（ii）と児玉家の待遇に対し、萩毛利家は否定的かつ消極的な見解を示したが、最終的に児玉家の遠忌法要に何らかの対応を取らなければ、同家の家格に関わる問題であると捉え、香典下賜を決定している。換言すれば、現時点における児玉家の家格は、香典銀三枚（一門と同額）や代参派遣は不相応であり、香典銀二枚という格式が妥当であると同時に、上記の格式を以て主君である萩毛利家が保障する必要のあるものであったということになる。このように、前節で見た重就ほど顕著ではないものの、家臣の「家」の格式に対し、大名は意識的に調整を行っていた。さらに、格式の決定権が大名側にあることを明示することにより、与えられる格式が大名からの「御恩」であることをより印象付ける狙いがあったことが分かる。

ちなみに、天明三年（一七八三）の元良二〇〇回忌には、さらに待遇が縮小し、香典銀一枚のみが与えられている[24]。従って、児玉家は近世初頭から、遠忌法要に対する待遇がより簡素化されたと言える。この点から、遠忌法要の待遇とは、定められた家格に基づいて、常に一定であったわけではなく、その時点における家や当主の家中における立ち位置により、変動する可能性を内包したものであったと言えよう。

（二）「元就様御子様」に対する遠忌法要―元清遠忌を事例に―

次に検討するのは、一門元祖の元政や元康、秀包と同様に「元就様御子様」である穂井田元清の遠忌である。ここで、元清について若干説明を行う。元清は元就の四男であり、同母弟に右田毛利家祖の元政、吉敷毛利家祖の秀包がいる。この元清の息子が一時輝元の養子となり、後に長府毛利家を興した秀元である。

元清遠忌に関する「諸事小々控」の記事は延享二年（一七四五）一五〇回忌と寛政八年（一七九六）二〇〇回忌の二回である。まずは、延享二年（一七四五）の元清一五〇回忌について見てみる。この事例は、元清の一五〇回忌が翌年に該当すると共に、同人の位牌が元就の菩提寺である洞春寺に存在することが判明したことから始まった。これに対し、萩毛利家側は元清遠忌は直系の子孫たる長府毛利家で行っていることを理由に、萩毛利家では、特別な法要は行わないと返答した[25]。

元清一五〇回忌については、管見の限りこれしか記事が見いだせないが、続く二〇〇回忌については多少詳細な記録が残っている[26]。寛政八年（一七九六）、長府毛利家から元清二〇〇回忌執行を伝えられた萩毛利家は、香典下賜と代参派遣を決定し、家臣を長府へと派遣した。ちなみに、この時の香典金額は一門元祖と同額の銀三枚であった。では、元祖の遠忌法要への萩毛利家の待遇がその時点における家格を反映しているのであれば、元清の事例は萩毛利家が長府毛利家を一門と同列に考えていることの表明として理解することが妥当なのであろうか。この点に関して結論を出す前に、元清の息子である秀元の遠忌法要について見てみたい。

(三) 長府毛利家に対する位置づけ—秀元遠忌を事例に—

「諸事小々控」のなかで確認できる秀元遠忌に関する記事は、寛延二年(一七四九)一〇〇回忌と、寛政一一年(一七九九)一五〇回忌の二つである。まず、寛延二年(一七四九)の一〇〇回忌について見てみたい。この際、長府毛利家は江戸の菩提寺である泉岳寺と国許の菩提寺である功山寺の二ヵ所で法要を執行していたが、萩毛利家は江戸・国許の双方の菩提寺へ家臣を派遣し、香典を下賜し、代焼香を行っている。

実は、この時、萩毛利家内部では、秀元遠忌に対する香典金額に関し、元禄一二年(一六九九)の五〇回忌の銀三枚という先例から銀二枚へ減額する案が浮上していた。しかし、この減額案を覆す根拠となったのが、「秀元様御各別之御事[27]」という点であった。

さらに、やはり同様に「秀元様之儀ハ各別之御事[28]」であることを理由に、萩毛利家は輝元菩提寺である天樹院において、秀元一〇〇回忌にあわせて「茶湯」と呼ばれる簡単な法要を執行している[29]。これは、秀元五〇回忌には執行されていなかったが、先述の「各別」という理由を以て執行されたものである。

このような待遇(香典下賜・代参派遣・茶湯執行)は寛政一一年(一七九九)にも同様に行われている[30]。ちなみに、秀元と同様に元就の孫である吉川元長(吉川元春の長男)の遠忌に際し、萩毛利家は香典下賜や代参派遣を行っているものの、茶湯執行など自家主催の法要は行っていない[31]。つまり、茶湯執行は元就や元清との血縁ではなく、文字通り「秀元様各別之御事」を根拠に執行されたのである。

では、ここで萩毛利家が想定している「各別」の具体的な内容とはどういったものなのか。萩毛利家はこの点に関し、明確な記述を残していない。しかし、これまで検討してきた一門元祖・始祖や秀元の実父・元清には無く秀元にはある由緒という点から、この秀元が持つ「各別」の理由とは、輝元との関係であると考えてさしつかえないであろう。萩毛利家の見解では、長府毛利家を秀元が一時輝元の養子となったことによって成立した家として位置づけられていた[32]。言うならば、長府毛利家という家は、輝元との関係によって、元清ではなく、秀元が創設した家であったのである。よって、長府毛利家の元祖は元清ではなく秀元であり、同家に対する位置づけも後者の遠忌により強く反映されているものと考えられる。

第四節　祭祀改革による秩序の再編—敬親治世における祭祀改革—

萩毛利家とその分家や縁戚の家々をめぐる遠忌法要の様子を概観してきたが、主君の「身分的優位性の派生」であるはずの一門らであったとしても、自家の格式を安定させるために、試行錯誤している様子が分かる。もっとも一門元祖の遠忌法要自体は近世後期には大きな変化はなかった。しかし、再び彼らの存在が注目される場面が訪れた。それは、天保期（一八三〇〜四四年）、特に一三代当主・敬親治世に行われた萩毛利家の祭祀改革においてである。

天保〜安政期（一八三〇〜一八六〇年）にかけて継続された萩毛利家の祭祀改革については、岸本覚氏により分析が行われている[33]。まずは、同氏の研究をもとに、祭祀改革の内容について概観した上で、祭祀改革中における一門元祖の位置づけについて検討をしていく。本節で使用するのは「御法事改正記」と題された史料である。この史料は天保九年（一八三八）に祭祀改革の開始が宣言されてから、天保一二年（一八四一）に改革が完成するまでの詮議記録であり、萩毛利家が先祖たちをどのように区分し、序列化していたかを見ることが出来る。

萩毛利家の祭祀改革は、萩毛利家一三代当主・毛利敬親治世に行われたものであり、一回のみの改革ではなく、期間を置いて複数回に分けて行われている。特に大規模な改革となったのが、天保期の改革と安政期の改革であるが、本稿で特に注目したいのが、天保期の改革である。この改革の理念については以下の【史料一二】で示されている。

【史料一二】

御先祖様方御年忌御仕法改之儀先達而奉伺候趣を以御方々之部分任遂僉議候処、御枝葉様方ニ至候而者区々御例有之候得共、於只今いか様之子細に申義悉難相決候、元文年已来追々御仕法改ニも被仰付候得共、只管御仕来ニ泥ミ僉議仕候様相見、彼是連続不仕儀も御座候付自今御一様ニ被相改度、且御省略筋旁を以左之通可被仰付哉奉伺候[34]、

【史料一二】から分かるように、この改革の第一の目的は、家の存続に伴い、増加していく先祖を画一的基準に基づき、序列化することであった。この天保期の改革について、岸本氏は以下の四点を特色として指摘している[35]。

①「遠祖」という区分を設定されたという点。
②元就・隆元・輝元・秀就の四代を最重要視した祭祀秩序を形成している点。
③当主親族全体の序列化・区分化を企図している点。
④毛利家から他家へ移った親族の祭祀について、今後は萩毛利家主催の法要については吉川元春・小早川隆景を除き、原則差し止めとしたという点。

本稿が特に注目したいのが、④の特徴である。以下の【史料一三】は天保期の祭祀改革の詮議過程において萩毛利家が「同他家御相続御方《（枝葉男子）》」としたものを列挙したものであるが、ここからは興味深い点が見て取れる。

【史料一三】

（前略）

同他家御相続御方《（枝葉男子）》、

一、三光院様元就公御子元秋公御事　毛利備前《（元美）》先祖

一、洞玄寺様同元康公御事　同元秋公御養子

一、天徳寺様同元政公御事　毛利彝次郎《（元亮）》先祖

一、瑞光院様同秀包公御事　毛利蔵主《（房謙）》先祖

一、発性院様輝元公同就隆公御事　徳山御先祖

一、景光院様綱広公同熊之助様御事　毛利隠岐《（熙頼）》先祖就詮養子

右於其家之法事之節　上使を以御香典拝領被仰付来候、

一、随浪院様元就公同元春公御事　岩国御先祖

右一日御法事被仰付来候、

一、黄梅院様同隆景公御事　小早川御先祖

右御一夜越御法事被仰付来　隆景寺江も御斎料被相備、於京都黄梅院様ニも一夜御法事被仰付、

一、天真常照様同元倶公御事　出羽源八先祖御養子

一、洞雲寺様同元清公御事　長府御先祖

右軽御茶湯被仰付来候[36]、

（後略）

このなかでは、萩毛利家が対象としているのは、元秋・元康・元政・秀包・元倶・元清までであり、宍戸家元祖の宍戸隆家・阿川毛利家元祖の元氏・大野毛利家元祖の就頼の存在は想定されていない。つまり、「元就様御子様」、【史料一三】においては「元就公御子」と称される存在のみが問題となっているのであり、毛利家という「家」の秩序に包括されていたのも、この「元就公御子」たちのみであったのである。この天保期の祭祀改革のなかで、一門元祖ら「元就公御子」たちは、他家を相続した者とし、「右於其御家々ニ者御正統之御祭をも被為受候、御仏様方御身元ニおいて無障限御法事ニ者被及間敷哉ニ付向後御一統可被差止哉[37]」とし、改正後は、「同御末家御家門《（枝葉男子）》[38]」という一つの区分にまとめられ、萩毛利家主催の法要差し止めと、各家主催の法要時には萩毛利家から香典を下賜することが取り決められた。こうした過程は萩毛利家側から見れば、自家の祭祀秩序からの除外とも理解出来るが、一方で、一門側の視点からは、「同御末家御家門《（枝葉男子）》」という新たな区分の成立であり、秩序の再編成とも見ることが出来る。

改正の過程で上使の派遣や代焼香の有無については言及がない上、天保の祭祀改革の後に、一門元祖の遠忌法要が執行された事例を確認出来ないため、かかる区分変更を一門側がどのように受容したのか、また受容しなかったのかについては不明な点が残っている。しかし、この区分化は重就の認識と比較すると、大きく相違していると言える。

重就が、一門について「洞春様御血脈」と位置づけていたことは先述の通りであり、同人が改革の中心として元就の存在を位置づけていたことは、萩毛利家の宝暦改革の最大の特徴であるとも言える。しかし、宝暦〜天明期（一七五一〜一七八九年）に生きた重就の元就への回帰と、天保期から幕末期を生きた敬親の元就への回帰は一見すると連続性を持ち、一貫したものであるようにも見えるものの、家臣でもあり、分家でもある一門をめぐる観点から見ると、そこには大きな違いがあると言わざるを得ない。いわば、一門六家すべてを「洞春様御血脈」として一括にする重就の認識の方が、歴代毛利家当主のなかでは異質であったと考えられる。さらに言えば、歴代当主の認識やその時点における一門当主の思惑により、様々な立場に位置づけられてきた一門元祖たちは、この天保期の祭祀改革を以て、正式に萩毛利家の秩序から外れ、「元就公御子」たちは新たに「御末家御家門」として再構成されたのである。

小　括―「身分的優位性の派生」としての再把握―

本章において見てきたように、一門家臣の位置づけは近世当初から安定していたわけではなかった。「御一門払い」にこそ処されなかったが、何故、家臣団の最高位に君臨するのか、その論理も明らかにならないなかで、彼らは自身の家意識を醸成していくこととなったというのが、萩毛利家の一門の置かれた実態であったのである。本章において見られたように、その家の祖をどのように位置づけるのかという点において、決して直線的に解決策が導き出されたわけではなかったのも、こうした状況を強く反映していると言えよう。だからこそ、他の一門らとの差異化を危惧する阿川毛利家の嘆願を受け、ようやく一門六家を一列に位置づけるという発想が生じたのである。そして、時代が下るなかで、他の外戚らの遠忌法要の格式が上下し、家中秩序が整備されていったと捉えることが出来る。

筆者は別稿で本章とは反対側の視点、萩毛利家の法要において、一門らがどのように特権の獲得を目指したのかという点について検討を行った[39]。この結果、重就治世である明和七年（一七七〇）・安永三年（一七七四）の二度の事例を契機に、それまで統一されなかった一門の格式が統一されたこと、さらに元就の遠忌法要に限定した形での一門の特権行使が許可されるようになっていったことが明らかになった。いわば、一門という存在が元就の権威に由来する存在であることが目に見える形で示されたのである。この点と本章の分析との間にはどのような関連があるのだろうか。

ここまで見てきたように、重就は一門元祖・始祖の遠忌法要に際し、法要の格式を決定する根拠を一門当主の家中における位置づけに求めた。しかし、その一方で、一門当主に対し、彼らに与えた特権が元就に由来するものであることも同時に明示した。つまり、重就は一門に対し、元就の存在を絶対化しつつ、個々の家の元祖・始祖については相対化して位置づけていたのである。そして、このように一門の家がそれぞれ来歴に基づいて醸成してきた「家」意識を相対化した上に成立した一門六家一列の対応が、重就の同族観の最大の特徴であると言えよう。この見解が近世期における萩毛利家において、特殊な見解であったことは、第四節で検討した敬親治世の祭祀改革の過程で示した通りである。こうした重就の方針は、重就という強い個性の問題であり、後世には変容の可能性を有するものであった。つまり、秩序とは静態的なものではなく、あくまでも変容の可能性を有した動態的なものであったのである。

小　括

しかし、重就が一門一列の待遇に固執したということは、裏を返せば同人にとって一門の序列化に対する危惧が非常に大きかったことを示している。この背景には、重就の家督相続以降に続いた一門との対立を経て、同人が家臣団最高位の一門との間に新たな結合の論理を求めていたという点が考えられる。つまり、一門当主の強制隠居など徹底的とも言える統制の後、今度は関係の再構築という目的の下、重就が理想とした元就を中心とした秩序に適合し、新たな対立の芽を内包しない一門＝「洞春様御血脈」であるという理解が構築された。つまり、この過程で重就が行ったことは一門に対し、元就の子孫として萩毛利家の「身分的優位性の派生」としての自覚を求めたと言うことも出来る。同時に、家督相続以来、家臣の主張する「先例旧格家風[40]」に頭を悩ませ続けた重就[41]にとって、一門が個々の「家」意識に基づき、序列化を進行させていく状況は、いずれ一門が「家」の問題について、大名の介入を拒む根拠ともなり得るものであり、自身が把握出来るかたちで再把握していく必要もあった。

重就が当該期に理想とした秩序については、このようにまとめることが出来る。しかし、問題はかかる理想的秩序を受容・強制される側の視点である。個々の「家」意識を等閑視する重就に対し、一門側はどのような対応をしたのか。さらに言えば、そうした対応は「一門」という集団として一律に捉えることが可能なのであろうか。そこで次章においては、重就治世に起きた一門と吉川家の交際関係を事例に、重就の理想的秩序と一門の「家」意識の相克について検討を行う。

【註】

(1)「治元公申上」(3公統132)
(2)鎌田浩『幕藩体制における武士家族法』(成文堂　一九七〇年)
(3)福田千鶴『幕藩制的秩序と御家騒動』(校倉書房　一九九九年)
(4)笠谷和比古『近世武家社会の政治構造』(吉川弘文館　一九九三年)一六一頁
(5)高野信治『近世大名家臣団と領主制』(吉川弘文館　一九九七年)・同『藩輔と藩国の構図』(名著出版　二〇〇二年)
(6)野口朋隆『近世分家大名論』(吉川弘文館　二〇一一年)・同「再生される本分家関係―長岡・小諸・笠間各牧野家

における同族的結合の構築過程」（『茨城県史研究』九六号　二〇一二年）
（7）拙稿「家紋が表象する由緒―一門家臣による家紋の選択について―」（『史境』七一号　二〇一六年）
（8）田中誠二「萩藩の家臣団編成と加判役の成立」（『山口大学文学会志』五五巻　二〇〇五年）
（9）「御家筋並御末家御家来筋目其外旧記之写」（57御仕書1、34）
（10）「萬之助様毛利阿波遺跡相続被仰付一件」（3公統138）
（11）「諸事小々控一七」（31小々控17）（74の53）
（12）「治元公申上」（3公統132）
（13）「諸事小々控八」（31小々控8）（53の14）
（14）～（16）「諸事小々控八」（31小々控8）（53の34）
（17）（18）「諸事小々控八」（31小々控8）（53の44）
（19）「諸事小々控一五」（31小々控15）（20の1）
（20）（21）「諸事小々控一五」（31小々控15）（20の16）
（22）（23）「諸事小々控八」（31小々控8）（53の44）
（24）『毛利十一代史』八巻
（25）「諸事小々控一一」（31小々控11）（15の6）
（26）「諸事小々控一七」（31小々控17）（74の48）
（27）～（29）「諸事小々控一二」（31小々控12）（26の16）
（30）「諸事小々控一七」（31小々控17）（74の64）
（31）「諸事小々控八」（31小々控8）（53の53）「諸事小々控一六」（31小々控16）（26の12）
（32）拙稿「家格争論から見る吉川家認識―毛利家・吉川家を事例に―」（『社会文化史学』五七号　二〇一四年）
（33）岸本覚「幕末萩藩における祭祀改革と「藩祖」」（井上智勝・高埜利彦編『近世の宗教と社会二　国家権力と宗教』吉川弘文館　二〇〇八年）
（34）「御法事改正記」（13祭祀62）

(35)前掲岸本(33)

(36)〜(38)「御法事改正記」(13祭祀62)

(39)拙稿「萩藩主家法要における一門の代焼香―特権意識の形成と否定―」(『山口県地方史研究』一一四号　二〇一五年)

(40)『毛利十一代史』七巻　一二三〇頁

(41)当初、分家から本家家督を相続した重就が「中継ぎ」としての役割しか期待されていなかったことは第一章において述べた通りである。正統性に弱点を抱えた重就にとって、先例・旧格・家風を根拠に反発する一門らを押さえるためにも、より正統性・正当性を持った存在、つまり、元就を中心とした秩序の構築が目指された。このように元就以降の当主治世に作り出された「先例・旧格・家風」に対する重就の反発については、前掲(7)(39)の他、山﨑一郎「萩藩密用方と中山又八郎の活動について―藩主重就期における密用方設置前後の動向」(『山口県文書館研究紀要』三八号　二〇一一年)でも言及されている。

第三章　萩毛利家における「勤相」統制

―同族的結合の形成過程と問題点―

はじめに

本章において検討するのは、萩毛利家の分家である一門と吉川家の関係に関わる問題である。何故、ここで一門と吉川家を事例として検討する必要があるのか。それは両者の関係改善が重就治世において、元就治世への復古を象徴する大きな意味を持つものであったためである。

そもそも、近世社会の特質として、渡辺浩氏は「身分格式を印象付ける象徴的事物と儀礼・儀式・祭典等の種々の象徴的行為が永い「泰平」の内に異常なまでに発達[1]」した点を指摘している。同氏の指摘によれば、近世においては日常生活を送る上での一つ一つの行為がすべて互いの身分格式の表象であり、「理屈より心に、知性より諸感覚と感性に訴える諸象徴が、不断に機能し、体制維持の一助[2]」となっていたと述べている。こうした渡辺氏の成果を踏まえ、堀田幸義氏は仙台伊達家家中を事例に、大名家中において、体制的安定がもたらされた後の関係維持の有効な手段として生活全般における象徴的行為に着目し、こうした行為を「近世武家社会におけるヒエラルヒー再生産の回路[3]」であると評価している。同氏は従来の儀礼研究が殿中儀礼など非日常的なものに関心が集まる傾向にあることを指摘し、より恒常的な秩序維持装置である生活規則にも目を向ける必要性に言及している。

こうした両氏の指摘は本章において検討する「勤相」、つまり交際関係をめぐる場においても同様のことが言える。「家」と「家」が交際する場合、そこで用いられる文格、使者の待遇などすべてが両家の関係を象徴し、視覚化するものである。ここで言う関係とは、由緒や系譜に基づく結合関係のほかにも、当然上下観念をも内包しており、だからこそ、対立を生む場ともなったのである。

しかし、「家」同士の交際関係そのものをめぐり、根岸茂夫氏は所属する「御家」の枠組みを超えた「家」同士の交流の存在をもとに、「家」の同族集団に武家の自律性の一端を見出している。[4] 同氏は近世武家の「家」について、「主従関係を「公」に吸収され、一門を核とした「家」の関係は「私」となった[5]」とする一方、こうした「私的な「家」の関係は、ある時には「公」を無視し抵抗するほど強固なものであり、その私的な「家」は必ずしも主君の「家」のみに含まれていなかったのである[6]」と述べている。近世武士について、「公」と「私」という区別が厳密に存在するのかという疑問は残るが、確かに、武士、特に大名家臣については、氏の区分では「公」とされる部分、具体的には政治面・制度面への注目が集まり、「私」の部分については等閑視されてきた。つまり、近世期の大名家臣の「家」に「公」と「私」の区別があるのではなく、研究史のなかで、政治に関わる部分を「公」、家臣の家政に関わる部分を「私」とし、前者がより重視されたため、あたかも「公」と「私」という区別が存在するように見えていると言える。しかし、果たして近世期において家臣の家の「私」に関わると見なされる部分に対し、大名は無関心であったのであろうか。

浪川健治氏は、盛岡南部家家中において元文元年（一七三六）に、親族間において行われた親族の関係を絶つ義絶行為の増加について言及した「覚」を家臣団編成秩序崩壊や血縁を紐帯とする「家」が持つ構成者への強制力低下に対する危惧を示すものであると評価し、血縁集団としての紐帯関係を再生産するため、個々の家の直系血族の「書上」提出を求められたとしている。[7] また、小関悠一郎氏も、上杉治憲の思想を検討するなかで、治憲の「家」に関する思想について言及している。[8] 治憲は「嫡庶分式」を制定し、上杉家の嫡庶本末に応じ、儀礼の席次や文格のあり方を規定した。同氏は治憲がこうした「嫡庶」の区別を明確化することを、引いては家臣団統制へと繋がるものと位置づけていた点を指摘しており、やはり、浪川氏の指摘と同様に、「家」の秩序の再生産へ向けた回路の構築であると評価出来よう。両氏の指摘からも、大名家が「家」の内部にまで踏み込んだ言及を行う場合、そこには秩序の再生産に向けた新たな回路の構築が企図されていたことは明らかである。

こうした点を踏まえつつ、本章では、宝暦一三年（一七六三）～明和元年（一七六四）に萩毛利家において行われた一門と吉川家の関係改善をめぐる一連の動向を事例に、「御家」のなかで「家」同士の関係が持った意味について検討をしていく。特に、萩毛利家の場合、注目すべきは宝暦・明和期の重就による取り扱いは一門という家格集団を対象としたものであるという点である。浪川氏が指摘した事例が南部家家中全体へ向けたものであったのに対し、特定の家格集団・個別の「家」へ焦点を絞った干渉が行われたということは、すなわち重就にとって同集団の存在が極めて大きな意味を持っていたことが分かる。この点について、まずは重就治世における一門の状況について、特に両者の対立が重就側の勝利という形で終結した宝暦一〇年（一七六〇）直後の様子を見てみたい。

第一節　宝暦・明和期の「勤相」統制

（一）「勤相」一件の前提―重就治世の一門家臣―

宝暦一三年（一七六三）、重就の命により一門六家と岩国吉川家の交際状況に関する調査が行われた。何の前触れもなく、唐突に命じられた前例のない調査を一門側も吉川家側も驚きを以て対応したわけであるが、問題となるのは、何故、この時期にこのような前例のない調査が行われたのかという点である。この点について考えるためには、重就の家督相続以降の一門と重就の関係について見ていく必要がある。

第一章から度々言及していることであるが、家督相続直後から、重就と一門の関係は良好とはほど遠いものであった。家督相続から宝暦一〇年（一七六〇）に至るまで、両者の対立が続いたことは小川國治氏[9]を始め、先行研究のほとんどで言及されている。[10]一門家臣との対立→一門家臣らの封じ込め→大名権力の確立という重就治世初期の流れ自体は筆者も相違ないものと考えるが、敢えて指摘するならば、重就の権力確立を一門家臣との関係の最終局面と捉え、それ以降への展開について目を向けていないという問題点がある。第一章で言及したように、重就は嫡子教育のために作成させた文書のなかでも、一門家臣の存在について言及している。[11]つまり、一門家臣に対する重就の関心は、宝暦一〇年の段階で終了したわけではなかったのである。

さらに言えば、宝暦一〇年までの間に、一門当主の年齢層も大きく変化している。【グラフ1】で示したのは、延享三年（一七四六）から、明和三年（一七六六）までの二〇年間における一門当主の平均年齢の推移を示したものである。当主の死去や隠居により、当然周期的変動は見られるが、なかでも宝暦一一年（一七六一）には平均年齢の大幅な低下が確認出来る。さらに、【表7】は宝暦元年（一七五一）・宝暦一〇年（一七六〇）・宝暦一一年（一七六一）の一門当主を比較したものであるが、宝暦一〇年（一七六〇）を境に、一門当主の年齢の平均年齢が一〇歳以上も下がっており、六家の内半数の三家が一〇代の当主となっている。いわば、一門当主の若年化が起きているのである。

では、なぜこうした若年化が起きたのか。それは、決して一門当主が相次いで死亡したわけではなく、【グラフ1】に表記したように重就との対立のなかで、隠居を命じられ、若年者へと家督を譲らなくてはならなかったためである。宝暦四年（一七五四）、阿川毛利家当主・広漢が不行跡を理由に遠慮処分を受けた。この時、重就

【グラフ 1】一門当主の平均年齢の推移

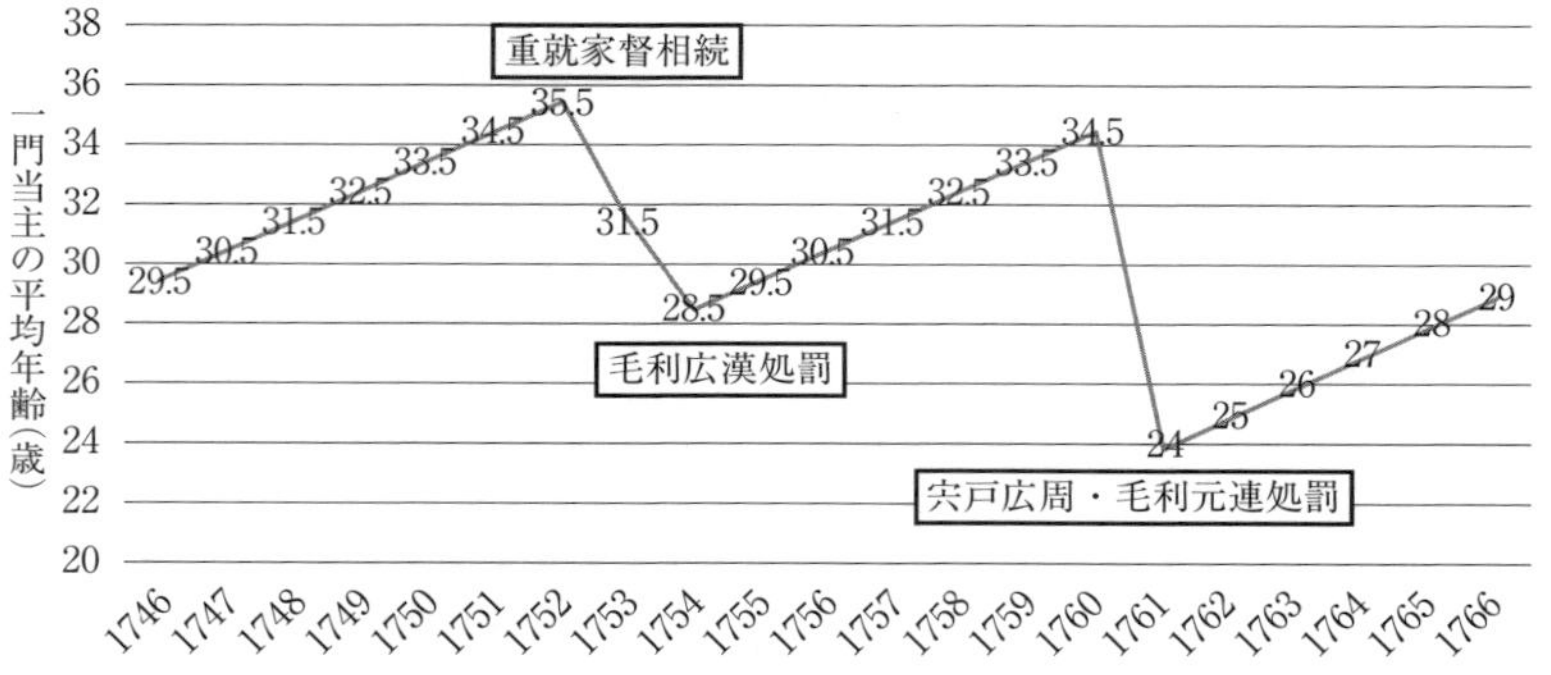

※『近世防長諸家系図綜覧』より作成

【表7】一門当主の年齢　※括弧内は数え年

	宝暦元年（1751）	宝暦10年（1760）	宝暦11年（1761）
宍戸家	宍戸広周（32）	宍戸広周（41）	宍戸就年（13）
右田毛利家	毛利広定（33）	毛利広定（42）	毛利広定（43）
厚狭毛利家	毛利元連（53）	毛利元連（62）	毛利就盈（23）
吉敷毛利家	毛利元直（36）	毛利就将（15）	毛利就将（16）
阿川毛利家	毛利広漢（30）	毛利就禎（15）	毛利就禎（16）
大野毛利家	毛利広円（23）	毛利広円（32）	毛利広円（33）
平均年齢	34.5歳	34.5歳	24歳

※『近世防長諸家系図綜覧』より作成

は広漢に対し隠居は命じなかったものの、事態を重く見た阿川毛利家の親戚が広漢の隠居と嫡子・就禎への家督相続を願い出、受理された。そして、同一〇年（一七六〇）養子・重広の死去とそれに伴う重就実子・岩之允（後の治親）の嫡子指名に際し、当役・梨羽広云《ひろとき》に詰問状を送った宍戸広周と厚狭毛利家当主・元連が「出伺を差留、却而公事ニ不可出会事」[12]を命じられ、両家の嫡子や親類なども連座した。さらに、広周らは、他の一門たちも自分たちと「一同」[13]であると述べたため、他一門らも呼び出しを受けることとなった。そして翌一一年（一七六一）重就は広周・元連に隠居を命じ、他の一門については罪に問わないことを通達した。

この結果、一門六家の内、半数の三家の当主が代替わりし、【表7】で示したように右田毛利家当主・広定を最年長とする若い人員構成となった。このように、確かに重就は一門の入れ替えには成功したものの、それは一〇年近い対立と統制の結果であり、重就と一門らの関係は冷え切っていたのである。そして、こうした状況のなかで行われたのが、冒頭で述べた岩国吉川家と一門らの交際関係に関する調査であった。

(二) 調査に至る過程

重就による交際関係調査は二度に分けて行われた。この時の調査結果や問題解決に至る過程については「岩国と御一門之内勤相中絶扱一件」全四巻にまとめられ、山口県文書館に所蔵されている。また、全四巻のなかでも、一巻と四巻、二巻と三巻が同じ様式となっているが、四巻には「毛利秀之助殿岩国と書状之往達之写一冊」が追加収録されている。なお、一巻と四巻はおもに宝暦期(一七五一～一七六四年)に一門に対して行われた交際関係調査に際し、一門側が提出した文書の写しを収録しているのに対し、二巻と三巻は重就から一件解決が命じられ、解決に至るまでの経過に関する記述やその間に取り交わされた書状を収録している。奥書によれば、この史料は一件解決の翌年、明和二年(一七六五)に作成されたものであり、特に三巻については奥書で江戸方の控えとして作成されたと記されている。

一度目の調査は宝暦一三年(一七六三)初旬に行われたものであり、一門のなかで、吉川家との交際関係に何らかの問題を抱えた家が存在するか否かの確認作業に重点が置かれた。そして、この一度目の調査を経て、宍戸家・右田毛利家・吉敷毛利家の三家が吉川家との交際関係に問題を抱えており、交際関係が部分的、もしくは全体的に中断していることが判明したため、同年七月に重就の意向を受けた一門の代表を主体とし、より詳細な形

【表8】就盈らが定めた調査項目

①	年始
②	歳暮
③	八朔
④	節句
⑤	寒暑之勤
⑥	不時有廉吉凶之勤
⑦	岩国より御出萩之節御滞留中
⑧	岩国より江戸御出府并御帰着之節之事

※「岩国と御一門之内勤相中絶扱一件記録　二」(25吉川事88)より筆者作成

で行われたのが二度目の調査である。

第一回目の調査結果を受けた重就は、一門のなかでも、吉川家との交際を継続している厚狭毛利家当主・就盈《なりみつ》と大野毛利家・広円《ひろかず》に対し、この「勤相」をめぐる一件の解決、すなわち、宍戸・右田毛利・吉敷毛利各家と吉川家の交際再開を取りはからうように命じた。しかし、就盈と広円は自分たちだけでの解決は覚束ないとし、重就の実兄でもある右田毛利家当主・広定の参加を求めたものの、右田毛利家自体も吉川家との交際関係に問題を抱えていたため、あくまでも裏方として参加することが許可され、広定自身も承諾した。

就盈と広円に調査を命じた二日後、重就は参勤のため、萩を出発した。このため、二度目の調査は就盈と広円が主導で行うこととなった。最初の調査によって、交際関係に問題を抱えている家は判明したものの、記述内容が不統一であったこともあり、調査すべき項目を指定した上で、再度調査を行った。この時、就盈らが調査対象とした項目は【表8】の通りである。この調査により、各家の交際状況及び、交際が中断した理由が判明した。この時の調査結果は【表9】で示したが、交際関係を継続していた家も吉川家との交際関係のあり方が変容していたことが分かる。

ところで、調査に際し、就盈・広円と当役・梨羽広云の間で一つの問題が生じた。それは「一門」とはどの家までを想定しているのかという点である。広云から「一門」に益田・福原両家は含まれるのかという質問を受けた就盈と広円は協議を行い、「一門中と有之ニ付六家ニ限りたる儀と相見」[14]としたものの、完全にこの一件から除外するまでには至らず、調査した上で問題がなければ詮議対象としない旨を決めた。この決定に際しては、重

【表9】交際関係の調査結果

	文格	使者引受場所	勤相の状態	備考
宍戸家	直当状	本間	使者の交換が中断	吉川家は縁通りでの使者引受を主張。
右田毛利家	直当状→申状	記述なし	書状の交換が中断	当主・広定は藩主・重就の実兄。
厚狭毛利家	直当状	記述なし	変更なし	当主・就盈は徳山毛利家当主・広豊の実子であり、吉川経永養子・吉五郎（後、経倫）の兄。
吉敷毛利家	直当状→申状	記述なし	一切交際なし	
阿川毛利家	申状	記述なし	変更なし	以前は双方片名字だったが、時期は不明ながら申状へ変更していた。
大野毛利家	申状	記述なし	変更なし	吉川家とは両敬の関係にあると主張。また、大野毛利家当主は家督相続後、岩国まで挨拶に行く習慣が存在。

※「岩国と御一門之内勤相中絶扱一件記録　一」（25吉川事88）より筆者作成。

就の意向も確認されたものの、同人からの意向は特に無かった。つまり、この「勤相」一件で主要な対象となったのは、「一門」六家であり、益田・福原両家に対する調査はあくまでも副次的なものとして位置づけられていたと言える。

また、今回の一件について特筆すべきは、調査が一門と吉川家の関係改善を重視する重就個人の意向であるという点である。つまり、一門らからの訴えなどで調査に乗り出したわけではなく、あくまでも重就の意向という形で調査が行われたのである。もっとも、このように今回の関係修復が重就の意向であるという点は、この後、他一門らの説得や吉川家と広円の交渉過程で一種の圧力として度々主張された。こうした重就の全面的な関与が、宝暦・明和期の問題解決を早めた一方、文化期（一八〇四～一八一八年）には新たな争論の芽となっていくのである。

（三）「勤相」中断の背景

では、宍戸・右田毛利・吉敷毛利各家は岩国吉川家との間にどのような問題を抱えていたのか。ここでは、各家の主張をもとに、「勤相」に問題を抱えるに至った背景を見ていく。

1　宍戸家

宍戸家が提出した覚書によれば、宍戸家と吉川家が問題を抱えた契機は、使者の応対に際する格式をめぐるものであった。【史料一】は一度目の調査の際に、宍戸家が提出した覚書である。

【史料一】

覚

岩国江此方より使者被差止候趣者享保十九年年始御祝儀ニ書状并三百疋以使者彼御屋敷江差越候処、縁間ニ而請引可申之由御取次申候、此方之儀者先格間ノ内にて御受引相成来候段申達候処、御取次申候者御八家之儀者いつれも縁間にて請引申候格相御座候、其段御承知無之候ハヽ、御取帰候様ニと申ニ付取帰候、其後此方より前格間之内ニ而御請引相成来候、既ニ去歳暮御祝儀使者差越候節ハ間ノ内ニ而御請引相成候段とも申返候処、其節不案内ニ而請引相成候、此度者前断之通之由申ニ付、其以来ハ以使者御勤仕候儀差控可申候通御彼方家頼江申達候上使者にて之御勤被差止候以上、

五月廿八日

宍　蓑(就年)松内

有馬弥左衛門[15]

宍戸家の主張によれば、享保一九年（一七三四）年の年始に、宍戸家が吉川家へ使者を派遣した際、吉川家側が宍戸家側の使者の応対をする場所を「間ノ内」から「縁間」へと変更したことにより、両家の間で使者の交換を中止したという。もっとも、第二回の調査では、享保一九年に使者の交換が中止される以前から、両家の間で

は度々使者の格式をめぐる争論が起きていたことが明らかになった。

2　右田毛利家

右田毛利家が吉川家との交際関係で問題を抱えていたのは、書状に関する格式（文格）であった。この件について、右田毛利家の主張をもとに整理していく。

右田毛利家が吉川家との争論に至ったのは、宝永五年（一七〇八）であった。当時、大野毛利家の当主であった毛利就詮は、吉川家から、右田毛利家からの書状の格式に関する苦情を寄せられた。この時の吉川家の主張によれば、近年、右田毛利家からの書状が披露状から吉川家当主に対する直当状へと無断で変更されたという。披露状とは、書状の宛先を家老にし、当主へ披露形式での伝達を依頼する書状のことであり、申状とも称される。これに対し、直当状とは相手先の当主を宛先にした書状であり、披露状に比べ、相手方に対する敬意の度合いは低くなる。つまり、吉川家が問題にしたのは、右田毛利家から自家に対する書状の格式が吉川家の了解なしに下げられたというものであった。

【系図4】右田毛利家正統系図

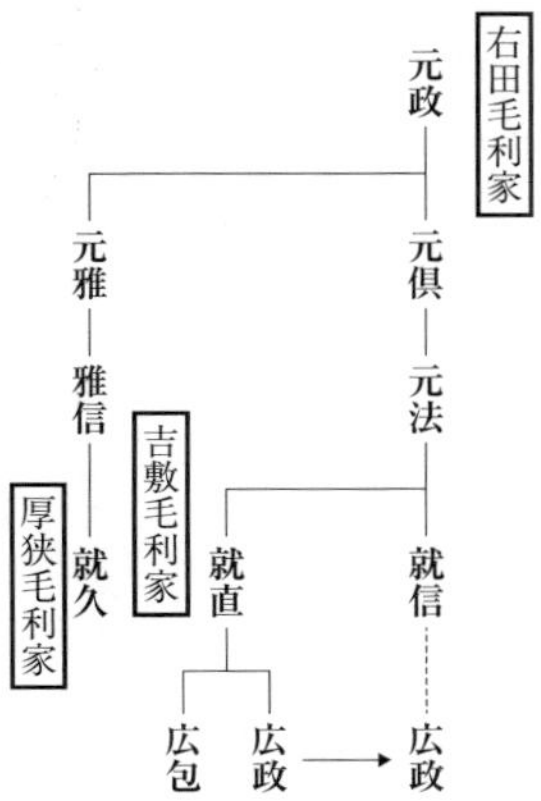

※『近世防長諸家系図綜覧』より作成
※点線は養子、実線は実子を示す。

このように吉川家からの苦情を受けた就詮は、そのまま右田毛利家ではなく、吉敷毛利家へと向い、江戸から戻ったばかりの当主・毛利就直《なりなお》と対面した。就詮がこのような行動をとったのは、当該期に右田毛利家が抱えていた事情によるところが大きい。【系図４】は当該期の右田毛利家の系図である。当該期の右田毛利家当主は毛利広政であるが、同人は、吉敷毛利家・就直の子であり、就直自身は右田毛利家の出身であった。このように二代に亘り、右田・吉敷両毛利家の間では養子縁組が行われており、この時の就詮の行動も、若年であり、家督を相続したばかりの広政ではなく、実父である就直に問題解決に向けた助言を求めるためであったと考えられる。

これに対し、就直はこの問題の根本的解決は困難であるという見解を示した。その理由は、文格が直当状へ変更された時期にあった。吉川家の主張によれば、文格を変更したのは、広政の先代であり、就直の実兄である就信であった。争論が持ち込まれた時点では、すでに就信は死去していたが、同人が文格を変更した経緯について右田毛利家の家老らは【史料二】のように説明している。

【史料二】

（前略）

岩国江御申状ニ被仕時節之儀ハ六郎（就信）左衛門殿岩国御縁者ニ入被申候時分より御申状ニ仕来候、其前廉古来代々直当之書状に而御座候、尤御縁者ニ入被申候前廉迄も六郎左衛門より之書状直当ニ而御座候、然処ニ九年程ニ可相成候、六郎左衛門殿隠居之願可被申出と有之候時分より右之直当之書状ニ被仕候、六郎左衛門殿一代者右之御縁者尊敬之吟味ニ而御申状被仕候得共、先祖より之格式之事候間、山城（広政）殿代ニ移不申候内、古来之通之格式ニ直シ置相続仕度被為存候而之儀ニ而可有御座与家老共申候、[16]

（後略）

【史料二】によれば、確かに右田毛利家は吉川家に対して、披露状（申状）を用いていた時期があったが、それは右田毛利家の「先祖より之格式」ではなく、就信が吉川家の娘と結婚したことによるものであった。だからこそ、就信は吉川家との血縁関係を持たない甥の広政に家督を譲るに際し、右田毛利家本来の文格に戻したというのが家老の主張であった。

このように、吉川家と右田毛利家の主張は真っ向から対立していた。さらに、問題解決を困難にしたのが、両家の当主の置かれた状態であった。先述したように、争論が持ち込まれた際の右田毛利家当主は先代・就信の甥・広政であった。いかに血縁関係があったとしても、先代の就信が直当状にした文格を、養子の広政が変更することについて、実父の就直は難色を示したのである。一方、吉川家にも事情があった。当時の吉川家当主・広達《みち》は幼年で、実母の後見を受けており、文格について決定を下せる状態ではないと就詮は述べている。そのため、就詮と就直は、問題の根本的な解決は保留し、当面の打開策として、両家間の書状の交換を中断することを右田毛利家に提案した。争論を持ちかけた吉川家側から書状を出すことになかったため、右田毛利家が提案を受け入れたことで、両家の書状の交換は中断したのである。

3　吉敷毛利家

吉敷毛利家の争論は、右田毛利家の争論と関連する形で発生した。正徳三年（一七一三）、吉敷毛利家当主・広包《ひろかね》（就直の子・広政の同母弟）は、吉川家に対し、文格の変更を申し入れた。広包の主張によれば、元々、吉敷毛利家は吉川家に対し、直当状の書状を用いていたものの、広包の実父である就直は右田毛利家からの養子であり、実兄・就信に合わせて文格を披露状へと変更したという。しかし、他の一門らは近年に至るまで直当状を用いているため、吉敷毛利家も本来の格式である直当状へと変更するというのが広包の主張であった。これに対し、吉川家は吉敷毛利家との交際を一切断絶する旨を通達した。当初、広包は事態を重くは捉えておらず、吉川家から通達を受けた翌日には歳暮の挨拶として「御祝儀」[17]を持参しており、吉川家側も一旦はこれを受理した。しか

【表10】吉川家をめぐる争論の発生時期

一門と吉川家の争論	年号(西暦)	萩毛利家と吉川家の争論
	延宝6年(1678)	萩毛利家に対し、官位の斡旋を要求。
	同8年(1680)	萩毛利家に対し、官位の斡旋を要求。
	元禄9年(1696)	広逵が数え年2才で家督相続。実母・蓮得院後見開始。
右田毛利家と書状の格式をめぐる争論 →右田毛利家・吉川家間の書状交換中止	宝永2年(1705)	
	宝永5年(1708)	萩毛利家との間で家格争論勃発。
	同7年(1710)	↓ この間、吉川家は一貫し、吉川家を萩毛利家の家老として位置づけることをやめるよう請願。
	同8年(1711)	
吉敷毛利家と書状の格式をめぐる争論 →吉敷毛利家・吉川家間の交際全面中止	正徳3年(1713)	
	享保元年(1716)	岩国百姓一揆と萩毛利家による干渉
吉川家使者に対する応対をめぐる争論(宍戸)	享保16年(1731)	萩毛利家からの家老出萩要求を退ける。
吉川家使者に対する応対をめぐる争論(宍戸)	同17年(1732)	
宍戸家使者に対する応対をめぐる争論(宍戸)	同18年(1733)	
宍戸家使者に対する応対をめぐる争論(宍戸) →宍戸家・吉川家間の使者派遣中止	同19年(1734)	

※「岩国と御一門之内勤相中絶扱一件記録　二」(25吉川事88)および拙稿「家格争論から見る吉川家認識―毛利家・吉川家を事例に―」(『社会文化史学』57号　2014年)より筆者作成。

し、同日の夜、吉川家の屋敷番が吉敷毛利家を訪れ、「御祝儀」を返却した上で、再度交際断絶を通達したのである。

　こうした吉川家の対応を受けた広包は、今後の吉川家との交際については、実兄である右田毛利家当主・広政に一任することを決め、吉敷毛利家と吉川家との間の一切の交際関係は中断した。

　これら三家と吉川家との間で起きた争論を時系列順に並べると、右田毛利家→吉敷毛利家→宍戸家の順番で発生している。さらに、交際関係が断絶している期間も、最も短い宍戸家でも三〇年、右田毛利家に至っては六〇年近く経過しており、二度の調査においても争論が起きた当時の状況を詳細に知る者は見つからなかった。これだけの期間、問題が解決されずに放置されたということはすなわち、一門側にとっても吉川家側にとっても両者間の交際が必要不可欠な関係として意識されていなかったことを意味している。さらに言えば、交際関係が長期に亘り中断したまま放置されていたという事実は、重就の介入の特異性をより際立たせるものである。

また、吉川家側の対応にも一つの傾向を見出すことが出来る。【表10】は、一門三家と吉川家との争論が起きた時期と吉川家が萩毛利家との間で家格をめぐる争論を起こした時期を比較したものであるが、一門と吉川家との確執は、吉川家が自家の家格に関し、萩毛利家と争論を抱えていた時期から時をあけずに生じている。つまり、自家の家格に敏感な時期であったが故に、争論に際しても態度を硬化させることとなったのである。こうした一連の動向からは、吉川家が萩毛利家家臣団最高位の一門との格式の差異化に強い関心を寄せていたことがわかる。

一方、「勤相」が家格と連関していたのは、一門側も同様である。争論の当事者となった広政や広包にとって、「先祖より之格式[18]」での交際でなければ、行う価値はなかった。つまり、交際を継続することが主たる目的なのではなく、格式、さらに言えば家格を保持することこそが本来的な目的であった。一門らにとって、吉川家との交際は、当主という個人ではなく、永続的に続く「家」同士の関係であり、自家の「家」意識に基づく社会的秩序関係を視覚化する場でもあった。だからこそ、相対立する秩序がぶつかり合った際、第三者たち、さらには当事者である当主自身も容易に解決に至る道筋を提示することが出来なかったと言える。

このように考えると「勤相」に対し、一門・吉川家双方のなかで、家格を視覚化する極めて重要な場であると同時に、自家の主張が反映されないのであれば、無理に関係を継続する必要はないという理解を持っていたことが分かる。では、重就は何故、そしてどのような論理を以て、この問題に向き合ったのか。次節では、岩国における具体的な交渉過程と重就の直書から、この問題に対する重就の姿勢を見ていく。

第二節　「勤相」再開への交渉

（一）交渉への準備段階

先述したように、重就は吉川家とは問題を抱えていない厚狭毛利家当主・就盈と大野毛利家当主・広円に一件の解決にむけた取り扱いを命じた。特に、大野毛利家は第二回目の調査のなかで、自家と吉川家の関係について、「延享元子ノ年御彼方御倹約ニ付膈々様都而御勤合御断被成候処、此方之儀者重き御由緒も有之候段被申達無違却様申談相成、前々之通被相勤候[19]」や「岩国此方両敬ニ仕来候[20]」とし、系譜関係に基づき、吉川家との関係が密接であった。

さらに、大野毛利家と吉川家の関係で特筆すべきは、大野毛利家当主が家督相続後、「御見舞[21]」と称して吉川家へ挨拶に出向く慣習があったという点である。この慣習に則り、岩国訪問を企図していた広円に対し、重就は吉川家当主・経永と直接対面した上で、この問題を解決するように指示した。

萩毛利家と吉川家との争論は近世期に度々生じていたが、その多くは根本的な解決には至らなかった。その一因として、解決までの交渉が萩・江戸—岩国間で書状や使者を介して行われたため、交渉自体が長期化したことが挙げられる[22]。こうした事態を防ぐため、重就は岩国を直接訪問出来る存在として、大野毛利家当主・広円を指名したとも考えられる。

二度の調査結果を受け、就盈と広円は「勤相」を中断している一門に対し、今回の一件に関する説明を行い、一件の解決を自分たちに一任することを求めた。この時、大きな役割を果たしたのが、右田毛利家当主・広定である。就盈らの要望により、今回の一件を裏方として支えることとなった広定は、一番に自家の格式変更を申し出たのである。【史料三】は自家の格式変更について、広定が就盈・広円に説明したものである。

【史料三】

（前略）

内匠（広定）殿被申候者、今日之被仰達蓑松（宍戸就年）殿・伊豆（就将）殿承知被仕、何分吟味可有之候、然者拙者儀今日御一席に加り候儀、先つ者身分落着無之而不相済義候、此方岩国ニ書状取遣差止候段、先年之儀於只今代移、拙者も養子之儀旁家ニ付而者甚致苦事ニ候へ共　上深キ御思召之儀重キ御心入と申、且者御両所御取持之儀旁万事差捨、先年六郎左衛門（就信）身柄縁者之節之因ミニ立戻り、其節之通ニ書通可致候、然者岩国よりも可相成儀ハ前々之通念頃ニも有之候へく候と存儀ニ候、何分可任御取持候条、此上岩国方之儀程能様ニ被相頼との事候(23)、

（後略）

【史料三】から分かるように、広定は早々に自家の文格を就信の代の披露状に戻すことを決定した。この決定は、右田毛利家の格式を下げることを意味しており、史料中でも述べられているように、養子である広定にとっては重大な決断であった。この広定の決定を受け、就盈らは就年・就将に対し、吉川家との「御親疎御間柄之儀末々ニ至り御疎遠ニ相成候て者　御当家之御為不可然(24)」とし、重就の「畢竟末々を御気遣ニ被御思召入候御存念ニ為対御心外被捨候外有之間敷儀かと存候(25)」と説得している。

【表11】岩国における広円の動向

	萩毛利家(広円)の動向	吉川家の動向
明和元年4月5日	毛利広円(大野)、萩を出立。	
5月26日	広円、上関から岩国へ出立。 →翌日、岩国へ到着。	
28日	吉川家当主・吉川経永へ対面。 ※同日、重就が萩へ帰国。	
29日	吉川家家老・宮庄図書と対面し、勤相問題について協議。	
		→経永の病気を理由に、返答も広円との面会も目処が立たないと返答。
	→重就の直書の写しを渡し、経永への申し入れを求める。	
6月2日	広円、経永と対面。重就の直書を見せる。	
		→経永の病気を理由に、広円へ一旦萩へ帰るよう通達。
	→広円は吉川家側の帰国提案を承諾せず。	
4日		家臣・宮庄図書、山田三郎左衛門が広円の宿泊先を訪問。 →返答に時間がかかるため、萩へ帰るよう提案。
	→広円は、解決しない内に帰国は、藩主の意向に背くとし、提案を承諾せず。	
		→広円に対し、岩国滞在延長を求める。
8日	広円、経永と面会。 →萩毛利家側の提案を全面的に承諾することが伝えられる。	
9日	広円、萩に残る毛利広定(右田)・就盈(厚狭)に対し、吉川家が提案を承諾したことを伝える書状を作成。	経永、萩毛利家の提案を承諾する旨を記した書状を就盈(厚狭)へ向け作成。
10日	広円、岩国を出発	
15日	広円、萩へ到着。即日、登城し、経過を報告。	

※「岩国と御一門之内勤相中絶扱一件記録　二」(25吉川事88)より筆者作成。

　こうした説得を受け、宍戸家・吉敷毛利家の当主は広定に同意する旨を就盈らに伝えた。就盈らは、広定が岩国の要求に応える形で格式の低下を承知したことを以て、宍戸家・吉敷毛利家も格式の低下を承知したものと解釈し、江戸へ伝えている。この時宍戸家当主・就年と吉敷毛利家当主・就将はまだ一〇代であり、当時の一門のなかでは若年であったことから、現実問題として年長者である広定らに反対することは不可能に近かったと考えられる。しかし、実際には宍戸就年は「何分任仰候間、宜様御取扱可被下候[26]」、吉敷毛利家は「岩国折相之筋ニ各様御任せ可仕候」[27]と述べたのみであり、具体的にどの時代の格式に復するかは明言していない。そのため、後年にはこの時の取り扱いの解釈が議論となっていった。

(二) 広円の岩国訪問と吉川家の反応

格式低下に関する一門の了承が得られた広円は、岩国を訪れる日程の調整のため、岩国側と交渉を行ったが、この段階から岩国吉川家側は広円との交渉に対し、難色を示していた。広円としては、一刻も早く岩国を訪れることを考えていたようであるが、吉川家側は朝鮮通信使の接待や養子・吉五郎（徳山毛利家・広豊の子。就盈の異母弟）の嫡子披露が続くため、それらが終わるまで、広円の訪問は歓迎できない旨を通達した。こうした通達を受け、広円・就盈・広定が相談をした結果、広円の岩国訪問は翌年の宝暦一四年（一七六四）四月、朝鮮通信使が帰国のため、下関を通過するまで延期されることとなった。

朝鮮通信使の帰国後、岩国を訪れた広円の動向は【表11】の通りであるが、特に注目したいのが、広円の訪問に対する吉川家家中の反応である。吉川家家中は当主・経永の病気を理由に、広円に対し「先つ御病気之中御相対被成候を御土産ニ被成御戻被成候様ニハ御座在間敷哉」[28]とし、一旦萩へ帰るように求めている。しかし、今回の一件について、自家の内で改めて詮議するための時間がかかることを主張する吉川家に対し、広円は「いかほと致滞留候ても不苦」[29]とし、返答を聞くまで萩へは戻らないという姿勢を明確にしている。

こうした両者の姿勢にはどういった意味があるのか。まず、吉川家家中についてである。吉川家当主・経永はこの一件の約五ヵ月後に死去しており、広円が訪問した時点で既に深刻な病状であったということも考えられる。しかし、同家家中では、一門側からの格式低下を以て「勤相」の再開を求めた広円に対し、吉川家側での詮議の必要性を度々主張している。つまり、広円へ帰国を求める吉川家側の動向には萩毛利家側の主張をそのまま承諾するということに対する反発があり、あくまでも交際再開の主導権が吉川家側にあることを主張する意図があったと考えられる。さらに、先述したように宗広治世の交渉では、詮議が長期化したため、問題が根本的には解決しないままとなっており、詮議の長期化には結論や解決を先延ばしにする意図も少なからず存在していた可能性も指摘出来る。

一方、広円の行動も特徴的である。【表11】の下線部で示したように、吉川家からの度々の要求に対し、広円は一貫して重就の直書をしめした上で吉川家の返答を聞くまでは帰らない旨を宣言している。このように、結論を聞いてからの帰国にこだわる理由について、広円は【史料四】のように説明している。

【史料四】

（前略）

此間梨羽頼母《（広円）》方より此元《（広円）》致御見舞候ハヽ、定而御内用之筋をも御惣談仕候て可有之候、御帰城被成候而者趣をも可被聞召上候、信使ニ付久々之滞関引続苦労之儀ニハ候へ共、緩々致滞留ニても御折相之御返答承り罷帰候様ニとの御内移之由申越候、然者半途ニ而罷帰不遠中御返答者可被成との儀ニ御座候由申上候ハヽ、夫故こそ緩々致滞留候様ニとまでも御気を被付候処ニ不行届と被思召落ニて者甚気毒之儀、又此御方《（吉川家）》ニも御容体ニ付而ハ先つ罷帰候様ニとの御挨拶ニ預かり、於手前完進退相迫り、扨々差問たる儀ニ候、御見舞ニ罷越度と申伺候へ者幸之折柄と右之御内用蒙仰、於尓今身柄之当惑御勘弁可給由[30]

（後略）

このなかで、広円は自身の滞在延長、引いては吉川家からの返答を必ず聞くことが重就の意向であると述べている。つまり、一件の解決が重就の意向によるものであることを示し、詮議の長期化を狙う吉川家側に圧力をかけているのである。さらに、ここで一件が重就の意向から始まったことであるという点を主張するということは、一件の解決に向けた主導権が吉川家側にはないことを同家側に理解させる狙いもあったと考えられる。つまり広円の一連の動向は、この一件が最早吉川家側の詮議の余地がない問題であることを如実に示すものとして理解できる。そして、重就の存在を背景にした広円の交渉態度が吉川家にとって大きな脅威となったことは、最後の帰国要求からわずか四日後に、経永が萩毛利家側の要求を全面的に承諾し、提示された格式での交際関係を再開することを広円に伝えたことからも見て取ることが出来る。

（三）広円帰国後の動向

吉川家側の返答を得た広円は萩へ帰国し、問題の三家に対し、今後、吉川家との交際の場において用いるべき格式を通達した。これによって、宍戸家は自家の使者が吉川家において、縁通（縁間）での対応を受けること、さらに、吉川家の使者については「下ノ板場」まで見送ること、また、右田・吉敷各毛利家については、今後は吉川家に対し、披露状（申状）を用いることが定められた。こうした点を見ると、格式については、一門側が一方的に妥協を強いられたようにも見える。

しかし、先述したように、広円は吉川家との交渉の過程で、重就の意向をもとに返答延期や帰国要求を退け、一門との「勤相」再開を承諾するように圧力をかけていた。さらに、帰国した広円からの報告を受けた重就は今後の吉川家への扱いに対し、「不折相之基候ヘ者此方よりも念を入可被勤儀、彼方《（岩国）》ニも其心得肝要之段岩国方江相達置可然哉[31]」と述べている。つまり、重就としては、再度吉川家に対し、一門との交際関係を継続していくように念を押す意志があったのである。こうした点を考えると、重就の方針のなかでは、一門と吉川家の交際関係において、一門側だけではなく、吉川家側の対応も極めて重要なものとして位置づけられていたということが分かる。だからこそ、単純に一門側から吉川家に対する「御勤」ではなく、一門側と吉川家の相互の交際関係を意味する「相」という字を加えた「勤相」という言葉が用いられたと考えられる。

これに対し、詮議を行った広円らは、すでに吉川家には重就の意図が十分に伝わっているとして、さらなる申し入れは行わないことを決めた。このため、通達した通りの格式を以て、一門側から吉川家へ書状・使者が派遣され、吉川家側もこれを承諾したため、宝暦・明和期の「勤相」一件は解決へと至った。しかし、まだ疑問が残る。何故、重就は「勤相」問題に取り組んだのか。さらに、なぜ相互の交際関係を重視する「勤相」という言葉を用いるに至ったのか。この点について検討するため、ここで注目したいのが「勤相」一件に際し、一門と吉川家に対して示した直書である。

第三節　重就直書の果たした意義―元就教訓状の再現―

先述したように、宝暦一三年（一七六三）、広円・就盈に対し、一門と吉川家の交際関係再開へ向けた取り組みを指示したが、その際、重就は自らの意向を示した直書を両名に渡している。この直書は他の一門らにも回覧された他、問題の当事者であった宍戸家・吉敷毛利家に対しては筆写し、代々相続していくことが命じられた。また、この直書は広円により、吉川家にも披露されている。つまり、今回の「勤相」一件における主要な理念を記しているのが、この直書であると言えよう。以下【史料五】が直書の全文である。

【史料五】

一門中無親疎一和ニ而、当家之為を厚く被存候之儀肝要候談段事新敷申迄ニ無之候、左京家とハ居所も隔候儀故、世代重り候て者何とやらん年若之時者他人之思ひをなす様ニ候、①元就公御直筆ニも兄弟間之半だに能候ハ、、是則張良一巻之書ニ而在へく候由相見、今以相伝いつ方も忘却不相成頃ニ存候、近年内々聞伝候所者各同列之中中頃より岩国江勤相之事ニ付中絶成筋も有之由、委細之儀者しらさる事ニ候へ共定而双方尤も可有之儀是等之事者いか様とも其侭ニ任せ置不苦事ニ候へ共、世代隔り候ほと疎ニ者成安キ儀ニ付願ク者ヶ様之瑣細之儀までも隔意之遺念者全赦し候様ニ有之度儀ニ候、双方今迄之是非を我等聞届ニ者不及事ニ候条、何分各より申分をも被立候程に無之候て者、彼方本懐ニも叶間敷儀、②尤彼方より何ぞ無体なとも出来ニ而も兎角彼方次第ニと申ニ而ハ無之候、勿論彼方ニも無体と申筋ハ有之間敷事ニ候、各両所ハ同列之中ニ候へ共左京方由緒遠近之訳を以勤相之儀も夫ニ応し格式も違ひ兼而相極り居申由ニ候へハ弥以唯今迄銘々之格式此已後以相違有間敷候、依之右趣有之家々江各両所被申合被取扱候様ニ内々存念を以申聞事候条、双方程能折相之道有之様ニ可被取計候、差急事にても無之候、来年帰国之上可承候[32]

まず、この直書のなかで注目すべきは傍線で示した二点である。まず一点目は①で示した箇所で述べられている部分である。当該部分において、重就は一門・吉川家の関係を修復する根拠として、「元就公御直筆」を引用している。では、ここで重就が想定した「元就公御直筆」とは具体的にどの文書を想定しているのか。兄弟融和を説いた元就の書状のなかでも、最も有名なものは「三子教訓状[33]」としても知られる毛利家文書四〇五であろう。

しかし、ここで重就が想定しているのは、少なくともこの「三子教訓状」ではない。このように断言出来る根拠としては、「張良一巻」という文言である。

この「張良一巻」とは、毛利家の遠祖・大江維時が唐から持ち帰ったと伝えられる兵書である。現在、毛利家博物館に永禄四年（一五六一）毛利隆元書写、元和九年（一六二三）毛利輝元書写の二冊が所蔵されている。なお、同書は萩毛利家当主の家督相続の際、当主と嫡子のみが見ることの出来る秘伝の書とされていた。そして、この「張良一巻」という文言は、「三子教訓状」のなかには見られないのである。

この「張良一巻」と元就治世の毛利家について検討した岸田裕之氏は、元就が毛利家存続のため、家中を統制し、尼子氏や大友氏らとの戦争に勝ち抜き、領国を統治する過程において、同じ「張良一巻」を引き合いに出して兄弟・一族が結束することの重要性を繰り返し説いていたという点を指摘している。(34) つまり、重就がここで「張良一巻」を引き合いに出したことは、一門と吉川家の融和を元就以来の理念の中に位置づけ、正当化するものとして理解できる。

また、村田清風と萩毛利家の軍事改革に着目した岸本覚氏は化政期（一八〇四〜一八三〇年）の軍事改革に際し、「張良一巻」に記された大江家の兵法を毛利家が伝授してきたことに注目が集まり、これを子々孫々伝授していくことが毛利家の過去を顕彰し、現在・未来を保証するものとして理解されていたと述べている。(35) 今回の一件においては、「張良一巻」の兵書としての側面に係わる問題ではないものの、代々受け継いできた「張良一巻」という秘伝の兵書の持つ伝統的価値と結びつけることで、兄弟融和になぞらえた一門と吉川家の関係を「御家」に関わる課題として位置づけることに成功した。

さらに、②で示したように、重就は今回の一件が一門への抑圧ではなく、あくまでも一門と吉川家の関係改善であることを強調している。重就がこのように述べた背景には、当該期の一門と重就の関係が影響している。第一節で言及したように、対立する一門を排除することで重就の地位は確立されていった。こうしたなかで、重就は、一門に対し、新たな統合の論理を示す必要があった。だからこそ、毛利家が伝えてきた「張良一巻」という伝統的権威と元就が重要視してきた兄弟・一族の団結という理念を、一門・吉川家の間に周知徹底し、元就の子孫としての自覚を求める必要があったのである。

このことにより、元就が毛利家存続のため、兄弟融和を説いたように、吉川家と一門の交際関係を保つことが、萩毛利家という「御家」のためであるということが明確にされた。これは、従来は個々の「家」の責務のなかで行われていた吉川家との交際が、「御家」のため、萩毛利家が干渉すべき事柄として位置づけられたことを意味している。これは、「勤相」の中断を長らく放置していた一門・吉川家双方にとって、全く新しい理解であったと言える。

この直書のなかで、重就は一門と吉川家双方が交際関係を維持しなくてはならない根拠を元就の言葉に求めている。従って、重就にとって両者の交際関係維持とは元就の遺志を体現し、視覚化するものであったと言うことが出来る。そして、重就が、格式の変更ではなく、あくまでも交際再開を第一義的な目標として設定したということは、交際再開自体が元就治世への復古を当事者や家中に再確認させ、自身が理想とする秩序を再構築するための回路の一部として位置づけられたことを意味しているのである。

一見すると、明和期の「勤相」統制により、理想化された元就治世のあり様が体現されたようにも見えるが、重就の取り扱いは第四節で検討する一連の問題を引き起こす要因も内包していた。先述したように、重就が重視したのは、あくまでも一門・吉川家の交際関係の再開・維持であった。つまり、交際再開が第一義的目的であり、早期解決を目指すためにも、交際に伴う格式、引いては個々の家が醸成してきた「家」意識については度外視していたのである。

重就の介入によって、交際関係自体は再開したものの、それは一門（宍戸家・右田・吉敷各毛利家）には格式の部分的な低下、吉川家には萩毛利家の要求の全面的な承諾を強制する必要があった。この結果、一門六家内では、部分的とは言え格式の低下により待遇に格差が生じ、事実上の序列化が進行した。例えば書札礼については、宍戸家・厚狭毛利家が直当状、その他四家が披露状（申状）を用いることとなった。そして、この格差が寛政～文化期（一七八九～一八一八年）における「勤相」をめぐる一連の問題の根幹となっていったのである。

第四節　寛政～文化期における「勤相」をめぐる問題

山口県文書館には文化元年（一八〇四）に作成された「両家岩国懸り合い一件」という史料が所蔵されている。同史料は、右田・吉敷各毛利家が吉川家との交際関係について、萩毛利家に取りなしを求めるため作成したものである。この一件について、萩毛利家側がどういった結論を出したかは同史料のなかで明記されていないものの、寛政～文化期にかけての一門と吉川家の「勤相」の推移が記述されており、宝暦期の重就の方針が一門側にどのように受容されていたかとともに、宝暦期の一件が残した問題を知ることが出来る。

（一）新たな問題の発生

明和期の一件が書状の文格をめぐる問題であったのに対し、寛政～文化期にかけて右田・吉敷各毛利家が直面したのは、使者の口上をめぐる問題であった。【表12】は両家の主張をもとに、重就の取り扱い以降に吉川家

【表12】宝暦期以降の右田・吉敷両毛利家と吉川家の争論の推移

右田毛利家との争論	年号(西暦)	吉敷毛利家との争論
	安永4年(1775)	吉敷毛利家使者の対応場所に関する争論 →しかし、吉敷毛利家の抗議を受け、結果的には本式台へ案内。
右田毛利家使者の対応場所に関する争論	天明6年(1786)	吉敷毛利家使者の対応場所に関する争論
右田毛利家使者の口上に関する争論 →使者勤め中断	寛政2年(1790)	吉敷毛利家使者の対応場所に関する争論 →吉川家側は吉敷毛利家の要求拒否。
右田毛利家が使者を派遣するが、問題は起こらず。	同5年(1793)	
右田毛利家使者の口上をめぐる争論	同8年(1796)	吉敷毛利家使者の口上をめぐり争論。 →同日、厚狭毛利家使者も口上をめぐり争論
	同10年(1798)	吉敷毛利家は吉川家に対し、当主が幼年であることを理由に、争論の対応を拒否。 ↓ 享和3年頃までこの主張で乗り切るが、吉川家が吉敷毛利家当主自身の口上の変更を求めたため、吉敷毛利家が詮議を要求。
寛政5年通りに右田毛利家が使者を派遣するが、争論となる。	享和3年(1803)	
	同4年(1804)	吉敷毛利家使者の口上をめぐる争論

※「両家岩国懸り合い一件」(25吉川事105)より筆者作成

との間に起きた争論をまとめたものである。この表を見ると、明和元年（一七六四）に交際が再開された後も、吉川家と右田・吉敷各毛利家との関係が必ずしも良好ではなかったことが分かる。特に、天明六年（一七八六）以降、交際関係をめぐり、関係が悪化していった。

天明六年、吉川家当主・経倫《つねとも》の出萩に際し、右田・吉敷各毛利家は萩にある吉川家の屋敷へ使者を派遣したが、この際、両家の使者は従来通りの「御玄関」（「本式台」「本玄関」とも）での応対を受けることが出来ず、「小玄関」（「小式台」とも）に案内された。この件について右田毛利家は具体的な対応の中身について記録を残していないが、吉敷毛利家の使者は「小玄関」での応対は受け入れられないとし、一旦吉敷毛利家へ戻り、対応を協議した。その結果、吉敷毛利家側は「小玄関」での応対は受け入れられないとし、先例通り「本玄関」での応対を求める旨を吉川家の留守居へ連絡した。これに対し、吉川家の留守居は吉敷毛利家の主張に理解を示し、改めて使者を派遣するよう指示をした。しかし、翌日改めて吉川家の萩屋敷を訪問した吉敷毛利家の使者は再び「小玄関」へと案内された。これに驚いた吉敷毛利家の使者は吉川家に対し、抗議を行ったものの、吉川家は【史料六】のように返答をした。

【史料六】

（前略）

翌朝藤兵衛（吉川家留守居）固屋江用達人（吉敷毛利家）差越、前夜之趣委細申入右之参り懸ニ而何とも御非礼相当り候条、何卒御勤相済候様内々御取計被下候様ニと申入候得ハ藤兵衛申候ハ御内々と有之候而者取計仕苦敷御座候、於趣ハ屋敷罷出、取次之者共申合候処、御並方之儀ハいつれ様ニ而も御一体御引受仕候様ニと相授たる儀御座候へハ其御方様迚も差別相成不申、御先格候処ハ無御餘儀存候へ共、右之通ニ付、御内談と御座候而ハ取計も相成不申、表方ニ被仰下候儀御座候ハヽ、用方江も申聞、年寄共も承り依趣ハ監物殿（吉川経倫）ニも被承候而いか様共参り懸りも可有之候得共、御内々と御座候へハ是切ニ御断仕候由申切候故、無拠用達人罷帰、(36)

（後略）

留守居の主張によれば、「小玄関」での対応は「御並方」、つまり、一門一列の対応であり、吉敷毛利家のみ特別扱い＝「御玄関」での対応は出来ないというものであった。さらに、吉川家は吉敷毛利家の相談があくまでも「御内々」である限り、これ以上詮議の余地はないとし、これ以上の詮議を求めるのであれば、「表方」へ申し入れ、当主・経倫の耳にも入れるように求めたのである。しかし、吉敷毛利家は表方の申し入れを行わず、「小玄関」での応対を受け入れることを決めた。

この後、寛政二年（一七九〇）、吉川家の嫡子・経忠が萩へ滞在した際、吉敷毛利家は宍戸家とともに、「本式台」での使者応対を求めた。これに対し、吉川家の留守居は「玄関之儀ハ岩国より供仕候者御引請仕候故[37]」、約束は出来ないと返答した。ここで特筆すべき点として、吉川家の留守居は、今回の問題の根源が当主や嫡子の供として岩国からやってくる家臣たちの対応にあること、そして、その家臣たちへ一門側の要求を徹底出来ないことを述べていることが挙げられる。なお、吉敷毛利家とは別に、右田毛利家も「御玄関」での応対を求め、度々抗議を行ったが、こちらも聞き入れられることはなく、「小式台」での応対が「自然と流例[38]」になったと述べている。

また、使者の応対場所とは別の問題も顕在化していた。それは使者の口上をめぐる問題である。寛政二年（一七九〇）、吉川家嫡子・経忠の出萩に合わせて右田毛利家が派遣した使者に対し、吉川家は使者の口上が「家老迄」でなければ受け入れないことを通達した。この「家老迄」の口上とは、宛先を家老にし、当主に対する披露形式を取る格式のことで、前節までで検討してきた披露状と直当状と類似した問題である。

この後も、使者の口上に関する格式については、吉川家側の対応も一貫しないままであり、拒否されることも受け入れられることもあったようであるが、寛政八年（一七九六）に右田・吉敷各毛利家にとって決定的とも言える一件が発生した。この一件については、一門六家全体を巻き込んだ問題であるため、時系列を追って見ていきたい。

（二）一門一列の自覚―明和期の一件が残した課題―

寛政八年（一七九六）の一件については、吉敷毛利家が提出した覚書のなかに詳細が記述されている。発端となったのは、同年一〇月一三日に吉敷毛利家が派遣した使者の取り扱いをめぐる争論であった。吉敷毛利家は萩の吉川家屋敷へ使者を派遣したが、この際、吉川家側は吉敷毛利家の使者の口上が「宜と計之口上[39]」であり、「年寄共迄[40]」という文言がないことを問題とし、使者の引き受けは出来ないと通達した。吉敷毛利家側はこの対応に抗議したものの、家老迄の口上は「御並方いつれも[41]」同様であるとして聞き入れられなかった。なお、この際、吉川家は厚狭毛利家に対しても同様の反応を示している。

これ以上格式が低下することを危惧した吉敷毛利家は当主・房直が幼年であったことから、右田毛利家の隠居・就任と厚狭毛利家当主・就宣に今回の使者口上の問題を相談した。この二人が選ばれたのは、【系図5】にあるように、房直にとって、就任は実父、就宣は叔父にあたるためであった。このなかで、右田毛利家も同様に使者の口上に関わる問題を抱えていることが判明した。そのため、右田毛利家内では、今回の経忠の出萩に際し、吉川家から使者の口上に対する指摘があった際には、即座に退出するよう派遣した使者に指示を行うという対応をとった。

一方、吉川家当主、経忠の出萩が翌一四日に迫っており、右田・厚狭・吉敷各毛利家にとっても、長く詮議をする時間はなかった。そのため、一三日の夜には、「御六家年寄[42]」を集め、この件を一門六家共通の問題として共有する機会を持った。また、この際には、吉川家から使者の口上に対する指摘があった際には、「御勤[43]」をせず、即退出することも

【系図5】右田・厚狭・吉敷各毛利家の系図

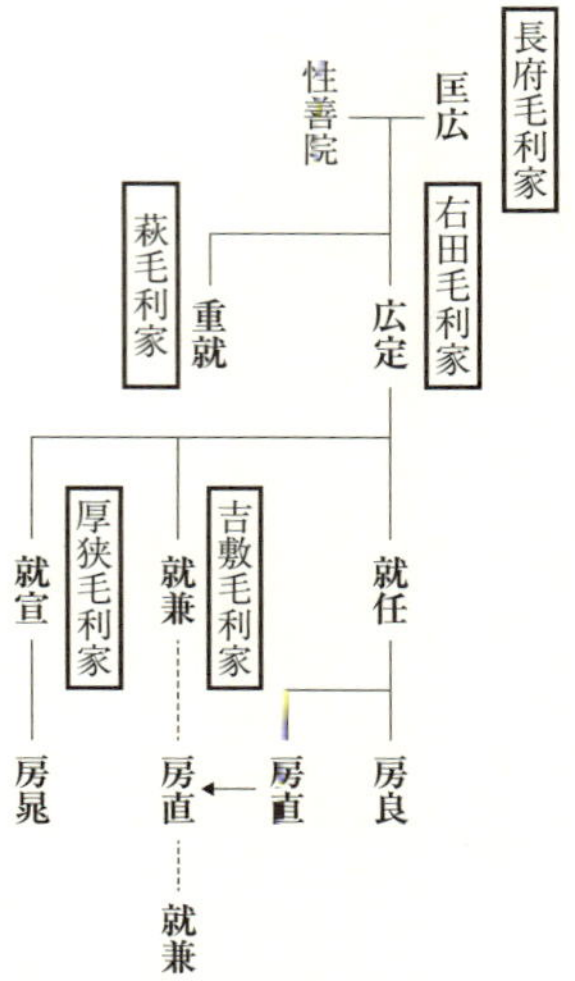

※『近世防長諸家系図綜覧』より筆者作成
※点線は養子、実線は実子を示す。

確認され、問題の内容や程度によっては萩毛利家へ通達することも共通理解として各家の当主へ伝えられた。また、ここでは「勤相」に関わる当事者として位置づけられているのはあくまでも六家であったのであり、準一門二家が含まれていないことも確認できる。

このように、一門六家間で万全の準備を行ったが、当日の様子は【史料七】の通り記述されている。

【史料七】

（前略）

翌日ハ和三郎(経忠)様御到着、追々御勤有之候処、次郎兵衛(就貞・阿川)様・伊賀(親頼・大野)様御家ハ岩国江御由緒も有之、少々趣も違、残ル四家之内、美濃(宍戸就年)様・若狭(就宣・厚狭)様ニは御文通御直当を以ヰ立、終ニ内匠(就任・右田)様・此方(房直・吉敷)計申状之見詰ニ而、兎角直口上ニ而ハ使者引受不相成様参懸り、追々懸相有之候事、[44]

（後略）

吉敷毛利家の記録では、この時、明和期（一七六四～一七七二年）の一件で直当状の格式を保持したままであった宍戸家と厚狭毛利家に対しては、当主への直接の口上が認められたにもかかわらず、明和期に申状へと格式変更をした右田・吉敷両毛利家については当主への「直口上」が認められなかったのである。さらに、ここで興味深いのは、六家同列を主張しているにもかかわらず、吉敷毛利家の認識のなかでは、吉川家を系譜の本源とする阿川・大野両毛利家については「岩国江御由緒も有之、少々趣も違」として、検討対象外としている点である。つまり、一門一列とは言いながら、この時点においても系譜関係に基づく差異が意識されていたのである。

こうした吉敷毛利家の認識は、この出来事の後、さらに明確化されるようになっていく。経忠の萩滞在期間中、度々使者を派遣したものの、口上の問題から吉川家は使者の受け入れを拒否した。特に、右田・吉敷両毛利家が反発したのは、これらの一件が他の一門らの前で行われたという点であった。一〇月一八日には、宍戸家・右田・吉敷両毛利家が同時に使者を派遣したものの、宍戸家の使者のみ引き受けられ、右田・吉敷両毛利家の使者は披露形式の口上を用いていないことを理由に引き受けを拒否されたのである。

右田・吉敷両毛利家は吉川家に対して抗議したものの、吉川家側の奏者・広瀬三郎右衛門は、「無拠乍心外可申入候、申状之御面々ハいつれも年寄迄と有之口上ニ而無之候而ハ引受不相成と申切」(45)った。つまり、吉川家側の論理としては、使者の口上の格式と書状の格式は連関しており、書状の格式が申状、つまり宛所を家老としているならば、使者の口上もそれに準ずるべきであるというものであった。いわば、明和期に重就が定めた格式を基準としているのである。もっとも、右田・吉敷両毛利家が抗議したように、直当状を用いているはずの厚狭毛利家にも使者の口上に対し、「家老迄」でないと受け入れを拒んだことがあったことからも、書状と使者の格式が連関するという見解が吉川家のなかで必ずしも一貫していたわけではないようである。しかし、この寛政八年の一件を通し、吉川家が右田・吉敷両毛利家の使者の受け入れを拒否する理由として、明和期に重就が定めた格式の存在に言及がなされたことは、後述する重就の取り扱いに対する一門側の評価に大きな影響を与えることとなった。

右田毛利家はこの後の動向に関する記述を残していないものの、吉敷毛利家側はこの後の経過に関し、萩毛利家へ報告しており、この記述も「両家岩国懸り合い一件」に収録されている。これによれば、吉川家との関係悪化を憂慮した吉敷毛利家は、交際関係を継続することを最優先にし、ひとまずは当主が幼年であることを理由に「不任心底」(46)とし、あくまでも「先記」(47)通りの口上を行う旨を吉川家側に通達した。この結果、吉敷毛利家では「先記」＝吉川家当主への口上、吉川家では「先記」＝家老迄の口上と理解し、互いに「先記」の中身には言及しないことで使者派遣を継続することは可能となった。だが、それも長くは続かず、吉敷毛利家が代替わりし、当主の包詮《かねあき》が幼年ではなくなった頃には、吉川家側から吉敷毛利家使者の口上にある「先記」とは具体的には「家老迄」であることを確認されるようになった。さらに、吉川家側が吉敷毛利家に使者を派遣した際、吉川家の使者が当主・包詮に対しても「家老迄」の口上を求めたことで、吉敷毛利家は萩毛利家に対し、取りなしを求めるに至ったのである。

(三) 右田・吉敷各毛利家の主張—重就の取り扱いに対する評価—

まず、寛政〜文化期の騒動を見ていくなかで、近世前期と大きく異なっているのは、一門側が吉川家との交際を維持する姿勢を崩していないという点である。これは、近世前期における両者の交際関係が容易に断絶していたこと、さらに、再開させる意志が当事者間にはなかったことと比較すると、大きな意識の変化であると言えよう。また、右田・吉敷両毛利家は度々吉川家へ格式変更を求めたものの、一門一列の格式であるという吉川家の主張の前に、格式変更を断念している。つまり、右田・吉敷両毛利家には、自らが一門という家格集団に所属しているという自覚があり、そこから逸脱するような格式変更は不可能であるという共通理解が生じていたのである。さらにこうした共有理解があったからこそ、実際の交際の場で、他の一門との格式の差を視覚化された際、強い反発心が生じることとなったとも言えよう。

しかし、右田・吉敷両毛利家の間に定着したかに見えた一門一列という観念も、決して文字通りの意味ではなかった。【史料七】で示したように、吉敷毛利家にとって、吉川家を系譜の本源とする阿川・大野両毛利家は参考にはならない存在であった上に、以下の【史料八】のようにも述べている。

【史料八】

（前略）

尤内匠様（右田毛利家・就任）・此方（吉敷毛利家）之分ハ段々深キ意味有之、中頃より申状ニ相成たる儀、御直対御文通御使者勤等段々其廉ニ当り、是まて先例有之四家之儀ハ書通之外凡同様之儀ニ付、御当役中御落着ニ而右之通被仰付、使者役江も其段得と申付差越候、[48]

（後略）

吉敷毛利家の主張の中では、右田・吉敷両毛利家は「中頃」から理由があって直当状から申状へと切り替えただけであり、書状以外に格式について「四家」、つまり宍戸家・右田毛利家・厚狭毛利家・吉敷毛利家は同様の格式を有するものとして認識されていた。

さらに、吉川家が使者の口上をめぐる問題が書状の格式に端を発するものであると明確にしたことにより、右田・吉敷両毛利家の批判の対象は、重就治世における取り扱いへと向けられていった。以下の【史料九】は、文化元年（一八〇四）に吉川家との関係改善を萩毛利家へ求めた際の右田毛利家の口上書である。

【史料九】

（前略）

先々筑後（広定）代宝暦拾三年未ノ年　英雲院様（重就）御代先年より岩国江此方より直当之所、先祖六郎左衛門（右田毛利家・就信）岩国重縁ニ成候節より尊敬ニ而申状ニ調させ来候得共、六郎左衛門隠居願も仕候ニ付、実子無之養子之事ニ而先格を違候而譲候も如何敷存候歟、古来之通直当ニ仕書状差越候処、無間六郎左衛門相果、養子山城（右田毛利家・広政）代ニ相成、岩国引請不相成、色々掛相候処、阿波殿（大野毛利家・就詮）御取扱之訳ニ而書通之勤相者不仕候処、　御書下を以美濃殿（宍戸就年）・帯刀殿（吉敷毛利家・包詮）・拙方（右田毛利家）三家江被仰開候趣を以乍心外申状ニ而其已後者勤来候処、天明六年（一七八六）之事監物殿（吉川経倫）出萩之節より使者爰元屋敷本式台よりハ引請不仕、小式台通引請候、亦々此度口上留家老迄と不申入てハ引請不相成と之参掛り、①只今之通ニ而者諸勤差止之外無之、乍余　御書下之深　御思召を奉考候而者夫々候而疎遠ニ打過候者、対上候而者不相済筋奉存候得共、数々岩国之申方ニて勤候様ニも不相成、　御書下之　御思召も左様ニ而ハ無之様奉存候、先書ニも申候通御扱故夫已来②直当之所を者、乍心外落着仕申状ニ調させ、使者勤之儀者古来之通ニ而勤来候処、又々前段之参掛り、乍非法之事対　御書下夫々ニて疎遠も如何敷、以前も各様御両家御取扱も為被下事ニ候得者、此度も何卒乍面倒被遂御分別被下、且者不苦事ニ候ハヽ、被及　御内聞ニも被下度、使者勤之儀者御差図被成下候迄者、先疎遠之外致方も無之と当惑此時ニ御座候、此度御内々御聞せ置可被下候頼存候、以上、(49)

この口上のなかで注目すべきは、傍線で示した二点である。まず①で示したように、文化元年に萩毛利家へ取り扱いを依頼するに際し、右田毛利家はこのままでは吉川家との交際を中止するしかないということ、さらに交際中止ということ自体は「対上候而者不相済筋」であると理解していることのほか、「数々岩国之申方ニして勤候様ニも不相成」ことが重就の直書でも保証されていることを確認している。いわば、重就の言葉を根拠として、萩毛利家に対し、右田毛利家の家格を守ることを求めていると言うことができよう。つまり、右田毛利家としては重就が直書において言及した点、つまり、吉川家と一門が交際関係を維持することが毛利家という「御家」のための行為であるということ、さらに、一門側の妥協だけではなく、吉川家側の心がけも肝要であるということについて理解した上で、その二点を自家の家格を守る論理として再編したのである。

しかし、右田毛利家は重就直書を根拠に家格保護を求めたものの、重就の取り扱いについては否定的な見解を示している。傍線②で示したように、あくまでも重就の取り扱いによる文格の変更は右田毛利家にとっては「乍心外」のことであった。先述したように、宝暦・明和期の取り扱いにおいて、当該期の右田毛利家当主であった広定は萩毛利家当主・重就の実兄であり、そのため、右田毛利家の利益よりも先に、全体の調和のため、いち早く格式の変更を申し出た。しかし、広定の子孫である当主や右田毛利家の家臣らにとっては、格式の変更とは広定個人の事情ではなく、右田毛利家という「家」の問題であったと言える。

こうした重就直書に対する否定的見解は、文化元年に口上書とともに提出された覚書でも示されている。以下の【史料一〇】はこの覚書の一部である。

【史料一〇】

（前略）

先々筑後(広定)殿代宝暦十三未ノ年　英雲院(重就)様御書下を以、宍美濃(就年)様・毛帯刀(包詮)様・此方三家江被仰聞候趣も有之、毛秀之助(厚狭毛利家・就盈)様・毛織部(大野毛利家・広円)様御取持被成候様ニと之御事ニ而御当家様より被仰合、文格之儀者先格之通ニて当所状ニ而可被差越段、乍心外折合相成候、然処文格見渡無之ニ付、右御両方様江其段申入相成候処、御当役中様より御連書を以岩国江御取遣之御格相ニ而御治定相成可然と之儀ニ而、明和元申ノ十月吉左京(吉川経永)様御病気御見廻被申越候節より書通始り候儀ニ付、書状前者家老迄と申筋ニ相当可申候得共、是者明和已来之事ニ而御座候、使者勤之儀者元春様已来退転無之儀ニ付而者家老迄と申使者之口上留可有之儀ニ而者無御座候、是迄之所従来使者勤も有之節、使者口上之手控をも追々渡置候儀ニ御座候得者、右之内家老迄と申手控共有之可申哉之事、[50]

この史料中では【史料九】と同様に、宝暦・明和期の取り扱いにおける、文格変更に至る過程を「乍心外折相相成」と表現している。さらに、右田毛利家は文格の変更について「明和已来之事」であると断言している。第一章で検討したが、重就は自身の功績を顕彰する「御国政御再興記」のなかで、自身の功績が「安永格」と称されることに対し、否定的な見解を示している。そもそも、「格」とは、律令を部分的に改めるために発布されるものであり、法そのものではない。つまり、重就自身の認識では、自身の行動とはすべて元就を始めとする先祖の遺志に基づいたものであり、重就が設定した新格でもなければ、先祖以来の法に変更を加えるものでもないという理解であったと言えよう。これは、「御国政御再興記」のなかで重就治世の功績として「岩国と御一門六家との間《（ママ）》い諸事純然に御仕向相成候趣之事」[51]が挙げられていることからも分かる。しかし、これに対し、右田毛利家は重就の取り扱いが「明和已来」のことであり、「心外」であったとしているのである。こうした特徴は、以下の【史料一二】で示した吉敷毛利家の見解のなかにも見て取ることが出来る。

【史料一二】

（前略）

此段偏ニ　御書下ケ之旨深キ　御思召筋末々之儀御気遣ニ被思召候故之儀と奉考、少々ハ案外之儀と存候而も差棄勤相仕来候由御座候、乍然　御書下ケニも段々被遊御入割候御文面も有之儀旁所詮彼方申次第ニ仕候段も如何敷存候、前書之通大既等之儀ハ心外をも差捨候儀ニハ御座候得共、趣有之候間、文通計申状ニ而相勤候儀ニ御座候処、諸事之目安ニ仕候而如何体之無体申懸間敷事ニ而無御座候、左様有之候而者御書下ケ之御入割も空相成、家之格式も棄候儀ニ御座候へハ無拠依品ハ不勤ニ相成候様ニも被参懸るへく哉と気毒ニ存候、秀之介殿・織部殿御代御取扱被下候様、亦々至此頃右体之次第ニ御座候故、致演説置候条、御承達被置、何そ御気付も御座候ハヽ、被仰下度存候、已上、[52]

【史料一二】のなかで、吉敷毛利家は重就の意向のもと、「少々ハ案外之儀と存候而も差棄勤相仕来」きたが、重就本来の意図は、吉川家の要求の全面的承諾を一門に強いるものではなかったという点を確認している。さらに、傍線で示したように、吉敷毛利家にとっては重就が変更を指示した文格は「諸事之目安」にはならないものであること、さらに、文格に基づいて吉敷毛利家の「家之格式」を侵害するような行為が継続されれば、重就の意図に反するだけではなく、再度交際関係断絶の可能性もあることを示唆している。いわば、重就の取り扱いは吉敷毛利家という「家之格式」を変更するものではないということ、そしてこの「家之格式」が侵害される事態が生じた際には、重就の命をも無効化する意志があること、さらに、交際関係断絶を回避するためには、萩毛利家の介入が必要であることを主張しているのである。

本史料には、右田・吉敷両毛利家の主張に対し、萩毛利家がどのように対処したかは記されていない。しかし、同史料に収録されている書状の一部では、そもそも一門と吉川家の交際が使者の機転によりようやく実現していたこと、具体的にいうならば、実際の使者の口上に両家の使者が現場の判断で「家老迄」という文言を加えることで成立していたことが明らかにされている。また、吉川家側は吉敷毛利家の使者に対し、使者の一存で口上に「家老迄」という文言を加えることを提案している。可能性の域を出ないが、吉川家の家臣のなかには、従来の一門との交際関係の背景にある両家家臣との折衝について知っていた人物がおり、だからこそ、吉敷毛利家の使者に対し、口上の変更を申し入れた可能性も指摘出来る。いずれにせよ、重就の意志だけでは統制しきれなかった「家之格式」が文化期の問題の根源にあったということが出来る。

小　括――「勤相」をめぐる連続と断絶――

本章において見てきたように、宝暦期に至るまで、一門と吉川家との交際関係は双方の家の私的領域に属する問題であるとともに、双方の家の格式を保持するためには中断も致し方ない問題として位置づけられていた。両家にとって交際の場とは、家の格式を視覚化するために重要な場であり、そこでの格式について妥協することについては困難が伴った。だからこそ、宝暦・明和期の一件は重就側の主導が必要となったのである。

また、重就にとっては、一門と吉川家が交際関係を継続するということはすなわち、元就の理念を体現し、視覚化するということでもあった。元就が子供に対し、兄弟融和を説いたという逸話は今日でも知られており、元就のイメージとして定着している。さらに、近世初頭の毛利家について検討した田中誠二氏は、関ヶ原敗戦以降、家臣団秩序の引き締めを実行するなかで一門が果たした役割について言及し、これを可能にしたのは、元就以来の一門の団結であると評価している[53]。確かに近世初頭まではそうした状況にあったかもしれないが、その後に待っていたのは、第一章・第二章でも検討した一門の個別化であり、本章で検討した一門と吉川家の「勤相」断絶であった。

近年、萩毛利家の宝暦改革について検討した岸本覚氏は、改革を主導した重就が元就の存在を政治の中心にすえ、同人を中心とした秩序構築を目指したことを指摘している[54]。また、本書の第一章・第二章でも指摘したように、重就は一門に対し、「洞春様御血脈」として主家である萩毛利家の「身分的優位性の派生」であるという自覚を求めていた。当該期におけるこうした状況を踏まえると、重就にとって、一門と吉川家が交際を行うということ自体が、兄弟融和を説いた元就治世の表象であり、同人にとっての理想的秩序を構築する回路の再生産であったと言えよう。

しかし、重就の意志を以てしても、一門の家の格式は容易に変更出来るものではなかった。そのため、交際関係が再開した後も一門と吉川家の間で争論が生じたのである。他方、重就の方針は一門側にも意識の変化をもたらした。文化元年の右田・吉敷両毛利家の主張に見られる一門一列の格式に対する固執は、宝暦・明和期の一件ではほとんど言及されていない。このことから、重就の取り扱いによって一門の間で吉川家との交際関係をめぐる側に芽生えた認識であると言える。一門の間で吉川家との交際関係をめぐる格式は一列でなくてはならないという理解の共有が生じていたことが分かる。但し、右田・吉敷両毛利家にとって、同列である「一門」には、吉川家との系譜関係を有する阿川・大野両毛利家の存在は含まれていないという特徴もある。

さらに、右田・吉敷両毛利家の主張からは、重就の意向を受け「御家」のため、吉川家との交際関係維持に努める姿勢も見て取ることが出来る。いわば、重就の方針の一部がその後の一門の動向を規定する要因となっていたのである。しかし、一門側の認識では、重就の取り扱いによって変更が加えられた格式は部分的なものであり、一門の「家之格式」を変更するものではないとも理解されていた。吉川家が重就の定めた文格を以て、右田・吉敷両毛利家の格式を定めた際、両家は「家之格式」を侵害するものとして、反発した。つまり、吉川家との交際関係を「御家」のためとしながらも、一門の「家之格式」保持の前では再度の関係断絶もやむなしと捉えられていたと言うことが出来る。いわば、一門にとって「家之格式」保持とは、大名の意向をも相対化しうるものであったのである。さらに、一門は重就の取り扱いを根拠に、一門の格式を守る責任を萩毛利家に求めた。ここで一門が萩毛利家に求めたのは観念的な同列ではなく、吉川家の要求から一門の本来的な格式を保護・維持することであり、このことから、重就の方針は、本来の中身とは意味を変え、一門に捉え返されていったと言える。

ところで、秋田佐竹家を事例に儀礼支配のあり方を検討した大友一雄氏は、主君である佐竹家が家臣ら各家の由緒・格式の改変を実行し、身分編成を行う上で都合の良いものとしていったとしながらも、こうした過程は「家」の存続の根幹に関わるものであったため、必ずしも順調には進まなかったという点を指摘している。(55) つまり、上位権力によって定められた格式は近世を通じて安定的に維持されたわけではなかったのであり、こうした点は今回の事例からも見て取ることが出来る。だからこそ、格式を定める上位権力は絶え、その秩序を視覚化し、再確認していく必要があった。さらに、そのようにして視覚化された秩序でさえ、上位権力の交代、具体的に言うならば、大名の代替わりなどにより再構築される可能性を有するものであった。一方、「家之格式」を再構築するという点は格式を受容する一門側にとっても同様である。一門側にとって、重就の取り扱いは一門という家格集団に付随する格式、さらにそこに帰属する自家の位置づけを再確認する機会となったが、文化期の争論の要因ともなった。いわば重就の示した秩序が一門の中で捉え返され始めていたのである。

では、ここで一門側に芽生えた認識は、その後どのように展開していったのか。かかる点を検討するため、次章では、文化期以降萩毛利家が直面した問題、具体的には養子相続と婚姻という点に着目し、「御家」の危機のなかで醸成される萩毛利家の「御家」意識について検討していく。

【註】

(1)(2)渡辺浩「『御威光』と象徴」(『東アジアの王権と思想』東京大学出版会　一九九七年)一九頁
(3)堀田幸義『近世武家の「個」と社会—身分格式と名前に見る社会像—』(刀水書房　二〇〇七年)三頁
(4)根岸茂夫『近世武家社会の形成と構造』(吉川弘文館　二〇〇〇年)
(5)(6)前掲根岸(4)三三三頁

(7)浪川健治「「諸士知行所出物諸品并境書上」の作成とその歴史的背景」（同編『近世の空間構造と支配—盛岡藩にみる地方知行の世界』東洋書院　二〇〇九年）
(8)小関悠一郎『〈明君〉の近世—学問・知識と藩政改革—』（吉川弘文館　二〇一二年）
(9)小川國治『転換期長州藩の研究』（思文閣出版　一九九六年）
(10)河村一郎『長州藩思想史覚書—山県周南前後—』（私家版、一九八六年）・同『長州藩徂徠学』（私家版　一九九〇年）・同『防長藩政期への視座』（私家版　一九九八年）田中誠二「萩藩宝暦検地の研究」（同『近世の検地と年貢』塙書房　一九九六年）・同「萩藩天明山検地の研究」（『瀬戸内海域史研究』第七輯　一九九九年）・同「萩藩後期の藩財政」（『山口大学文学会志』第四九巻　二〇〇一年）・同「萩藩後期の経済臣僚たち」（『瀬戸内海域史研究』第九輯　二〇〇二年）
(11)第一章参照
(12)(13)「御仕置張—宍戸出雲・毛利七郎兵衛演説御咎一件」（51罪科55）
(14)「岩国と御一門之内勤相中絶扱一件」二（25吉川事88）
(15)〜(20)「岩国と御一門之内勤相中絶扱一件」一（25吉川事88）
(21)「岩国と御一門之内勤相中絶扱一件」二（25吉川事88）
(22)拙稿「家格争論から見る吉川家認識—毛利家・吉川家を事例に—」（『社会文化史学』五七号二〇一四年）
(23)〜(29)「岩国と御一門之内勤相中絶扱一件」二（25吉川事88）
(30)「岩国と御一門之内勤相中絶扱一件」三（25吉川事88）
(31)(32)「岩国と御一門之内勤相中絶扱一件」二（25吉川事88）（なお、この直書については同三巻にも収録されている他、遠用物・近世後期にも「御直筆之御書下写」（遠用物近世後期二七五六（8の2））が存在する）
(33)『大日本古文書　家分け第八毛利家文書之二』四〇五
(34)岸田裕之「毛利元就と「張良か一巻之書」」（『龍谷大学論集』四七四・四七五号　二〇一〇年）
(35)岸本覚「村田清風と萩藩軍事改革—「御家兵法」と「異船防禦」—」（『佛教大学総合研究所紀要』七巻　二〇〇〇年）

（36）～（50）「両家岩国懸り合い一件」（25吉川事105）
（51）「御国政御再興記　第二」（11政理65）
（52）「両家岩国懸り合い一件」（25吉川事105）
（53）田中誠二「萩藩の家臣団統制と加判役の成立」（『山口大学文学会志』五五号　二〇〇五年）
（54）岸本覚「長州藩藩祖廟の形成」（『日本史研究』四三八号　一九九九年）・同「長州藩の藩祖顕彰と藩政改革」（『日本史研究』四六四号　二〇〇一年）
（55）大友一雄『日本近世国家の権威と儀礼』（吉川弘文館　一九九九年）

第四章　近世後期における萩毛利家の「御家」意識

――同族内婚姻の意義――

はじめに

本章では化政期（一八〇四〜一八三〇年）以降、萩毛利家が直面し続けた「御家」の課題、すなわち当主の婚姻と養子縁組をめぐる正統性の確立について検討を行う。近世大名家における養子縁組は一般的に「同姓」からの相続が優先されていたとされる。例えば中田薫氏は、近世武家の相続法に関し、武家の親族関係内には血縁の親疎に由来する順序があるとし、この順序が「同姓」親族及び縁戚内での相続順位を規定したとしている(1)。

一方、武家の相続について「同姓」養子を原則とし、「異姓養子」を例外的なものとして扱う見解に疑問を呈したのが、田原昇氏(2)である。同氏は国持大名に着目し、これらの大名の相続傾向が享保期（一七一六〜一七三六年）以前と元文期以降で変化が生じたとしている。すなわち、享保期以前は直系構成員による相続が維持されたものの、元文期（一七三六〜一七四一年）以降は直系構成員とともにその他の兄弟や親類といった傍系親族や「他家」養子が顕著に見られるとしている。また、同氏は享保期以前は「他家」であっても、外孫など女系による血統維持や実社会における関係性に基づくものが多いのに対し、元文期以降は社会情勢に対応するため、将軍家の庶子や政治力を期待した「他家」養子が指向されるとしている。

田原氏は、従来は例外とされた「他家」養子が、血統を重視する国持大名層にも広く浸透していたことを明らかにし、吉宗による将軍家の家督相続を契機に、大名家における養子や正統に関し、武家社会全体で認識の転換が生じたとしている。しかし、その上で疑問が残るのは「他家」「同姓」という言葉によって規定される範囲である。近世大名家における分家創出の意義は、大名家の存続を保証するという側面が指摘されているが(3)、果たして大名庶子と分家当主であれば、どちらの方が正統性を持った存在として位置づけられるのか。さらに言えば、制度上で正統性を保証された存在と、家中にとって受容出来る存在とは本当に一致していたのか。当然、幕府によって認められなければ家督相続は出来ないものの、家臣の家も包括した「御家」の当主である以上、大名が正統性を主張しなくてはならない最大の相手は家中であったと言えよう。だからこそ、大名の後継者選定に際しては、幕府向けの論理とともに、家中に対しても正統性・正当性を保証する論理を構築する必要があったのである。

さらに、婚姻も同様であるが、養子縁組も婚姻も、「御家」としての一大名家のみで完結するものではなく、他大名、時には将軍家をも巻き込んだ新たな関係構築をも意味していた。大名が婚姻関係を基軸に横の繋がりを持つ例は多くの先行研究において言及されているが[4]、同族内の婚姻についてはほとんど対象とされてこなかった。しかし、養子当主が先代当主の娘と婚姻する例は多く確認出来る。これは、相続制度上の問題とともに、血統の面における新当主の正統性を補完する目的もあったと考えられる。では、新当主夫妻がともに同族の構成員である場合、それはどういった意図に基づいているのか。これは婚姻・養子縁組による大名間の関係構築・拡大とは真逆の動向であると言えよう。そして、こうした同族内婚姻が近世後期の萩毛利家内では二度に亘り取り結ばれているのである。化政期には将軍・家斉の子女の縁組みが大名間の秩序を乱した一方、幕末期の大名家のあり方にも少なからず影響を及ぼしたとされている[5]。では、同時期における萩毛利家の特殊とも言える婚姻・養子縁組はその後にどういった影響を及ぼしたのか。この点について検討するため、まずは、同時期における萩毛利家の養子選定の過程について見ていく。

第一節　斉元の相続と婚姻―「家」と「御家」の問題―

（一）化政期における萩毛利家をめぐる状況

萩毛利家にとっての化政期（一八〇四〜一八三〇年）とは、どのように位置づけることが出来るのか。まずは、財政面での評価から見てみたい。萩毛利家における天保期（一八三〇〜一八四四年）の財政状況を検討した田中誠二氏は、宝暦〜寛政期における重就・治親における撫育方仕法保持の姿勢が、次代の斉房治世には見直されたこと、しかし、斉房の跡を継いだ斉熙治世に至り、江戸方での出費が嵩み、借銀が増加の一途を辿ったことを指摘している(6)。

では、財政面以外での評価はどのようなものなのか。山﨑一郎氏は重就が自身の政治的立場強化のために設置した密用方に関する分析のなかで、寛政〜文化期（一七八九〜一八一八年）の密用方の業務を「藩の（厳密には当役〈江戸方〉に附属する）一役所として、藩が直面する重大な政治課題（幕府への系譜提出、国目付対応、海防問題等）を解決するための調査事業、記録編纂事業を担当する役所としての性格を強めている(7)」と指摘している。また、同氏の指摘で興味深いのは、この時期に、密用方→御用所（当役）右筆や手元役など政治的に中枢の役所へと昇進するルートが確立されたという点である。

密用方の業務と軍事改革を関連付けて検討したのが、岸本覚氏である。同氏は天保改革の中心となった村田清風の密用方勤務期間における動向に着目し、同人の軍事改革構想の原型を文化・文政期における対外危機意識のなかに見出している。同氏は「十九世紀初頭における欧米列強のアジア進出のなかで、毛利家が目指した軍事編成は、毛利家の歴史的遺産として祖先の業績に求められ、その結果過去の文書群のなかから軍事編成を模索するという特徴を持つことになる(8)」と述べており、当該期は毛利家という「御家」が強烈に意識されていった時代であったとしている。この他にも、寛政期には幕府による『寛政重修諸家譜』編纂事業による系譜の提出やそれに伴う元就嫡子・隆元の正統復帰、文化九年（一八一二）には中世における毛利家の本拠地であった安芸国吉田郡山城における毛利家歴代の墓所創出、さらに、文化一四年（一八一七）～文政六年（一八二三）の鎌倉における遠祖・大江広元、毛利季光の墓所創出など、重就治世から見られた復古の潮流が具体像を伴い始める様子が看取できる。

　このように様々な観点からの検討が進められているが、化政期全体を俯瞰する段階には未だ至っていないのが現状である。政策的観点から見れば、斉房の方針は、次代の斉熙に継承されることはなく、田中氏の言う「藩政期最大の財政逼迫期(9)」を迎えることとなる。

　その一方で、岸本氏の指摘するように、当該期の軍事・宗教・文化をめぐる様々な政策が毛利家先祖への顕彰のなかで進められるようになるのも、また事実である。

【表13】歴代毛利家正統の出自

萩毛利家正統	実父	生母	備考	
毛利輝元	毛利隆元	正室		
毛利秀就	毛利輝元	側室		
毛利綱広	毛利秀就	正室		
毛利吉就	毛利綱広	正室		
毛利吉広	毛利綱広	正室（継室）	養父・毛利就信（右田毛利家）	
毛利吉元	毛利綱元	正室	長府毛利家出身	
毛利宗広	毛利吉元	側室		
毛利重就	毛利匡広	側室	長府毛利家出身	
毛利治親	毛利重就	正室		
毛利斉房	毛利治親	側室		
毛利斉熙	毛利治親	側室		本章対象者
毛利斉元	毛利親著	側室	毛利重就の孫	
毛利斉広	毛利斉熙	側室		
毛利敬親	毛利斉元	側室		
毛利元徳	毛利広鎮	側室	徳山毛利家出身	

※『近世防長諸家系図綜覧』を元に作成

【表14】萩毛利家歴代当主の正室

萩毛利家正統	正室	
毛利輝元	宍戸隆家娘	
毛利秀就	結城秀康娘（徳川秀忠養女）	
毛利綱広	松平忠昌娘	
	梨木永祐娘	
毛利吉就	酒井忠隆娘	
毛利吉広	鷹司輔信娘	
毛利吉元	池田綱政娘	
毛利宗広	松平宗昌娘	
毛利重就	立花貞俶娘	
毛利治親	田安宗武娘	
毛利斉房	有栖川宮織仁親王娘	
毛利斉熙	池田治道娘	本章対象者
毛利斉元	毛利斉熙娘	
毛利斉広	徳川家斉娘	
毛利敬親	毛利斉広娘	
毛利元徳	長府毛利元運娘	

※『近世防長諸家系図綜覧』を元に作成

しかし、政治面での検討に比して、「御家」の中心にあるはずの大名家のあり方となると、現在に至るまで、十分に検討がなされているとは言えない。先述したが、化政期を通し、萩毛利家では実子相続が叶わず、一〇代斉熙から一四代・元徳まで養子相続が続いた。しかし、歴代正統の出自を示した【表13】からは、養子といっても全員が毛利家の出身者であったことが分かる。いわば、化政期から幕末・明治維新に至るまで、後継者の確保と養子として迎えられた大名の「御威光」確立が一貫した問題として毛利家という「御家」の前に立ちはだかっていたのである。

また、【表14】は歴代毛利家正統の正室の出自であるが、斉熙までの当主が他大名や公家と婚姻関係を結んでいるのに対し、その後は斉元・敬親・元徳が同族出身の女性を正室に迎え、斉広は将軍家子女を正室に迎えている。このことから、後継者不在とともに、当該期の毛利家の婚姻状況も、同族内婚姻と将軍家との婚姻という二極化した状況にあったことが指摘出来る。

従って、こうした異常事態における萩毛利家の方針は危機における「御家」存続に向けた戦略であって、当該期における「御家」運営の基本理念であると言える。さらに言えば、「御家」のためであるという大義名分を掲げたとしても、その中身はそれを唱える主体によって相違している可能性があり、主体の置かれた状況を踏まえた検討を行う必要がある。つまり、「御家」のためという論理自体が、社会状況の影響を受けて変容する可変的なものであり、こうした点を念頭に置きつつ、まずは、化政期における最初の「御家」の危機となった一〇代当主・斉煕の後継者決定について見ていく。

（二）毛利家正統をめぐる斉煕の見解

文化一一年（一八一四）、萩毛利家一〇代当主・斉煕の仮養子となっていた徳丸（萩毛利家九代当主・斉房の遺児）が江戸で死去した。この時、斉煕の実子・保三郎（後の斉広）はいまだ生後五ヵ月の嬰児であり、同人を後継者とすることを、「被為対　御先祖様御本意ニ無之御事ニ被思召候[10]」とした斉煕は実子とは別に仮養子を迎えることを決めた。仮養子の選定過程については、第五章で詳述するので、ここでは斉煕が毛利家の正統をどのような範囲で認識していたのかという点について検討していく。【史料一】は後継者選定過程に関する史料であるが、注目すべきは、斉煕の後継者について、当初は複数の名前が挙げられていたという点である。

【史料一】

（前略）
御末家之内御願可被成之処甲斐守《元義》様者近年彼是之趣も有之候付、万々一之節御家来中心緩之所も御案シ被為在、大和守《広鎮》様者御病身之儀彼是と御案も被為在、猶又御考候処　定二郎《親著》様御事御一生御部屋住ニ被成御座、其御子引続御部屋被立置候得者、御続も近く候付、兼之進《推祺》様を可被仰願之処是又御病身ニ付不被任思召候、依之福原豊之允《後の斉元》殿を御引取被成御仮養子ニ被仰願候而者いか、可被為在哉旁之趣密々相考見候様ニと被仰聞候事、[11]
（後略）

【史料二】で示されているように、まず、後継者候補として名前が挙がったのは、末家である長府毛利家当主・元義と、徳山毛利家当主・広鎮《ひろしげ》であった。しかし、両名については即座に却下されている。こうした末家当主の除外について、大森映子氏は「いずれも分家大名の当主であるため、万一本家を相続することになれば、今度はあらたに分家側の相続問題が発生することもあり、その点も含めて不適格とされたのであろう(12)」という見解を述べている。だが、理由は制度上の問題だけであろうか。萩毛利家にはすでに分家当主を「御仮養子(13)」として設定することで「御家」の危機を乗り越えた経験があった。萩毛利家六代当主・宗広は帰国中の「御仮養子」として、長府毛利家八代当主・匡敬《まさたか》（後の重就）を指名していた。そして、この匡敬が萩毛利家の家督を相続した際には、匡敬の実子・文之助に長府毛利家の家督を相続させた。こうした先例を考えると、今回の元義・広鎮の場合、特に既に後継者を設けていたにもかかわらず候補者から除外されたのには、分家の家存続以外にも理由があったと考えられる。

末家が候補者から外された最大の理由については後述するが、その前に、有力な候補者となった親著《ちかあきら》（定二郎）の子どもである兼之進と豊之允について見ておく。【史料二】の記述から見て、優先順位は兼之進→豊之允であったことが分かる。しかし、この豊之允（後の斉広）という存在が最大の問題であった。【史料一】のなかで弟である兼之進は「様」であり、兄である豊之允は「殿」付で表記されている。こうした差は、父・親著から「引続御部屋被立置候」兼之進と、家臣である福原家へ養子入りした豊之允の立場の違いから生じたものであった。

では、斉熙は長府や徳山といった末家の当主と、部屋住みの親著やその子である兼之進や豊之允をどのように区別して位置づけていたのか。【史料二】は、福原豊之允を仮養子とすることに難色を示す一門らに対し、斉熙の意向を示した文書である。一門の主張については第五章で検討するが注目すべきは傍線で示した部分である。

【史料二】

御趣意書

徳丸様御事此度之御到来ニおいて何廉も御残念ニ被　思召候、右ニ付而も差寄御仮養子之儀ニ候、先当然ニて者御幼稚なから保三郎様御事御貫歳ニ而御丈夫御届可被為成哉ニも候得共、肝要御家御安心之御為之儀を御当歳子ニ而被仰届候段不御本意御事ニ候、　御先祖様方御家誡之御旨も有之儀、偏ニ　御家御大事ニ被思召候　御深慮を以別段御仮養子御吟味可被遊と　思召候内　保三郎様此節御丈夫御届不相捌由江戸より申来候趣も有之旁与得被遊御考合候処　定二郎《（親著）》様御子様方并甲斐守様孰も実者御従弟ニ付近き御続柄ニ候、其内甲斐守様乍御末家御別家之儀　定二郎様御事者御一生　御家ニ被成御座たる御事ニ付先者兼之進様御相当ニ候処、御病身ニ付不被任思召候、左候へ者豊之允方一旦豊前家江被進候事ニハ候へ共、御引取被仰付、御在国中之御仮養子ニ可被仰願と被思召候、右之通近き御続柄ニ候得者於　公辺格別御差支等も有之間敷、決而可相調事とハ相見候得とも、前断之御仕向相成候上万々一何そ趣も有之、調兼候儀共有之候而者如何敷ニ付　公辺向不被得御内意候ハ而者其沙汰難被仰付候、依之於江戸右之趣取計被仰付、弥相調候筋ニおいてハ其段御注進之上御引取可被仰付と思召候、若又　公辺難相調事も候ハ、御末家方之内御願被成ニ而可有之候、且又御仮養子之儀ニ付而者前々之趣も有之候得共、此度前断之通一筋之儀ニも無之ニ付、御内々被仰聞候間、気付之筋も有之候ハ、無覆蔵被申上候様被　思召候事、(14)

傍線部は、豊之允を養子とする根拠について述べられた箇所であるが、注目すべきは、候補者から外れた長府毛利家について「乍御末家御別家」であるとされている点である。【系図6】は萩毛利家・長府毛利家・豊之允の系譜関係であるが、史料中で言及されているように、長府毛利家当主・元義と豊之允はともに斉熙とは従兄弟

【系図6】斉元をめぐる系図

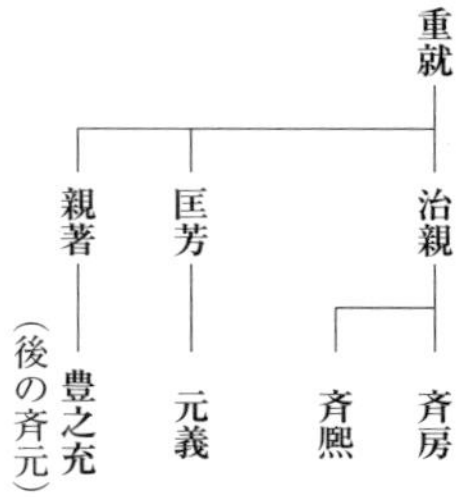

※『近世防長諸家系図綜覧』を元に作成

関係にあり、血縁という点では大差がない。

さらに、萩毛利家歴代正統のなかでは、五代当主・吉元、七代当主・重就が長府毛利家の出身であり、長府毛利家は本家である萩毛利家の後継者不在の緊急時に二度後継者を出していた。特に重就の場合、実子に長府毛利家を相続させ、分家の家督相続も補完しており、いわば「家」同士の相互補完関係が構築されていたと言える。その上、第一章で見たように、長府毛利家は、本家の家督相続を支えたという点を以て自家の正統性に強い自負を抱いていた。こうした点から見ると、斉熙の見解では、これまで形成されてきた「家」同士の相互補完関係や長府毛利家の家意識が完全に否定されているのである。

では、こうした末家との従来の関係よりも優先された論理とは何であったのか。【史料二】のなかで、斉熙は「御一生御家ニ被成御座たる」存在として親著の子どもたちを有力な候補者としている。つまり、斉熙の理解は、一度他家を相続した人物よりも、あくまでも萩毛利家の家内部から逸脱しなかった者の方がより正統性を有しているというものであった。だからこそ、一度、豊之允を萩毛利家へ引き取り、そこから親著の子として自身の後継者としたのである。こうした意味で斉熙の言う「御家」とはあくまでも、萩毛利家という個別の「家」に限定された問題であり、そこに同族や家臣団の間で形成されてきた秩序については考慮されていなかった。

こうした斉熙の行動に関し、大森映子氏は、斉熙が実子である保三郎ではなく、年長である豊之允を後継者としたという点から、斉熙が「血縁的正統性よりも家の安泰を優先」[15]させたと評価している。しかし、先述したが、宝暦期（一七五一～一七六四年）の後継者選定に際し、一門を筆頭とする家中は母系血統であっても、輝元の血を引く毛利家正統の人間を優先し、末家当主であった重就を中継ぎに据えていた。こうした先例から見ても、今回の斉熈の一連の行動や見解は、毛利家という「御家」ではなく、血縁関係、特に斉熈、ひいては重就の子孫のなかからの人選であったと言えよう。そうした意味で、この豊之允に関わる一件は斉熈という人物の個性が全面に押し出された一件であったとも評価出来る。

こうした判断を下した斉熈であったが、最終的に斉元を後継者とするにあたっては、自分の娘婿という形で迎え入れている。養子ではなく、あくまでも聟養子という方法が採られた背景には斉熈との血縁関係のみでは補完出来ない、庶流出身という弱点を補うためという意図があったと考えられる。

第二節　萩毛利家における将軍家との婚姻―「御家」意識の構築と将軍家権威―

（一）一〇代当主・斉熈の「御家」意識―将軍家の「御縁辺」としての毛利家―

文政二年（一八一九）、斉熈は斉元を婿養子に迎え、正式な後継者とすることを決定した。その際、末家や家中に対しては、斉元の跡は斉熈の実子・保三郎（後の斉広《なりとお》）が相続することが周知されていた。いわば、斉元はあくまでも中継ぎの当主として位置づけられていたのであり、この時点における「御家」の目標はあくまでも斉熈の血統を保持することであった。後述するように、同人の「御家」運営のあり方をめぐっては、一門家臣らからも反発が生じていたものの、そのことが即座に斉熈の血統、ひいては、重就以降続く傍流の血統を否定する動きに直結していたのではなかった。

一方、後の敬親の婚姻の際に明らかになることであるが、斉元の正室は斉熙の娘であり、格式を省略した簡素な同族内婚姻であった。これに対し、同時期に他大名家、特に毛利家と同等の家格を有する家が直面していたのは、将軍・家斉子女の受け入れであった。家斉子女との婚姻・養子縁組によって大名間秩序が乱れたことは先行研究においても指摘されていることであるが、[16] 萩毛利家の場合、斉元が同族内婚姻であり、その後継者も決定していたので、将軍家子女の受け入れ先となる機会を逸しており、こうした状況に対し、当主である斉熙は危機感を覚えていたと考えられる。

文政四年（一八二一）、斉熙が作成した願書[17]では、同席の大名家が家斉子女との縁組みを行っていることについて言及した上で、毛利家にも同様の縁談を求めている。そして、この要望は認められ、同六年（一八二三）に保三郎と家斉の娘・和姫との婚姻が正式に発表されたのである。

家斉の子女との婚姻・養子縁組に関し、越前（津山）松平家を対象に検討した佐藤宏之氏は、家斉子女との縁組みが、同家が家格上昇を希求するとともに、「御家」にかかわる意識を醸成する機会ともなったという点を指摘している。[18] こうした動向は毛利家にとっても同様で、斉熙も幕府に対し、官位上昇や席次の変更といった家格にかかわる便宜を求めており、さらにその過程で、毛利家の歴史についても言及している。【史料三】は斉熙が提出した願書である。

【史料三】

今般嫡孫保三郎江　御縁組之儀蒙　迎御誠以私家之面目有難仕合奉存候、依是御内願等申上候者重畳奉
恐入候得共、先祖長門守秀就慶長四年（一五九九）五歳ニ而袴着之節　権現様御契約被成下御長袴御刀　御書等頂戴
被　仰付、同年従四位下侍従拝任、同七年（一六〇二）　台徳院様　御養女　御縁辺之儀蒙　仰、同十三年（一六〇八）従　御城御

入輿有之、　御称号被下置、寛永三年（一六二六）少将拝任仕候、其子大膳大夫綱広初千代熊丸と申、正保三年（一六四六）三月廿五日八歳ニ而初而　御目見仕候、此時松平越後守・松平出羽守・松平大和守同道登　城可仕之旨被　仰出、父長門守秀就一同末家毛利甲斐守（秀元）・毛利日向守（就隆）并家老両人召連登城仕候、其後承応二年（一六五三）十二月元服侍従被　仰付、此節細川六丸・上杉喜平次より者家督之順次者相後れ候得共、家柄各別と御座候而筆頭被　仰付候、其子長門守吉就初元千代丸と申、延宝三年（一六七五）六月四日八歳ニ而初而　御目見仕候、其節松平越後守・松平大和守同道登城可仕之旨被仰出、父大膳大夫綱広一同家老両人召連登　城仕、於御黒書院御老中方御列座酒井河内守殿御奏者ニ而元千代丸　御目見被仰付、真御太刀御帷子単物十金台献上仕、此時大膳大夫儀も御礼申上、越後守・大和守其外家老両人　御目見被仰付候、右献上之儀正保三年父大膳大夫初而　御目見之節之通白銀二百枚献上仕度段申上候処、御僉儀之上大膳大夫家之儀者格別と御座候而、真御太刀御帷子単物十金馬代可差上之通被　仰出候、其節初而　御目見ニ付真御太刀献上被仰付候者御三家方松平越後守家之外不被　仰付之由申伝候、其後天和二年（一六八二）二月十五歳ニ而元服侍従被仰付候、其子大膳大夫吉広実者吉就弟ニ而元禄七年（一六九四）四月吉就遺跡相続仕、同年八月元服侍従被　仰付候、是迄代々元服侍従被　仰付来候処、吉広養子ニ長門守吉元事末家毛利甲斐守嫡子ニ而宝永四年（一七〇七）十一月本家吉広遺跡相続仕、同年十二月侍従被　仰付候、其嫡子佐渡守宗元事初而之　御目見未相済候得共、享保二年（一七一七）十二月元服被仰付、四品被叙家ニ先規無御座四品始り申候、尤本家之儀者今以不拘位階無官ニ而も先例之趣申上侍従席之　御目見被　仰付候、前断之通中古迄之儀者御縁辺御続柄之訳相も御座候哉、家柄格別と御座候而代々難有御引立被成下候処、年若ニ而死去又者病身或者年丈末家より家続仕、猶更御続柄も遠相成、自然と昔年之御家格も連綿不仕、誠以歎ヶ敷次第ニ奉存候処、近年難有　思召を以私少将拝任被　仰付、猶又養子宮内大輔（斉元）儀も侍従昇進被　仰付、外分実儀難有次第奉存候、此上重々御願ヶ間敷儀申上候者奉恐入候得共、先祖秀就　御縁辺被仰付家柄格別御引立被成下候御事も御座候ニ付、偏ニ

格別之　御心入を以嫡孫保三郎此度　御縁組御礼申上候節より侍従席之御仕成被仰付被下候様心願仕居候、何卒先年之家格之趣得与被聞召分候而程克御執成之程御内々奉願候以上、

松平大膳大夫（斉熈）[19]

【史料三】で示したように、斉熈の主張の根幹を占めていたのは、萩毛利家初代当主・秀就と家康の関係、さらに二代将軍・秀忠の養女との婚姻関係など、将軍家の「御縁辺御続柄之訳相」であったという点であった。そして傍線部ではこうした「御続柄」が「年若ニ而死去又者病身或者年丈末家より家続」したために、「御続柄も遠相成、自然と昔年之御家格も連綿不仕」と述べている。つまり、斉熈の主張のなかでは、萩毛利家の家格は、将軍家との関係のなかで確立されたこと、そしてそうした家格が当主の置かれた状況（年若や末家からの相続）によって損なわれてきたものとしてとらえられていた。こうした理解は、斉熈が末家からの後継者選別に否定的であったこととも関係していると考えられる。

斉熈のこうした認識は第一章で検討した重就の見解とは大きく異なっていた。末家から本家の家督を相続した重就にとって、末家からの相続と家格低下を直結させる論理を構築することはあり得なかったであろう。しかし、重就から三代を経た当主である斉熈には、最早自身が傍流の血統であるという危機意識は見られない。むしろ、二代将軍・秀忠の養女であった龍昌院との婚姻については、重就も「治元公申上」のなかで、名誉なことであると記述し、子孫への継承を目指していたのに対し、斉熈は、こうした「御縁辺」という由緒が最早継承されていないと主張したのである。

一方、斉熈が求めた世子の席次上昇については、幕府から不許可の沙汰が下された。席次に関しては、萩毛利家は、将軍家との婚姻関係を通じた恩恵を受けることは出来なかったのである。但し、世子の席次上昇を求める

斉熙の要求は幕府から不許可という沙汰を受け挫折したものの、天保六年（一八三五）に世子の斉広が少将に任じられたことから、斉熙（前当主）・斉元（現当主）・斉広（世子）三人が少将となった。いわば、将軍家の子女との婚姻は萩毛利家に対し、官位面での利益をもたらしたと言えよう。

（二）将軍権威のもたらした影響——大名・家臣をめぐって——

このように、将軍家との婚姻は萩毛利家に対し、官位面での恩恵をもたらした。しかし、果たして将軍家との婚姻がもたらしたのは利益のみであったのか。例えば加賀前田家においては溶姫との婚姻に際し、赤門の建設など多額の負担を強いられたことはよく知られている。萩毛利家においても、こうした負担は誤されており、幕府からはあくまでも質素な婚姻とされていたが、結果的には新たな屋敷の建設や、和姫付の女中の給金負担など、財政に与えた影響は決して小さくなかった。これに対して、家中において将軍家との婚姻はどのように受け止められたのか。

本稿との関わり、つまり、一門という家格集団に注目した場合、興味深いのが、当時「引田成」として公的な「御勤」を禁止されていた厚狭毛利家に対する処遇である。この「引田成」とは、家臣の借金を大名家が肩代わりし、公的な活動（役職就任や交際関係）の制限を受ける処置であり、当時の厚狭毛利家は年始以外の「御勤」を行うことが禁止されていた。しかし、厚狭毛利家は「何そ廉有之節ハ御差図之上御勤被申上候様との御事[20]」であるとし、今回の斉広の縁組に際し、他の一門と同様に「御勤」を行えるよう、萩毛利家に対し便宜を求めた。これに関して、萩毛利家は、厚狭毛利家が斉広や斉元らに対し、縁組決定の祝いのための「披露状」を出すことについては許可したものの、斉広の「御縁組之御礼[21]」の登城に際する「御勤」については許可を与えなかった。

【史料四】はその際の萩毛利家側の見解である。

【史料四】

（前略）

保三郎（斉広）様御縁組之御礼被仰上候付、毛利本之助（厚狭・元美）殿より　御三殿（斉煕・斉元・斉広）様其外　上々様方江御披露状可被差登哉之段別紙之通問出有之候付詮議仕候処、宝暦十一年　若殿様岩之允様御事御縁組之御礼被仰上候節者引田成之御仕法被相改候已前ニ而不相見、其外似寄候例ハ無之哉、詮議仕候へとも別紙書抜之通ニ而御引付ニ難相成、然処最前被仰出候節ハ明和四年（一七六七）　澄姫様御縁組・安永二年（一七七三）　多鶴姫様・同七年（一七七八）　雅姫様御縁組之節之趣を以御披露状被差登候様ニ御沙汰相成申候、然ハ御礼済ニ付而御勤不被申上候而も丸ニ御勤落ニ而も無之、其上引田成之衆ハ年始度之外者御勤無之、廉有之節ハ御差図之上被申上候儀ニ付、本之助殿より之御勤被及間敷相見候ニ付別紙刎紙之通沙汰可被仰付哉、[22]

（後略）

【史料四】のなかで、萩毛利家側は将軍家との婚姻について、萩毛利家出身の子女の縁組を念頭に置いて詮議を行っていることが分かる。さらに、萩毛利家にとって、将軍家との婚姻関係が「引田成」という萩毛利家内部の処遇を緩和する絶対的な根拠としては触れられていないという点である。つまり、将軍家との婚姻という吉事であるという点は「引田成」という萩毛利家家中の論理を相対化する根拠としては捉えられていないのである。こうした点からは、将軍家との婚姻そのものが、他の当主婚姻と比べ、相対的により吉事であることを家中に印象付けようという意図を読み取ることは出来ない。さらに、家斉の娘の和姫は文政一二年（一八二九）に入輿するも、翌天保元年（一八三〇）には死去した。莫大な費用を負担したにもかかわらず、将軍家の「御縁辺」としての由緒は定着しなかったのである。

このように、斉広と和姫の婚姻は、婚約期間こそ長期になったものの、実際の結婚期間はほんのわずかであり、特に国元に居住する家臣にとっては、江戸で行われている婚儀に伴う利益や恩恵について実感することは困難であった。さらに、萩毛利家の場合、翌天保二年（一八三一）山口宰判小鯖村の観音原皮番所における皮騒動を発端とする全領規模の一揆が発生した。また、同七年（一八三六）の水害とそれによってもたらされた飢饉、さらに、翌年に再び一揆が発生するなど、経験のない混乱状態に陥った。そして、将軍家との婚姻はこうした凶事と結びついて理解されていくようになったのである。

（三）天保期における大名の君主意識

まず、世子・斉広の見解を見てみる。当該期の斉広は家督こそ相続していなかったが、多数の著作を残しており、そのなかで、自身と将軍家子女との婚姻についても言及している。特に、天保二年（一八三一）の全領規模の一揆の報を受け作成したと言われる「御内書」（「世子告文」）は、当該期の社会情勢と大名のあり方に関わる斉広の見解を如実に表現している。【史料八】はその一部であるが、注目すべきは傍線で示した部分である。

【史料五】

（前略）

既ニ情性ヲ抑ヘテ再婚ヲ辞シ帰国ヲ遏ム是安民堅本損上益下ノ一端ヲ為サンカタメニシテ余カ裁断スル所也、

願フ所少シク国家ニ稗益有ンコトヲ連年国要足ラスシテ妄リニ士俸ヲ減シ民ノ賦歛ヲ重クス嗚呼哀也、士民何ノ罪カアル、是ニ加ルニ冠婚葬祭纔ニ両三年ヲモ経スシテ大費数度ニ至ル、国財ノ虚耗スル固ヨリ其トコロ也、書曰無彊惟恤ヘヨ、余幼ニシテ其始ヲ不知ト云ヘトモ退テ按スルニ此等莫太ノ費用ハ専皆余カ為ノ故也、今ニ至チテ臍ヲ齧トモ益ナシ、故ニ余小心翼々身ヲ以テ先センスハ何ヲ以テカ民ノ膏血ヲ償ヒ以テ其罪ヲ謝スルニ辞ナカランヤ（中略）今縦ヒ　両尊公ノ聞ニ達シテ別ニ恩慈ノ命アリトモ余決シテ是ヲ変スルコト能ハス、汝其間ニ在テ調停シ強メテ両尊公ノ心ヲ安ンシテ使余遂此志哉、今両尊公ノ慈ヲ辱フスルトモ国ヲ危クシテ烈祖ノ明徳ヲ辱シムルニ至ル時ハ不孝是ヨリ大ナルハナシ、嚮ニ云ル如ク士民ノ困窮邦内ノ悲喚悉ク余カ婚娶ノ事ニ起リテ大ニ両尊公ノ寝食ヲ安シ給ハサルニ至ル実ニ是長ク大息ノ至リ也、刻于心而不可忘之汝慎受之永輔余哉、[23]

【史料五】の冒頭で斉広は自ら再婚しないことを明言したが、その理由について、傍線部で社会情勢の動揺と自身の婚姻による財政負担を関連付けて説明している。さらに、こうした斉広の見解は、斉熙が家格上昇のため、他大名家との兼ね合いのため申し入れた将軍家との縁談を領内の動揺を引き起こすものとして位置づけ、それを家中に対し周知したものであると言える。

また、斉広の著作のなかには「後宮約条」[24]「後宮へさとす文」[25]と呼ばれる文章がある。この二つのなかで、斉広は奥向きの女性を通じた家格上昇のあり方を否定し、自身が家督を相続した際には取り締まりの対象としていくと書き記している。将軍家の子女を妻に迎えた斉広がこうした家格上昇のあり方、ひいては実父・斉熙の「家」戦略に対し、ある種の否定的な見解を抱いていたと言えよう。

また、当該期の当主であった斉元の見解も非常に興味深い。天保二年の一揆鎮圧後の翌三年（一八三二）七月、家中に対し、訓示を出している。【史料六】はその一部である。

【史料六】

百姓共及騒動事前代未聞之事候、当家之儀は格別之家柄に付累代補佐之老臣歴々有之儀、在役之面々其外之家来中も御先祖已来御代々被掛御目被召使来候譜代恩顧之家筋之者も百姓共元就公已来数百年分国に令居住、御代々御恩沢を蒙たる者ともに候得は彼是以是政道筋も餘国に超越し、上下一統其心入も他に異成事候、然は公儀之都合他国之外聞にも相拘候程之騒擾無之筈候所、肝要於国中目途可成、我等元来不徳之上庶流より出たる身柄に付、自然と威光も難立、其上家督以来所帯令逼迫政道筋も所存通難行届、法度号令も次第に緩せに相成風俗頽廃し人心正らすより起りたる事に候、然は我等壱人之不徳申聞する事にも不及事に候、第一正統之御譲を受御代々之御政道え瑕釁を致し剰大殿様御目鏡え迄御曇を懸候段不及是非次第に付、責而寸志を立此已後旧度前非を改、公儀之御役当家之規則格別候事其餘我等身柄に付たる事は厳重に令省略所帯再興之一助にも備度念願候、(26)

（後略）

傍線で示したように、斉元は社会状況の動揺と自身の正統性をめぐる問題は連関したものであるということを家中に対して発信している。こうした言及は、度重なる社会変容の原因を大名の婚姻や血統に求めることで、領内で発生した種々の困難を大名の「家」の問題と連関させるものでもあった。さらに言えば、ここで斉元が「庶流」としたのは、あくまでも斉煕からの血統であり、必ずしも元就以来の血統に限定していたわけではなかったことも分かる。

だが、少なくとも庶流からの相続については、斉元が家督を相続すれば解決する問題だったはずであった。しかし、天保七年（一八三六）、斉熙・斉元・斉広が相次いで死去したことにより、実現することが不可能となった。そのため、家中では新たな大名を擁立した上で、家中の結果を図っていく必要に迫られたのである。

第三節　天保期における大名の「御威光」確立―敬親治世初期を事例に―

（一）敬親の家督相続―期待される大名像―

天保七年（一八三六）は萩毛利家にとって多難な年となった。まず五月に前当主・斉熙が死去した後、九月には当主・斉元が死去した。その後、世子・斉広が家督を相続したものの、相続直後から病のため登城できない状況が続き、一二月に急死してしまった。このため、萩毛利家は急ぎ後継者を探す必要性に迫られたのである。後継者として指名されたのは、斉元の実子・敬親であった。この時、敬親が後継者として指名された事情については史料中でも明らかにされていない。自治体史や後年に斉広の業績をまとめた編纂物には、斉広は先代である斉元が自身を養子にしたという例にならい、生前から敬親を養子とすることを決めていたと記されている。(27)確かに、斉広は正室・和姫の死去後、再婚しない意志を表明しており、当初は側室さえも設けなかった。しかし、後年に実父・斉熙のすすめもあり、側室を設け、死去前に娘・偕姫《とも》（後、幸姫）が誕生している。

さらに、後継者選び自体が穏便に行われたとは考えられない理由が存在する。『毛利十一代史』によれば、天保七年に斉広が死去した直後、斉広の異母弟・信順《のぶゆき》の生母・玉温院の侍女が長府毛利家に対し、信順の本家家督相続を働きかけたとして処罰を受けている[28]。信順は文化一三年（一八一六）生まれであり、文政二年（一八一九）生まれの敬親よりも三歳年長であった。つまり、当該期に萩毛利家においては敬親しか後継者候補がいないわけではなかったのである。

こうした状況にもかかわらず、何故敬親は斉広の後継者となりえたのか。一つには斉広が二三歳（公的年齢は一八歳）であり、養子を迎えるには不自然な年齢であったため、確実に養子入りが許可されるように、先代当主の遺児であり、より若年であった敬親が選ばれたということが考えられる。また、このほかにも注目すべきは、斉広の遺児・偕姫の存在である。斉広の急死に伴い江戸へ出府した毛利房謙（吉敷毛利家）の日記[29]には、天保八年（一八三七）三月二日条には斉広が敬親を後継者とし、後年に娘・偕姫の配偶者とする意思を表明したという記述が残されている。この時点で斉広はすでに死去しており、斉広の意思であるという点は創作であるものの、敬親の家督相続の大前提として、先代・斉広の遺児・偕姫との婚姻が家中に対して周知されているのである。

偕姫は天保四年（一八三三）生まれであり、この時まだ三歳であった。このため、敬親を婿養子として迎えることは困難であり、あくまでも敬親を斉広の養子とし、偕姫は敬親の従兄弟の娘とされた。ここで注目すべきは、単に後継者を指名するだけではなく、一門ら周辺の家臣たちにとって後継者の婚姻までもが検討事項に入っていたという点である。つまり、幕府側に対し正当性を持った養子縁組と、家中を納得させる正当性・正統性を持った養子縁組は、異なる論理に基づいていたと言えよう。もっとも、偕姫との婚姻は、敬親の家督相続から一〇年後の弘化四年（一八四七）まで待たなくてはならなかった。その間、萩毛利家においては、村田清風らを中心とした天保改革が行われていくことになる。萩毛利家の天保改革については、明治維新へ至る過程への関心から、多数の先行研究で言及がなされてきた[30]。例えば、井上勝生氏は萩毛利家における天保改革の中心となった村田清風が改革の理念として「御威光」の確立を目指したように、同改革の目的自体は、権力の再編成であったと述べた上で、特に商業政策に着目し、「村田の藩権力の再編強化策は、いずれ幕府への対抗となり得るものである」[31]とし、萩毛利家における天保改革の挫折の原因を幕藩関係に求めている。

一方、高野信治氏は天保改革を始めとする改革全般に関し、「大名家（藩）でなぜ改革が志向されるのかは、大名家の自己認識と密接にからまる問題であろう」[32]と問題提起している。同氏の見解で非常に興味深いのは、萩毛利家の天保改革において、「毛利家は幕末に向けて、幕府が政治的求心性を失うなか「藩国」意識を強めつつも、輔翼の対象を将軍から天皇に変えながら、新たな「藩輔」に脱皮するのであろう」[33]という点である。確かに井上氏や他の研究で指摘されているように、天保期（一八三〇～一八四四年）の萩毛利家が改革に至る過程自体については、外的要因を抜きにしては考えられないものの、それのみではなく、「御家」やその中心にある大名家がいかなる課題に直面していたのかという内的な要因を等閑視しては改革の中身や連続性の実態を明らかには出来ない。特に萩毛利家の場合、本章で検討してきたように、天保の改革とは、斉熙という強烈な個性の主導によって展開されてきた計画が悉く失敗し、さらには斉熙・斉元・斉広の死去という危機に直面した後に行われたものであるという点を抜きにしては考えられない。いわば、天保改革に際し、村田清風らが提示した理念とは、こうした後継者不在という「家」として立ちゆかなくなるという現実化する危機を打開するためという明確な目的のもと、構築されたものであると言えよう。

敬親の場合、斉元・斉広と明確に異なるのは、家中に後継者として選ばれた存在であるという点である。先述したように、斉元の場合、後継者として指名される過程には、斉熙の存在があった。これに対して、敬親の場合、指名すべき斉広の急死に伴い、実態の如何はともかく、一門をはじめとする家臣らの合意によって選ばれた存在であると言えよう。では、家臣らは敬親に対し、何を期待したのであろうか。

敬親が家督を相続した直後、財政立て直しのため、五年計画の倹約政策が実行された。これらの倹約政策は、敬親の強い意向をもとに決定され、協議されたとされている。[34] しかし、天保八年段階における家臣らの協議を見ると、敬親の積極的関与は当初からあったわけではなかったようである。【史料七】は天保八年以来の五ヵ年政策に関する史料である「御倹約ニ付公辺御届一件沙汰控」に収録された当役・梨羽頼母が萩へ送った書状には家督相続直後に財政状況の説明を受けた敬親の様子について言及している。

【史料七】

追て致啓達候、御所帯御難渋之趣連々被聞召上、今度厳重之御倹約被相用、内外別て御取締被仰付候段ハ、別紙得御意候通御座候、右は越中殿（益田元宣・当職）御出府之上、根之御仕組筋をも被聞召上候て被仰付度事候へ共、御倹約之儀公辺御聞届相成候てハ、御内輪御取締方御猶予不被相成、差当り御当地にて其御家風質素第一ニ無之ては御不都合ニ付、不取敢其沙汰被仰付事ニ候へハ、其御地ニ至り惣え《ママ》押渡候ては、御仕組立ニ不喰相儀も可有之哉ニ付、右様御承知可被成候、扨又先達て以来御前御内思召におゐては、上々様方ニも数年御不自由被遊由ニ付、少成共御甘キ被進度、次ニは御家来中并地下よりも引続重き御馳走被召上、殊時節柄も悪敷、困窮者多御趣御内々被聞召上被相成事ニも候ハヽ、御馳走を軽目ニ被仰付度哉ニ被相伺候へ共、下地御難渋之上、去今年之御物入ニては御馳走御宥免抔決て不被相調、上々様方え御立増銀等も御職座より之御繰出迚は相捌間敷、依之御乞合をも被致候へ共、押て申上候処、於其段は御勘弁被遊候、御倹約をハ余程御力ニ被為入候思召ニ被成御座候、乍爾御年若様ニて御代始之御事ニ候得ハ、悉御賢慮之被為及候御事とも乍憚不奉考候、拙者儀は毎々入御招致候通、魂気も衰へ肝要之廉不気付之程も難計、深心痛仕候、御政事向御馴被成候専一之御時節ニも御座候へは、御為筋之儀各様御存知寄之趣被仰越可下候、

（中略）

八月十六日（天保八年）　　　梨（梨羽・当役）　頼母

宍（宍戸元礼・御国留守居）　孫四郎様

毛（房謙・吉敷毛利家・御国留守居・御国加判）　蔵主様

毛（熙徳・阿川毛利家・御国留守居）　志摩様

毛（熙頼・大野毛利・御国加判）　熊太郎様　封

益　越中様

口（口羽・御国留守居・御隠居付当役兼帯）　衛士様

宍（宍戸・御国留守居）　伊勢様(35)

傍線部で示したように、家督相続直後の敬親は、家中の度重なる負担に鑑みて、馳走米などの負担軽減を意図していたということが分かる。こうした点から考えて、天保八年段階における敬親とその周辺をめぐる状況としては、負担軽減を企図し、馳走米の賦課軽減や大名家族の倹約などの緩和を求める「年若」の敬親に対し、財政状況に鑑み、これに反対する家臣らが苦言を呈するという状況であったと言える。三宅紹宣氏は家督相続直後の敬親に関し、家督相続直後に萩毛利家領内で発生した天保八年一揆とその背景となる大塩平八郎の乱が敬親に強烈な危機意識を抱かせ、天保改革に着手する政治動向に大きな影響を与えたと述べているが、(36)この【史料七】を見る限り、外的な要因のみではなく、家臣団からの働きかけも敬親の方針決定において大きな役割を果たしていたと考えられる。当該期の毛利家にとって、大名の親裁、もしくはその形式をとることが最も理想的な形態であったが、それは大名個人の個性を強調するものではなく、あくまでも歴代当主の方針、ないし家中が方針と位置付けるものを遵守した上での形式としての直裁であったのである。

これらの点から、敬親家督相続直後、敬親に求められたのは、あくまでも歴代のあり方を継承することであったと評価出来る。では、この後、歴代のあり方はどのように評価されるに至ったのか。注目すべきは、弘化四年（一八四七）の敬親と偕姫との婚姻であるが、一一代の斉元の婚姻が同族内の婚姻であったこともあり、質素に行われたのに対し、敬親の婚儀は「廉有御大礼」[37]として位置付けられ、格式の改善が図られていった。そして、この過程において、歴代正統治世における格式についても注目が集まっていった。

（二）敬親の婚姻と先例認識―「廉有御大礼」としての格式―

弘化四年（一八四七）、敬親の家督相続直後から家中に周知されていた敬親と偕姫の婚儀が執り行われた。敬親の婚儀は、同じ同族内の婚姻であった斉元の婚儀と比較すると格式面において、大幅な変化、具体的には歴代正統の婚姻時の格式への復帰という特徴が見られる。

例えば、当初こそ同族内の婚姻であるとして、「文政度　斉元公之節之御例、且当時御省略中之趣旁を以沙汰被仰付候[38]」として、斉元の婚礼の際の格式を参考にすることが定められていた。しかし、萩毛利家は婚礼に関わる儀礼を調べていくなかで、あまりにも斉元の婚礼に関わる格式が簡略であったため、急きょ踏襲すべき先例を斉房・斉熙の婚礼に求めたのである。例えば、【史料八】は弘化四年（一八四七）、敬親の婚姻に際し、家中から正室・偕姫（幸姫）への献上品に関わる詮議を見ると、以下のように記述されている。

【史料八】

十一　御婚礼前御一門当役中并老中・御手廻頭より　幸姫様江献上物之事

（中略）

但本文献上物之儀文政度　美和姫様（斉元正室）之節ハ御内輪婚ニ付献上物被差止、追而御弘メ之節献上可被仰付之段被
仰出候処、到其節重キ御仕組中之儀ニ付献上不被仰付候、然処寛政度　栄宮様（斉房正室・有栖川宮織仁親王娘）御出府御婚礼前献上被仰付候、
尚前々より　御姫様方御婚礼之節献上被仰付候付旁本文之通被仰付候事(39)、

【史料八】で示されているように、斉広の婚姻時には家中からの献上儀礼が行えなかったため、それ以前の例を参考にしている。経済的に困窮していた上、家督相続前であったとは言え、斉元の婚姻に関わる格式はあまりに簡略化されすぎていたのである。そして、この格式は敬親の婚儀には不釣り合いな格式として捉えられ、見直しが求められたのである。

このように家中に向けた内向きの格式が斉煕以前の旧来のものに戻された一方、外向きの格式は斉元の婚儀に用いられた質素なものに据え置かれたものが多かった。特に、婚儀に際する他家からの祝儀や使者の派遣については、「御付使者御祝物等之儀堅御断被成候(40)」と述べている。なぜ、こうした決定に至ったのか。【史料九】は詮議過程で示された斉元婚礼の先例に関する言及の一部である。

【史料九】

（前略）

前々より御祝儀御断せ相成候へ共、先方ニ寄御受納被仰付候部も御座候処、文政度　斉元公御婚礼御弘メ之

節ハ押而差上候而も返却被仰付候段申聞せ被仰付候付、此度も文政度之振を以申聞せ可被仰付哉、尤大坂銀主計中ハ各別之儀ニ付連而相願候ハ、御受納可被仰付哉、(41)

(後略)

贈答行為には文字通り、返礼も必要となる。だからこそ、厳しい倹約中の斉元婚姻の際には、祝儀や使者などを派遣されても、「返却」するという厳しい態度を取ることが検討された。そして、その方針が敬親の婚儀でも基本的に継承されたのである。

もし、単に財政状況が改善されただけであれば、家中に向けた内向き・外向き双方の格式が変更されたであろう。しかし、実際には、内向きの格式は歴代正統と同等のものへと直され、外向きの格式は斉元の婚姫時のものに据え置かれた。もちろん、こうした姿勢が即座に幕末期における萩毛利家の動向に影響すると言うことは出来ないものの、この敬親の家督相続から婚姻に至る過程は、文化・文政期、そして天保初期における領内の混乱を経た後に生じたことであり、家中重視の姿勢も当然のこととも言えよう。当該期の萩毛利家家中にとっては、新たな当主である敬親に対し、最早庶流か否かという問題を問う状況ではなく、まして斉元のように庶流であるために「御威光」がないなど許される状況ではなかった。だからこそ、村田清風が天保改革の理念として掲げたように「御威光」の確立が急務であったのである。

また、敬親の婚姻においては、同族内の婚姻であることが外向きの格式を省略する根拠とはなっても、内向きの格式を縮小する根拠とはなっていない。この点からも、大名の同族内婚姻が家中にとって、大名の「御威光」を否定するものとして受け入れられていたとは考えられない。さらに、「御威光」を確立するため、敬親とその周辺は末家との関係強化に取り組んでいく。

第四節　同族的結合の構築と血統—正統権威の根源—

(一) 敬親相続と末家

敬親治世における同族関係に対する方針は、家督相続後に行われる「御招請[42]」から見て取ることが出来る。この「御招請」とは、江戸において長府・徳山両毛利家が萩毛利家当主を屋敷に招待するという慣例であった。敬親の場合、長府毛利家からの「御招請」が実現したのは天保一二年（一八四一）であり、家督相続から四年近く経ていた。さらに、徳山毛利家についてはさらに二年後の天保一四年（一八四三）まで遅れることとなるが、この徳山毛利家からの「御招請」をめぐる交渉のなかで、敬親とその周辺は末家との関係に関し、度々言及している。

徳山毛利家が「御招請」に関し、萩毛利家へ交渉を申し入れたのは、天保一二年八月であった。この時の徳山毛利家の主張によれば、天保九年（一八三八）に萩毛利家へ「御招請」の案内を行ったところ、萩・徳山両毛利家側とも財政困難のため延期になった。さらに、同一〇年（一八三九）には参勤交代の時期が合わなかったため、再度延期された。また、同一二年の際も、徳山毛利家としては財政上の困難のため、萩毛利家に対し「御差図[43]」を求めているが、これは暗に再度の延期を求めているものであると考えられる。これに対し、萩毛利家側は以下のように見解を述べている。

【史料一〇】

（前略）

然処前断之通御所帯向御差詰ニ付而者常々之御勤品等ハ無拠御伺之通御省略をも被仰付候得共　御家督ニ付而之御招請ハ御本末間肝要之御式礼其上此度ハ御大礼之廉々御兼相ニも相成居候儀ニ付此条ハ御延引難被仰付儀哉ニ相見、猶此内日下窪江御招請之御釣合も有之旁以山城守様御出府之上ハ前々之趣を以御窺被仰上可被仰付哉之段刑部より及　御聞候処、伺之通被仰出候付九月十二日靫負呼出、刑部より左之通申達候事、(44)

（後略）

ここで萩毛利家は徳山毛利家が度々「御招請」の延期を願い出たのに対し、「御家督ニ付而之御招請ハ御本末間肝要之御式礼」であるとし、これ以上の延期は困難であるという見解を示している。実際には、徳山毛利家から経済的困難により、再度「御招請」の延期が求められたのに加えて、幕府が同家に「智恩院御門跡御馳走人御欠替」(45)を命じたことが考慮され、「御招請」の延期が認められた。この時、萩毛利家は「御招請ハ　御本末間肝要之御式ニハ御座候得共、御格式も御家筋御取続被成候上之儀哉とも相見候」(46)とし、徳山毛利家の主張を認めている。

また、注目すべきは、徳山毛利家の「御招請」を考えるに際し、萩毛利家が「日下窪」＝長府毛利家と徳山毛利家の格式の均衡に言及しているという点である。つまり、萩毛利家にとって、末家、特に長府・徳山両毛利家の間に格差が生じないように細心の注意を払っていたと言える。そして、このような末家との関係強化と末家間の釣合への関心は、この後に敬親の後継者選定の過程でさらに顕著に表れてくる。

（二）騄尉・銀姫の養子入り―同族的結合の強化と「御家」―

敬親の後継者としては、天保一四年（一八四三）に男子（猷之進）が誕生したものの、弘化二年（一八四五）には夭折した。その他に女子も誕生したものの、全員夭折した。一方、天保一〇年（一八三九）には、かつて後継者候補となった信順にも子・順明《のぶあきら》が出生した。つまり、斉熙の子孫は萩毛利家内に健在であり、必ずしも萩毛利家の外に養子を求めなくてはならない状況ではなかった。

こうしたなかで、嘉永四年（一八五一）、敬親は養子を迎えることを決定した。この時の敬親の方針は【史料一二】の重臣間で取り交わされた書状で示されているが、斉熙とは明確に異なる方針が示されていることが読み取れる。

【史料一二】

一筆令啓達候　殿様御養子之儀　御在国中各様及御示談置候趣も有之候処　御在府之上猶又篤と御案慮被遊長府御子様ハ余り御幼年ニて御成立之御様子も不相分、其上彼之御家より者度々御代をも被為継、徳山御家より者是迄御取組をも無之、幸淡路守（毛利元蕃）様御弟騄尉様当年御十四歳ニ被為成、御成立も宜敷様相見候、御年頃彼是可然被思召御縁女ハ甲斐守（毛利元運）様御女於銀様御本腹ニ而御九歳ニ被為成、御相応之御事ニ付御取組被成候ハヽ、御本末之御因も別而■御手厚可相成との御趣意ニて御内治定被遊候、御帰城之上ハ各様江御相談被仰聞夫々御運ひ申、御両家江達可被仰付との御事ニ御座候処、此節水戸様より御男子様・御女子様之間孰様成とも御取組被成度との御事ニて御彼方様老女衆より中奥若年寄若山まて申越候付、右内治定之趣を以返答被仰付候、御三家・御三卿方之儀者脇々様ニ而も種々御模様も有之御様子ニ相聞、万一御内聞等有之候而ハいか、敷ニ付御取組之思召御両家江達被仰付置可然と示合及　御聞、過ル廿六日御家老呼出、伊豆より申達候、然処此往御彼方様より追々御頼越相成、又者　公儀御養ひ御指付共有之候而ハ不容易儀ニ付不時御暇御内願ハ被差控表方御養子御縁女等之御願出被為済候ハ、御指付等も御防ニも可然哉と示合及　御聞、御考被遊、尤之筋ニも被思召候へとも御暇一条ニ付而者御国方難渋之趣令被仰入置、阿部様・牧野様江者御直ニも被成御頼御内慮伺被差出候期ニ臨ミ未発之御含を以国家之被仰立を被差控候儀御不都合ニ被思召候付、諸事御内積り之通運ひ方被仰付何そ御模様致出来候ハ、幾重も御内約之趣を以可仰付との御事ニ付、今廿九日御内慮伺候年寄御老中阿部伊勢守様江被差出被成御落手候、右参り懸りニ付而ハ於各も深く令心痛評議之趣種々申上候へとも　御賢慮も無御余儀御事ニ付前断之通御治定相成候、委細之儀ハ難尽筆紙　御帰城之上可及御直話候へとも近々御直目付被差下候付申含候間、可被成御承知候恐惶謹言、

益　伊豆（元固）
毛　筑前（元亮）

七月廿九日

毛　能登（元美）様
毛　出雲（元潔）様
毛　隠岐（熈頼）様
根　主馬（熈頼カ）様(47)

先述したが、斉熙の後継者選びに際しては、斉熙との血縁が重視されたものの、今回の敬親の後継者選びに際しては、長府・徳山両毛利家の「御本末之因」という点に比重が置かれていることが分かる。さらに、近世にお

いて長府毛利家からの養子入りが続いたことから、末家間の釣合に配慮しているということが分かる。

さらに、当該期に萩毛利家が直面したのが、【史料一一】の内でも言及されている水戸徳川家からの養子入りの打診であった。【史料一一】によれば、水戸徳川家の老女から萩毛利家に対し、女子・男子どちらでも構わないので養子として迎えないかという打診がなされた。萩毛利家はこの縁談を回避するため、末家との養子縁組を急ぎ進めることを決定した。

こうした萩毛利家の反応は、単に婚姻に関わる経費上の問題だけではなかった。三宅智志氏は、斉昭の子女の縁組み先が海防に関与する外様大名に集中している点を明らかにし、当該期における水戸徳川家が婚姻により、政策的に諸大名の連携を図っていたという点を指摘している。さらに、斉昭は宇和島伊達家の宗城との書状のなかで、敬親の存在について、以下のように言及している。

【史料一二】

（前略）

（斉昭筆）

「一、毛利大膳（敬親）、此節の人ハ如何様の人物か存不申、内室も武鑑ニハ候へ共、妾服（腹カ）ニハ子供も有之やう承り及候へハ、年も三四十位ニハ相成事と存候、此間何か御賞し等有之候へハ、有志諸事行届候人ニも可有之哉、下官抔同様寺院破却致候歟ニも承り候へハ、有志と被存候如何」

（宗城筆）

『廿六七歳可相成、妻ハ養父修理（斉広）大夫娘ニ御座候、未幼年ニ御座候、妾服（腹）ニハ子供御座候様奉存候、三四年前迄相詰御座候処、其節ハ肥前守、土佐守、私抔毎月会読ニ而出会仕、別懇御座候き、左程有志とも不奉存候、乍然家来ニハよき者御座候様見聞仕候、先般不存寄蒙　御賞誉候儀も平日勉励之応と難有奉存候、昨今年ハ間違面会不仕候故、進歩之程如何や弁別不仕候[48]』

（後略）

【史料一二】は、弘化三年（一八四六）に水戸徳川家の斉昭と宇和島伊達家の宗城の間で交わされた書状であり、海防問題などの重大局面を予測し、両名の間で諸大名の人物評について言及している。このなかでは毛利敬親の名も挙げられており、斉昭は妻子の有無について宗城へ問い合わせている。このことから考えて、毛利家が危惧した水戸徳川家からの養子入りの話も、斉昭の思惑を反映してのことであったと考えられる。つまり、毛利家が水戸徳川家からの縁談を断るということは、水戸徳川家が政策的に展開した人間関係を拒否するということを意味していたのである。

このように、駿尉（後の元徳）・銀姫の養子入りは、「御家」にとっては長府・徳山両毛利家との関係強化という意味を持っていた一方で、他大名家、特に将軍家権威の派生である水戸徳川家との新たな関係構築について回避する意味を持っていたということが分かる。では、こうした方針のなかで、文化期の斉熈の後継者選定に反発した一門はどのような役割を果たしたのか。

（三）家中秩序と元就の血統

嘉永四年（一八五一）七月には、駿尉と銀姫を敬親の養子とする意向が長府・徳山両毛利家に伝えられた。そして、翌月には、まず銀姫を敬親の養女とすることが幕府へ届けられ、翌月には敬親は萩へと帰国した。

駿尉は、徳山毛利家八代当主・広鎮の子として、天保一〇年（一八三九）に生まれた。異母兄には、徳山毛利家九代当主となった元蕃《もとみつ》や、萩毛利家準一門の福原家を相続し、後に禁門の変の責任を取って切腹した福原元僴《もとたけ》、異母姉には毛利元美《もとよし》（厚狭）の正室となった勅子がいる。徳山毛利家は享保元年（一七一六）に断絶したものの、同四年（一七一九）に再興した。また、徳山毛利家の血統自体は輝元—就隆以降連続しているため、唯一毛利家正統の血を引いている家であった。

駿尉を養子とすることが決定した翌年二月には、駿尉を徳山から引き取り、萩城下の明倫館の内に建てた新御殿で養育を行うことになるが、その前に詮議されたのが駿尉を後継者とすることを家中にどのように周知するかという点であった。特に、役職に就任している一門と非役の一門に周知する方法に関して格式の差を設けるべきか否かという点が問題とされた。【史料一三】はその際の詮議に関する文書である。

【史料一三】

此度　御養子御取組之儀当役中江ハ此内御前被召出　御直被仰聞候得共、非役一門・休息之老中江御知せ之儀遂詮議候処「（欄外）○此所付紙奥ニ相見」正徳三年（一七一三）　又四郎様御取返被成度段御願書被差出候得共、御先例も無之儀　公辺可相調哉も難計候様子ニ相聞候付、はづと被成　御意候もいか、敷との御事ニ而当役中江被成　御書御書院役蔵田八郎左衛門江取下り被仰付候、非役御一門・休息老中中江者当役中より密ニ相知せ候様申越候、宝暦二年（一七五二）　大三郎様御聟養子之節ハ御末家様方之内御子様も被為在なから夫を被差置、御他家より御養子と申儀ハ　公辺可相調哉も難計、内々物筋聞繕被仰付相調筋ニも候ハヽ、　大三郎様を可被仰願　思召之由中島忠兵衛被差下、当役中尚非役御一門休息之老中江　御意被成候、宝暦十年（一七六〇）岩之丞様御嫡子成之節者近々御願書可被差出と　思召候段末近善左衛門被差下、当役中尚非役御一門・休息之老中江　御意被成候、天明四年（一七八四）

義二郎様御嫡子成之節者御届被成と思召候段、佐世仁蔵被差下、当役中尚非役御一門休息之老中江　御意被成候、文政二年(一八一九)　弾正様御聟養子之節者当秋　被仰願　儀姫様江可被仰合と被　思召候段福原刑馬被差下、当役中尚非役御一門・休息之老中江被成　御意候、天保八年(一八三七)　御当代様御養子之節ハ御養子ニ被成往々　偕姫様江可被仰合と被　思召之段志道隼人被差下、当役中尚非役御一門・休息之老中江被成　御意候、右孰も　御在府中ニ付江戸より一人被差下　御意被成候得共　御在国中ニ而者ケ様之御例相見不申、其外御類例も相見不申候、然処誠ニ重キ御事柄ニ付御在府ニ而も一人被差下、当役・非役之無差別　御意被成儀候得者、御在国中と而も同様ニ被仰付可然筋ニ相見候付、非役御一門・休息之老中とも御前被召出　御直可被仰聞哉、

付紙ニ

本書之通被仰付候ハ、明十五日可被召出候哉、

嘉永四亥十月十四日及　御聞[49]、

この史料で示されているように、大名の後継者の選定に関してはその多くが江戸で決定され、国元にいる一門らに対しては、使者を通じて「御意」が伝えられた。しかし、今回の騄尉の養子入りに際しては、敬親は在国しており、改めて格式を詮議する必要があった。その結果、傍線で示したように、先例をふまえた上で当役・非役の双方に対して、敬親から直接に騄尉養子入りに関する御意を通達することが定められたのである。

翌一〇月一五日に、「非役之一門・休息之老中」らが登城し、騄尉養子入りを告知された。この日の様子については、福原家当主・福原親俊の日記に詳述されている。以下【史料一四】はこの福原親俊の日記であるが、ここでは養子入りの話が二段階に分けて一門らに伝えられていたことが分かる。

【史料一四】

（前略）

十五日　足袋着用

上下着用御用之儀有之ニ付五ツ過御城へ出候、記録所御手廻頭へ御伺申入候、夫より当役益田伊豆（元固）黒書院へ参り御直ニ可被仰行候へ共、下地之所委細御噺申上置候様ニとの御事ニ付演説候、夫より御対面ニ而先達而御意之節と同様之御次第ニ而候、趣ハ【欄外　此所ハ伊豆演説ニ而候、御意ハ淡路守弟養子ニ致候間、左様相心得候様被仰聞候】先達而於江戸水戸様より御取組被成度御物振有之候ニ付、御引当被為在段御返答相成、右ニ付元就公ノ御血統へ立帰り被成、早速徳山淡路守（毛利元蕃）様御弟騄尉（毛利元徳）様御養子ニ被為成、長府甲斐守（毛利元運）御御（ママ）銀様ヲ御養ヒ可置被成段被仰出候、右様之儀ハ御相談被仰付候行形之所、右様御直願申ニ付、其節筑前殿ニモ幸出府之儀ニ付相談仕、押而御請申上候段申候、御前ニ而直様伊豆御取合有之候ニ付、格別御手廻頭へ□□□ハ無之候、被仰聞之当薬中・御直目附之外退去之事、孫四郎（宍戸元礼）殿気分相ニ付代聞仕候、右ニ付向中邸参、直ニ右之趣申候、御内密事ニ而之時ハ趣一人を以申候[50]、

（後略）

親俊の日記で明らかにされているように、敬親の御意自体は、騄尉を養子にするという点のみであったが、その後に当役の益田元固から、今回の養子縁組が「元就公ノ御血統へ立帰り」のためであるということが一門らに伝えられた。つまり、この段階において、騄尉の養子入りは元就治世への血統の復古として位置づけられ、一門らに伝えられたのである。

では、その後の一門らは、後継者としての騄尉に何を期待したのであろうか。【史料一五】は嘉永五年

（一八五二）に一門らが騄尉に示した訓戒であるが、ここには、次代の大名のあり方について言及されている。

【史料一五】

今度　殿様深き思召之為在　騄尉様を御養子ニ為成候処、御当家之儀者諸事　元就公已来　御代々様之御旧例ニ被為依、別而　殿様御代始已来御国政向厚ク御心を被為用、従　公儀も是迄　御家ニ無之拝領物をも被遊候程之御事ニ付　騄尉様ニも往々　殿様思召を被為継万端御先例をも被為守、御質素御倹約を被為行御家来中末々万民ニ至迄御仁恵之思召肝要之御事ニ御座候間、只今之内より御心を被為用候様被為在度且又御末家岩国之儀者別而御先格ニ不違様御取扱被仰付儀ニ付是等之儀も追々被知召置度御事ニ奉存候、

一、御家来之内　騄尉様御内縁之衆段々有之候、右ニ付申上候も疎ニハ御座候得共、追々御成長之上右御内縁ニ被為引候様ニ共有之候而ハ御国政及後遅候儀も出来可仕哉ニ御座候間、仮ニも其弊無之様只今之内より被遊御心懸候御事肝要ニ奉存候、

右之廉々千万恐多奉存候得共、偏ニ御為と奉存候故、不顧愚案申上候、

（毛利元亮）筑前
（毛利元美）能登
（毛利元潔）出雲
（毛利熙頼）隠岐
（根来熙行ヵ）主馬
（浦元襄）靫負
（益田元固）伊豆[51]

ここで、一門らが縣尉に対して求めたのは、歴代当主が遵守してきた元就以来の旧例を継承すること、縣尉自身の「内縁」による弊害が生じないように心がけること、さらに、末家間の格式に差が生じないようにすることであった。こうした弊害は分家である徳山毛利家出身の縣尉であればこそ、生じうるものであったのである。こうした点からは、「元就公ノ御血統」である縣尉が家督を相続するのみではなく、家中に対しては、元就以来の旧例を遵守すること、つまり、行動によって正統性を示す必要があったのである。

小　括——動乱期にむけた「御家」意識の変容——

以上、本章においては文化期（一八〇四～一八一八年）以降の萩毛利家の婚姻・養子縁組をめぐる動向を検討してきた。そこからは、婚姻・養子縁組といった大名家の根幹にかかわる問題が、当該期の社会状況や将軍家・他大名家との関係と密接に連関しながら展開されていた様子を見て取ることが出来た。

一〇代・斉熙が示した方針は、斉元を仮養子として迎える際にも示されたように、近世期の萩毛利家の同族秩序からは大きく逸脱する論理であった。また、斉熙の場合、単純に萩毛利家内部で完結するという状況を理想形として捉えていたわけではなく、むしろ当該期に他大名家が将軍・家斉の子女との婚姻関係にあることを意識していたのである。

将軍家との関係強化を希求する背景には、近世大名家としての毛利家の歴史や家格をめぐる問題があった。本章において扱った斉熙が幕府へ提出した願書にも示されているが、斉熙にとって、毛利家の格式は血統の入れ替えにより、最早近世初頭のものから大幅に低下したものとして位置づけられており、それを将軍家からの血統流入により改善することを目指していた。

しかし、こうした斉熈の方針は幕府へ向けた外向きの「御家」意識とも言うことが出来る。このなかでは、大名家の「慶事」を「御家」の「慶事」として家中で共有していこうという意識はむしろ稀薄であったと言えよう。むしろ、家中へ向けた内向きの「御家」意識にとっての将軍家との婚姻は、和姫が婚姻直後に亡くなったことだけではなく、天保二年（一八三一）に起きた百姓一揆など当該期の社会不安が将軍家との婚姻に関わる財政負担と意識的に結びつけられたことにより、否定的な言説として語られることとなった。このように考えると、萩毛利家の内部において幕府へ向けた外向きの「御家」意識と家中へ向けた内向きの「御家」意識の間に齟齬とでも言うべきものが生じていたことが分かる。そして、このような「御家」意識のずれのなかに、当該期の萩毛利家という「御家」が内包した構造的な問題の存在を看取することが出来る。

当該期の萩毛利家をめぐっては財政上の主導権をめぐる江戸と国元の対立に関する田中誠二氏の指摘[52]や大名家・政治執行部・諸役所との対立局面に言及した伊藤昭弘氏の指摘[53]など、「御家」内部における諸主体による利権争論の存在が明らかにされてきたが、こうした対立や見解の相違は財政上だけではなく、本章で検討してきた「御家」のあり方そのものにも見ることが出来る。その上で、この外向き・内向きの二つの「御家」意識がいかなる位相に存在し、連関していたのかが今後の大きな課題となる。

さらに、文化～天保期（一八〇四～一八四四年）に萩毛利家を取り巻いていた外的な状況はより複雑であった。三宅智志氏は家斉の婚姻政策と嘉永六年（一八五三）の江戸湾防備と関連づけて説明したほか、水戸徳川家当主・斉昭による子女縁組も家斉と同様の特徴が見られるとし、斉昭にも家斉と同様に諸大名との連携を図る意図があったのではないかと指摘している[54]。このように、縁戚関係を通じた大名の横の繋がり構築に向けた働きかけは、鹿児島島津家にも見られており[55]、当該期の大名家にとって普遍的なものであった。しかし、萩毛利家では、天保期以降、同族間の結合関係を強化しつつ、水戸徳川家との縁組を回避するため、同族間で早々に養子を選定している。ここでは、元就血統への復古とは、家中に対して後継者の正統性を担保するための手段であるとともに、本分家間の結合関係を強化し、水戸徳川家や他大名家との婚姻や養子縁組回避を正当化するための論理としても機能していた。そこには、斉熙治世に見られた将軍家権威に対する志向性という以上に、むしろ、新たに家督を相続した敬親の「御威光」を確立するという目的のもと、積極的に自己意識を醸成する姿勢がより顕著な形で発露していると言える。[56] そして、こうした姿勢は、本章に即した言葉で説明するならば、家中に向けた内向きの「御家」意識の強化とも言うことが出来る。

以上の点から、萩毛利家における「御家」意識は単純に宝暦期以降の連続ではなく、それを基盤としながらも、化政期～天保初年における社会不安の反動や後継者の不在といった偶発的かつ内在的な要因とともに、天保改革における自己意識の醸成といった戦略的な要因、そして、当該期に展開した諸大名の婚姻政策の回避のための選択肢といった、多数の課題を一括して解決するために選択された論理であり、外向き・内向きの二つに分離したものであったと言えよう。ここで問題となるのが、本書における主要な課題である一門家臣の位置づけである。本章で述べてきたように、毛利家の正統をめぐる認識はそれぞれ主張する階層によって異なっていた。そして、一門も大名家権威に由来する存在である以上、大名権威の存在と無関係ではいられなかった。そこで次章では、一門家臣について、役職という観点から、彼らが家中においてどういった立ち位置を求められていたのか、そしてどういった立ち位置を自負していたのかという点について検討を行っていく。

【註】

(1)中田薫『法制史論集』(岩波書店　一九二六年)

(2)田原昇「近世大名における養子相続と幕藩制社会―「他家」養子を中心として―」(『史学』六七号二巻　一九九八

年）
（3）大名の本分家関係については、野口朋隆『近世分家大名論』（吉川弘文館　二〇一一年）に詳しい。
（4）三宅智志「大名婚姻に関する一考察―幕末期外様国持の海防動員に関連して―」（『佛教大学大学院紀要　文学研究科篇』三九号　二〇一一年）・松尾千歳「広台院―島津家の婚姻政策」（鈴木彰・林匡『島津重豪と薩摩の学問・文化』勉誠出版　二〇一五年）
（5）笹部昌利「津山藩と幕末政局」（『佛教大学大学院紀要』二七号　一九九九年）
（6）田中誠二『萩藩財政史の研究』（塙書房　二〇一三年）
（7）山﨑一郎「寛政～文化期前半における萩藩密用方について」（『山口県文書館研究紀要』三九号　二〇一二年）六八頁
（8）岸本覚「村田清風と萩藩軍事改革―「御家兵法」と「異船防禦」―」（『佛教大学総合研究所紀要』七号　二〇〇〇年）二六頁
（9）前掲田中（6）三四四頁
（10）（11）「弾正様御仮養子事」（3公統97）
（12）大森映子「萩毛利家の相続事情―養子相続と公的年齢―」（『湘南国際女子短期大学紀要』九号　二〇〇二年）一二八頁
（13）「公儀所長府帳書抜」（24末家11）
（14）「弾正様御仮養子事」（3公統97）
（15）大森映子『お家相続　大名家の苦闘』（角川選書　二〇〇四年）一六九頁
（16）永井博「福井藩主松平宗矩の家格昇進運動―一橋小五郎の養子をめぐって―」（『茨城県立歴史館報』三二号　二〇〇五年）
（17）「保三郎様御縁組一件」一巻（44三賀29）
（18）佐藤宏之「近世大名の「御家」意識と大名間秩序―将軍家の血の流入と由緒―」（『近世大名の権力編成と家意識』吉川弘文館　二〇一〇年）

(19)「保三郎様御縁組一件」一巻(44三賀29)
(20)～(22)「保三郎様御縁組一件」三巻(44三賀29)
(23)「御内書」『毛利十一代史』第一〇冊　六〇四～六〇六頁
(24)(25)『毛利十一代史』第一〇冊　四三三頁
(26)『毛利十一代史』第一〇冊
(27)「崇文公記」(『毛利十一代史』第一〇冊)『萩市史』(萩市史編纂委員会　一九八三年)
(28)『毛利十一代史』第一〇冊
(29)「毛利蔵主出府記録」(21巨室46)
(30)田中彰『幕末の藩政改革』(塙書房　一九六五年)・三宅紹宣「藩政改革の光と影をめぐって」(青木美智男・保坂智編『争点日本の歴史　第五巻近世』新人物往来社　一九九一年)
(31)井上勝生『幕末維新政治史の研究』(塙書房　一九九四年)五二頁
(32)高野信治「幕末期毛利家の自己認識と改革意識」(『山口県史の窓』史料編　幕末維新二　二〇〇四年)五頁
(33)前掲高野(32)七頁
(34)『山口県史史料編幕末維新二』解説(二〇〇四年)
(35)「御倹約ニ付公辺御届一件諸沙汰控」(『山口県史史料編幕末維新二』二〇〇四年)四五頁
(36)三宅紹宣『幕末・維新期長州藩の政治構造』(校倉書房　一九九三年)
(37)「慶親公御結納御婚礼一巻」一巻(4忠正公31)
(38)「慶親公御結納婚礼之記」(4忠正公30)
(39)「慶親公御結納御婚礼記録」二巻(4忠正公32)
(40)「慶親公御結納御婚礼記録」一巻(4忠正公32)
(41)「慶親公御結納御婚礼一巻」一巻(4忠正公31)
(42)～(46)「殿様慶親公御家督後之為御祝儀毛利山城守様御招請一件記録」一巻(4忠正公21)
(47)「騄尉様御聟養子於銀様御縁組一件」一巻(5忠愛公8)

(48)「人物愚評ニ付奉言上候条々」（河内八郎編『徳川斉昭・伊達宗城往復書簡集』校倉書房　一九九三年）一五頁
(49)「駿尉様御聟養子於銀様御縁組一件」一巻（5忠愛公8）
(50)「福原親俊手控」一〇（利岡俊昭編『福原家文書　別冊』渡辺翁記念文化協会一九九八年）四五一頁
(51)「駿尉様御聟養子於銀様御縁組一件」八巻（5忠愛公8）
(52)前掲田中（6）
(53)伊藤昭弘『藩財政再考　藩財政・領外銀主・地域経済』（清文堂　二〇一四年）
(54)前掲三宅（4）
(55)前掲松尾（4）
(56)前掲高野（32）

第五章　近世大名家家中における一門家臣

―役職と家をめぐって―

はじめに

本章では、家中における一門家臣の位置づけ、具体的には大名と一門家臣、そして一門以外の家臣ら三者の視点から、期待された一門像について分析を行い、その過程で形成された毛利家の「御家」意識について明らかにしていく。そのために着目したいのが、一門家臣の役職への就任に対する位置づけである。

近世の武士に関し、最も主要な論点となるのは、武士の持つ官僚的側面と領主的側面である。水林彪氏が指摘しているように近世武家社会の官僚制機構は、それを占有する武士身分のなかに、厳然たる家格階層に基づく差別関係が持ち込まれていたという点において、近代の官僚制とは相違している。(1)つまり、裏を返せば、近世社会においては、官僚制機構と身分制が併存していたのであり、近世武家社会を研究する上ではこの点について十分に留意する必要があると言える。

では、こうした官僚制機構は直線的に確立されたのか。特に、本書が一貫して注目している一門家臣という存在については、近世初頭における「御一門払い」という動向が大きな意味を持っている。序章で述べたように「御一門払い」とは、近世初頭における大名宗主権確立の過程で、大名との血縁関係に基づいて権力を有していた一門重臣たちを政治的に追放する行為であるが、鎌田浩氏はこの「御一門払い」を大名宗主権の確立の一環として位置づけている。(2)このように近世初期の「御一門払い」により、大名との血縁関係によって優位性を保障されていた存在が排除され、大名宗主権が確立されたという見解は、現在も広く共有されている概念であると言える。特に朝尾直弘氏は大名家中の有力者が大名家の「家老」として包括されていく過程に着目し、このことが大名「御家」の成立へと繋がったと述べている。[3] いわば、近世初頭に大名家が抱えた大きな問題として、一門を始めとする大身家臣の処遇があったのである。

また、「御家」への包括が容易には貫徹しえなかったのも事実である。近世初頭の御家騒動について分析した福田千鶴氏は、近世初頭の御家騒動を初期御家騒動として区分し、その特質を、大名権力から自律的な大身家臣を大名「御家」のなかに包括し、大名個人や有力家臣らの恣意的行動を規制する家老合議制を導入する過程で、大名と大身家臣との間に生じた不和を要因とする騒動であると述べている。[4] つまり、「御家」への包括という新しい秩序を確立していくなかには、当然古い秩序との相克が存在していたのである。

そもそも、一口に「家老」と言っても、そのあり様は大名家ごとに様々である。家格を指している場合もあれば、役職を示す場合もあるが、共通しているのは、石井紫郎氏の「大名と家老・重役が一体となって指導者集団を形成し、他の一般家臣と向き合っている」[5]という言葉で示されているように、一家臣であると同時に、指導者側に属する存在であったという点である。だからこそ、主君に対する押込行為[6]や諫言[7]に代表されるような行為を行うことを認められ、場合によってはそれを実行することを期待される存在として位置づけられていたのである。

一方で「家老」という職として考えた時、先述の朝尾氏が指摘しているように、この「家老」という職に就任すること自体、「御家」への包括の重要な過程として見ることが出来る。また、前掲の福田氏も、「一門・元老が藩政への発言力を求めるのは彼らが「御家」のなかに包括されたあとのこと」[8]とし、近世初期と中後期の重臣の存在形態と区別して考えるべきであると指摘している。つまり、自立的性質を持つ大身家臣を「家老」という職に就かせること自体が極めて大きな意味を持った行為であり、さらに踏み込んで言えば、一門家臣側にとっても大きな抵抗感を伴う行為であったことは想像に難くない。特に、財政や大名側近といった役方への就任は猶更抵抗が強かったと考えられる。本書第一章第一節で検討を加えたが、萩毛利家においても、近世初頭の分家との争論のなかで一門を「家老」と称する場合、その知行高の低さや自立性を有していないことを表象する単語として用いられており、やはり「家老」という職への就任が持つ否定的な意味相が看取される。

実際、池田光政も一族を家老に組み込むまでには時間を要しており、これらの存在が「御家」の確立にむけた大きな課題であったことに間違いないであろう。萩毛利家の場合、一門を役方に組み込んでいく過程において、大規模な争論に発展することはなかった。これが、萩毛利家の一門が安定的な存在として捉えられる根拠ともなっている。しかし、それは偏に関ヶ原の敗戦と減封により、毛利家という「御家」自体が縮小したこと、ことさら幕府の裁定を必要とするような大規模な争論、いわゆる御家騒動へと発展しなかったというだけであり、萩毛利家家中においては、常に秩序の再編が求められており、近世初頭の実態が、その後のあり方そのものを直接規定したのではない。むしろ、一門の「御家」への包括という問題は、近世初頭よりも近世中後期に入り、積極的に議論されるようになっていった。換言するならば、近世中後期に至り、改めて近世初期のあり方に目が向けられ、その性質が規定されていったのである。

近世中後期の一門やその周辺が近世初期を回顧した際、「御一門払い」や「御家」への包括といった歴史はどのように位置づけられたのだろうか。当然、ここでいう歴史とは、一門らの現実に対する不満や失望を反映し、合理化・理想化されたものであった。そして、それが一門自身の「家」意識に組み込まれ、実際に主張されることにより現実の問題として顕在化していったのであり、大名側は、こうした主張に向き合っていく必要に迫られていたのである。そこで、まずは萩毛利家一門のなかでも、「武」の側面を強く意識化した宍戸家の事例をもとに検討を行っていく。

第一節　役職と「家」の相克―役職就任をめぐる一門家臣の自己意識―

（一）役職に関わる自己意識―一門筆頭・宍戸家を事例に―

役職に関わる自己意識を最も顕著な形で表現したのは、一門筆頭の宍戸家であった。宍戸家の来歴について、ここで改めて説明しておく。宍戸家は中世期には毛利家に匹敵する有力国人であった。しかし、宍戸隆家は元就の娘（五龍）を正室に迎えたことを契機に、毛利家との関係を深めていった。なお、毛利輝元の正室は宍戸隆家と五龍の間に生まれた娘であり、輝元とは従兄妹関係にあった。

また、宍戸家について特筆すべきは、中世以来の由緒である。先述したように、中世以来の有力国人であり、毛利家との関係を深めた後も武功を残した宍戸家は、重就も「治元公申上」で言及しているように、「宍戸第一各別之訳有之[9]」として家中でも認識されていた。このことは、山口県文書館毛利家文庫のなかに「宍戸記」という軍書が残されていることからも明らかである。

また、山本洋氏は吉川家との家格争論の際、吉川家側が毛利家・吉川家・小早川家の同族的結合関係を示す「三家」という言葉が、吉川家・小早川家・宍戸家という中世期の有力家臣を指す言葉として理解されていることに不満を述べている点を指摘している[10]。いわば、宍戸家については萩毛利家家中では中世以来の名家という理解が形成されていたのである。では、宍戸家はこうした理解に対して、どのような反応を示したのか。【史料一】

は、寛政九年（一七九七）に宍戸家が萩毛利家に対し、加判役以外の役職への就任を拒否する旨を伝えた史料である。なお、この【史料二】は第二章でも用いたものであるが、ここで再度検討を行う。

【史料二】

覚

拙者家柄加判役之外相勤不来候趣者、先祖安芸守隆家御当家ニて御縁辺ニ被成候、以後備前守元続代生涯御軍役之外不被仰付候、依之元続より出雲守広匡江家督相続之節申聞せ趣ハ、奉対　御当家御奉公之儀於御軍役者尽粉骨可相勤候、自余之役儀家柄ニ相勤候而忠節ニ可相成候条子孫ニ至り被仰付候共、幾よりも御請不仕、家を潰シ身柄御勘気を蒙り候とも無是非候、以此趣専御軍役忘却仕間敷候、若至子孫此趣忘却其段家柄相立候共、対先祖可為不孝候段記録所相控置伝来仕候、已後広匡代為証人相詰候得共、自道之御役等不相勤候、其子越前守就尚代猶以其通之儀ニ御座候、其子土佐守就附代泰厳院様御代江戸罷越、初御入国之御供被仰付候得共、御役之名目無御座候、且江戸相詰候得とも、是又　泰厳院（綱広）様御子様方御後見被成御頼之旨ニて相勤、御役名目無之候、其子主計就延代ニも猶以最初其通之儀ニ御座候処　寿徳院（吉就）様御代ニ至り御役被仰懸候付、前断之趣を以御断申上候へハ、達而被成御頼旨ニ付難黙止御請申上候、其後元禄七年（一六九四）四月廿日　青雲院（吉広）様御代御国加判役被仰懸候、家柄之儀加判役等相勤不来候趣御断申上候処、其段を者被聞召上置候、然処共達而御頼候旨被成　御意候故無拠相勤候、左候而主計存念之筋申上候趣ハ、元続代より家柄御奉公之儀筋御軍役第一と申聞せ候儀ハ勿論御座候得共、次第世御静謐ニ相移差上御軍役と申儀も無御座、高禄被下置無役罷居候段も無本意候、加判役等之儀ハ大都合之儀ニ御座候得ハ先者御請仕相勤申候、自然当職役等被仰懸候とも幾よりも御断可申上候、無左候而ハ先祖より代々第一と申せ来候家柄御奉公之筋忘却ニ相成候条、縦如何躰之御咎

を蒙り候共御請不申上覚悟ニ罷居候通国司主税を以届　御聞、其段被聞召上置旨主税より承知仕置候、其後泰桓院（吉元）様御代ニも開作地拝領被仰付候砌身柄之儀ニ付家柄御奉公之趣大概之処覚書を以桂能登・山内縫殿迄申達候、其後美濃広隆家督之節も主計より申聞、美濃よりも申聞せ前断之趣控等有之候、右元続以来之代々家柄相続之節此趣肝要申聞せ間断御座候以上(11)

（後略）

ここで注目すべきは、宍戸家の役職観である。傍線部で示した通り、宍戸家は「家柄」を理由に、加判役をはじめとする役職を勤めてこなかったものの、武力を伴う軍役の発動が非現実的となるなかで、家中における高禄家臣にふさわしい新たな奉公の形として加判役への就任を引き受けたとしている。しかし、宍戸家は加判役以外の役職、つまり大名の側近である当役や財政面の責任者である当職といった役職への就任については断固として拒否しており、役職への就任という形での奉公が、第一義的なものとして理解されていたわけではないことを示唆している。

もっとも、こうした役職に関わる認識は近世を通じて維持されていたわけではないが、元禄期（一六八八～一七〇四年）や寛政期（一七八九～一八〇一年）など、比較的社会状況が安定していた時期に積極的に主張されているという点は注目すべきである。つまり、安定した時期だからこそ、宍戸家は自家のあり方、いわば武の家としての側面について、積極的に主張をしなくてはならなかったのであり、「家柄」を根拠とし、それにそぐわない役職に対する極端な忌避観念が形成されたと考えられる。

（二）自己意識への干渉―萩毛利家の見解―

では、宍戸家の見解に対し、萩毛利家はどのように反応したのか。ここで注目したいのが「巨室評論」という史料である。【表15】は、「巨室評論」に収録されている記事の一覧であるが、まず注目すべきは、「一、宍戸家加判役之事」という記事である。この記事が作成された年代については明記されていないものの、同史料のなかでは、当時の一門当主が毛利内匠・毛利秀之助・毛利伊豆・毛利伊勢・毛利織部とされている。この内、毛利内匠は広定・就任親子のどちらかは特定出来ないが、他の一門については、毛利秀之助（厚狭・就盈）・毛利伊豆（吉敷・就将）・毛利伊勢（阿川・就禎）・毛利織部（大野・広円）であることが分かる。これらの一門五人が同時に当主である期間は就盈が家督相続した宝暦一一年（一七六一）から広円が死去した明和七年（一七七〇）までであり、同史料もこの約一〇年の間に作成されたものであると考えられる。このなかでは、加判役に就任しない家柄であるとする宍戸家の主張に対し、文書に基づき批判が加えられている。それによると、元禄七年（一六九四）に初めて江戸加判役に就任したとする宍戸家の主張にもかかわらず、実際には同二年（一六八九）から同五年（一六九二）まで江戸加判役を務めていることが、家臣らから提出された文書から確認できるという[12]。

では、萩毛利家はなぜ宍戸家の主張に対し、調査を行ったのであろうか。それは、「（宍戸家の）家柄之儀ニ而加判役不勤来候趣御記録を以相考候処、六家御仕成之廉格別優劣無御座[13]」と萩毛利家が言及しているように、宍戸家の主張が一門六家内における自家の特異性優位性を主張するものであったためであると考えられる。その証拠に、萩毛利家は同

【表15】「巨室評論」（21巨室3）収録記事

①	宍戸家加判役之事
②	御一門六家江戸加判之事
③	毛利伊豆家申伝之事
④	御一門并益田・福原隠居・家督之事
⑤	益田家大頭役之事

史料内で文禄五年（一五九六）以降、宍戸家が連判した史料を提示し、当該期の宍戸家当主・宍戸元続と同等の存在として、毛利元政（右田、当時は天野家）の存在に言及している。また、萩毛利家初代当主・秀就と二代当主・綱広治世において一門六家から加判役に就任した人物を調査した結果、元和年中（一六一五～一六二四）から天和二年（一六八二）までの間に、九人しか確認できない点や宍戸家の他にも厚狭毛利家も加判役に就任していないが、同家は「家柄ニ而不被仰付候」(14)といった主張はしていないという点を指摘している。

こうした点から、萩毛利家は宍戸家が加判役を務めてこなかったのは、「家柄」という宍戸家特有の問題ではなく、単純に、宍戸家当主が早世したため、加判役に就任出来る人材がいなかったためであると結論づけている。【表16】は近世期における宍戸家当主の享年であるが、確かに一七世紀中には若年で死去した人物が見られるとともに、養子による相続が多く、家としての安定には時間がかかったものと考えられる。

【表16】近世における宍戸家当主

名前	死亡年	享年	備考
宍戸元続	寛永8年(1631)	69歳	
宍戸広匡	寛永3年(1626)		生年不詳
宍戸就尚	寛永17年(1640)	34歳	
宍戸就附	延宝4年(1676)	42歳	熊谷元実長男
宍戸就延	享保7年(1722)	80歳	熊谷元実三男
宍戸広隆	元文元年(1736)	51歳	熊谷就実長男
宍戸広周	安永元年(1772)	53歳	熊谷元貞長男
宍戸就年	文政9年(1826)	78歳	
宍戸親朝	天保2年(1831)	60歳	
宍戸元礼	慶応3年(1867)	60歳	福原房純二男

※『近世防長諸家系図綜覧』より筆者作成

また、萩毛利家は宍戸家が就任したことがないと主張する当職についても、実際には「暫役」という形で連判した文書を挙げており、「家柄」による役職の制限について否定している。いわば、一門一列であるという見解を示す萩毛利家側にとって、一門のなかでも自家に関わる特殊性を主張する宍戸家の「家」意識は注意すべきものであったと考えられる。

この他にも「巨室評論」には、「一、御一門六家加判之事」や「一、毛利伊豆家中伝之事」といった項目がたてられている。「一、御一門六家加判之事」は、享保一九年（一七三四）に起きた宍戸広恒・毛利就久・毛利広規・毛利元雅らによってなされた「大家老」という役職に対する申し入れに関する記事である。この史料も、作成された年は不明であるが、記述中に、先述の「一、宍戸家加判役之事」に関する記述があることから、同史料の後に作成されたものであると考えられる。この時、四人の一門らの主張は以下の【史料二】の通りである。

【史料二】

（前略）

一、江戸参府之節為大家老各六人ニ相限古来より相勤候儀ハ大概近来以其分ニ被仰付儀ニ御座候、其内
寿徳院（吉就）様末々御番手御倹約と候而国司主税・児玉三郎右衛門御供被仰付候、然処　青雲院（吉広）様御代始宍戸
備前（就延）・毛利市正（就直・吉敷）江改而被成　御意候ハ自今之儀ハ大家老之儀六人之内江限江戸御供可被召連候、殊御一行所
之判形をも被仰付候事、且永田馬場　御前様　御意之旨も有之候由、
一、泰桓院（吉元）様御代ニ被為成、右之趣於江戸宍戸丹波（就延）・毛利山城（広政・右田）・毛利大蔵（就久・厚狭）より古格之通　御直ニ逮　御聞、弥
六人ニ限御供可被仰付候段、　御直ニ被成　御意、猶又近年御国方より兼帯順番ニ御供被仰付来候段被成
御意候、於御国ハ益田・福原両家江一同ニ御留守居之儀者被仰付ニ而可有御座候へ共、江戸大家老座江被相交
被召連候而ハ古例も相患罷成候、おのつから御断をも申上候様可有御座候、[15]

（後略）

一門らが主張しているのは、「大家老」という職が一門六家という家格集団の占有であるという点であり、ここに益田・福原家が入ることに対する不信感であった。しかし、実際には萩毛利家の職制上、大家老なる役は存在しない。また、一門家臣の主張に対して、萩毛利家は近世初頭において、一門六家のみが参勤時の供を勤めた

わけではなく、益田・福原家も供奉していることを指摘している。つまり、萩毛利家側としては、「大家老」という職が表象する一門の特権意識について、否定的な見解を示しているのである。

また、「一、毛利伊豆家申伝之事」では、吉敷毛利家に関する言説について、検討が加えられている。吉敷毛利家の初代・毛利元鎮は元和二年（一六一六）に突如隠居したが、その次第について、萩毛利家は以下の【史料三】の言説を記録している。

【史料三】

毛利伊賀守元鎮

毛利市正元直書出ニ

元和二年四月萩罷出候様ニとの御事ニ付長州瀧部より三隅迄罷越候処、当役益田玄蕃・井原弾正より内意申越候ハ御加増ニて壱万石ニ被成下毛利山城元倶・毛利伯耆元宣同列ニ被仰付之由ニ候へ共、承引不仕、直様在所罷帰生涯不罷出、時々嫡子喜太郎を萩差出候由申伝有之由、[16]

【史料三】で示されているように、初代の元鎮の隠居をめぐっては、右田毛利家の元倶と厚狭毛利家の元宣と同列に位置づけられることを拒んだためであるという言説が萩毛利家内では伝えられていた。これに対し、萩毛利家側は当時の知行高を踏まえつつ、以下の【史料四】のように言及している。

【史料四】

（前略）

此節毛利伯耆元宣・毛利山城元倶両人同格との儀者万石之儀ニ而可有之候歟、御両国御引移以後大録《（禄か）》御為如何

との内存候得者可然事ニ候、其以後生涯役目不仕引籠候下意不審之事ニ御座候、一躰此節迄ハ御一門筆並等之儀も聢と相極たる趣共不相見、就中元鎮者岩国とも相違秀包様昵勤《ママ》之家之事ニ而御両国御引移已後無間相秀包様御死去故、格式も聢と不定趣と相見候処、山城守元倶・伯耆守元宣同列と有之候へ者御家老一列之筆並等之儀も只今之模様ニ而可有御座候、左候へ者広島時代以来昵勤無之元康様・元政様子孫之筆下ニ被成候へ者諸事之格式も右ニ準し角立候儀如何との底意ニ而右之通引籠候趣ニ候哉、其段も難計事ニ候、是等之儀其家中伝も有之下意ニ挟候様ニ有之候へ者如何敷事ニ候[17]、

（後略）

傍線部で示したように、萩毛利家は、元鎮が他の一門、具体的には右田・厚狭両毛利家の下に位置づけられることに反発し、知行地へひきこもったのではないかと推測している。もっとも、史料上で裏付けはないため、「其段も難計事」としているが、こうした言説を収集し、その真偽を確認している以上、家中に流布している一門に関する言説に対して、萩毛利家が一定程度の関心を抱いていたことは確かである。また、こうした言説を否定するため、家臣らの所蔵する文書の調査を行うなど、家格に関する問題を想定し、その対策を講じていたということが分かる。いわば、一門家臣の家に関わる言説を統制していく姿勢を見ることが出来るのである。

裏を返せば家中における一門家のあり方について、近世中期以降になってからも、役職に関わる様々な言説が生じ、それに関わる形で一門は自家に関わる意識を醸成していたと言える。他方、こうした自己意識の醸成は家臣としてのみではなく、大名の分家としての一門の存在にも目を向ける契機となっていった。それが顕著に見られるのが、九代当主・斉熙の後継者選定における過程である。

【表17】家督相続者以外の男子の行先　※夭折者は除く。

就隆	初代秀就庶子	末家・徳山毛利家創設
吉広	2代綱広庶子	一門・毛利就信（右田）養子・のち萩毛利家
右京	2代綱広庶子	一門・毛利就詮（大野）養子・入家前に死去
匡満	7代重就庶子	長府毛利家
匡芳（匡豊）	7代重就庶子	長府毛利家・匡満養子
親著	7代重就庶子	部屋住
興禎	8代治親庶子	常陸細川興徳養子
煕載	8代治親庶子	一門・毛利房直（吉敷）養子 ※入家のため帰国途中死去。
忠篤	8代治親庶子	上総水野忠韶養子
信順	10代斉煕庶子	部屋住

※『近世防長諸家系図総覧』より筆者作成

第二節　斉煕の後継者選定と一門—準一門との差異化—

四章でも述べたが、九代当主・斉房の跡を継いだ斉煕は、斉房の実弟であり、当初は兄の遺児である徳丸を仮養子として幕府へ届けていた。しかし、文化一一年（一八一四）に徳丸が死去したことから、斉煕の後継者探しが本格化していった。かかる過程については、大森映子氏が養子相続と公的年齢という観点から検討を進めており、まずは同氏の先行研究[18]をもとに、斉元が後継者として指名されるに至る過程を見ていく。

文化一一年、先代当主・斉房の遺児・徳丸が江戸で死去した際、斉煕にはすでに実子・保三郎（後の斉広）が誕生していた。しかし、保三郎はいまだ生後五ヵ月の嬰児であり、斉煕は「被為対　御先祖様御本意ニ無之御事ニ被思召候[19]」として、他の候補者を探すこととなった。このなかで候補となったのが、七代当主・重就の子である親著の子どもたち、すなわち豊之允（後の斉元）らであった。

豊之允は享和三年（一八〇三）に準一門である福原家の養子となった。この養子入りが異例であったことは【表17】の毛利家庶子の処遇からも見て取れる。毛利家の場合、夭折をする庶子が多く、必然的に他大名家へ養子入りした事例も少なく、家臣団への養子入りはさらに少ない。そして、こうしたなかでも、大名家の子どもが一門よりも家格が下の家の養子となった例は確認出来ない。もっとも、豊之允が福原家へ入家する前年の享和二年（一八〇二）には、一門六家以外にも当主家の庶子を養子とすることが認められており[20]、制度上は斉元の養子入りは問題がなかった。しかし、豊之允が斉熙の後継者候補となるなかで、今度は一門側から、この養子入りを問題視する声が上がったのである。

　豊之允を後継者とするにあたり、斉熙は加判役・毛利親頼（大野毛利家）と宍戸就年（「老巧ニ付兼而当役同様之御解釈」[21]）に対して、意見を求めた。実際には就年は病気のため、その場には出席出来ず、親頼のみが対応した。【史料五】がこの際の親頼の返答である。

【史料五】

（前略）
伊賀殿《（親頼）》被申候者左様之儀ニ候得者、拙者一人罷出候而者甚以差間候、其訳者豊之允殿《（斉元）》最前福原江可被下哉と御
僉議之節拙者儀江戸当役座所勤中ニ而段々様子有之たる事ニ候、御連枝様方ハ六家之外江被下候儀無之候得共、
豊之允殿儀者　御連枝様之御子之儀ニ付福原家江被下候而も被苦間敷、於御一門衆否之儀も有之間敷との御事
ニ而有之候、　青雲院様《（吉広）》も六家之内ニ付御家続も被成たる御事候得者、両家之衆江被下候を又々御取返と申儀、
六家之衆折相旁如何可有之哉と被存候由被申候付[22]、
（後略）

以上の【史料五】から、親頼の主張を整理してみる。まず、大前提として、親頼は自分一人の見解で斉熙の後

継者に関わる問題が決定されることを「甚以差閊」とし、その理由を豊之允の福原家養子入りに求めている。親頼の主張によれば、大名の兄弟である「御連枝様」は六家以外の養子とはならない慣習であったのに対し、豊之允の場合は「御連枝様之御子」であるため、福原家の養子となったのであり、今更「両家」、つまり、益田・福原家へ入家した者を萩毛利家へ戻すことに対し、一門六家が反発する可能性を示唆しているのである。いわば、親頼の見解は、一門六家の当主という自負のもと述べられたものであり、加判役としての立場からの見解ではないのである。

ここで興味深いのは、親頼が豊之允の正統性へ異議を述べるために引き合いに出した萩毛利家四代当主・吉広の存在である。この吉広に関わる記述は一門側だけではなく、対応した当役・児玉親忠も引用をしている。【史料六】は親頼に対する児玉親忠の返答であるが、注目すべきは傍線部である。

【史料六】

（前略）

三郎右衛門（児玉親忠）殿被申候者　青雲院様も六郎左衛門殿家より御家続ニ御直り被成、此度とハ格別之御事ニ御座候、
豊之允殿者御引取可被仰付との御事ニ候、御仮養子之儀者其上之思召次第ニ而之儀ニ而早晩被仰聞者無之御行形
ニ候、左候へハ此度躰之儀者たとへ寄組と候而も如何と申儀者有之間敷由と申候処、伊賀（親頼）殿被申候者何分不容
易儀ニ付拙者一人被召出被仰聞候而者如何之儀も有之間、御自分様を以被仰聞候様御取計可被下候由被申候付、
右之趣三郎右衛門殿御内々被申上候処、明日美濃殿父子間伊賀殿一同被召出、いつれ　御直ニ可被仰聞との
御事[23]、

（後略）

傍線部から分かるように、親忠は四代当主・吉広と右田毛利家との関係については否定せず、あくまでも今回の豊之允の場合は、福原家からの「御引取」であり、「たとへ寄組と候而も如何と申儀者有之間敷」と述べている。この点から、親忠の意図は、たとえ豊之允が萩毛利家の家督を相続することとなったとしても、その事が福原家の地位向上、つまりは家中秩序の変化には繋がらないというものであったと言えよう。そして、親頼が自分一人での返答を避けたことからも、この親忠の主張には納得がいっておらず、さらに自身の判断を六家の総意とすることにも抵抗があったと考えられる。

では、唯一両者の見解が一致した四代当主・吉広の家督相続はどういったものであったのか。吉広は萩毛利家二代当主・綱広の子として延宝元年（一六七三）江戸で出生した。萩毛利家の家督は兄である吉就が相続し、吉広は実子を亡くしたばかりであった毛利就信（右田毛利家）の養子となり、毛利就勝と称した。そして、実兄である萩毛利家三代当主・吉就が継嗣のないまま死去したため、就勝が萩毛利家の家督を相続して四代当主となったのである。[24]この吉広が右田毛利家と離縁した後に、萩毛利家の家督を相続したのか、もしくは右田毛利家と離縁はしていないのか、系図上では明記されていない。[25]しかし、【史料五】【史料六】の記述から見る限り、吉広という存在はあくまでも右田毛利家に由来する存在として理解されていたと言えよう。

【史料五】における親頼の理解では、吉広（就勝）が萩毛利家の家督を相続出来たのは、あくまでも養子に入った先が右田毛利家、つまり一門六家であったためであった。いわば、一門六家は大名庶子を受け入れ、非常時には後継者を出しうる家とする認識に基づいたものであった。また、注目すべきは、こうした見解を述べているのが、当事者の右田毛利家当主ではなく、大野毛利家当主であるという点である。先述してきたように、一門一列という萩毛利家の見解にもかかわらず、一門は各家で自家に関わる家意識を醸成させ、他家との差別化を企図してきた。こうしたなかでは、右田毛利家の家に関わる歴史的事象が、大野毛利家を始めとする他の一門らの家意識へ影響を与える可能性は低かったはずである。

しかし、大名家の後継者選びのなかで、準一門からの後継者誕生という一門という家格集団全体を脅かす危機に直面した時、一門は自らが所属する家格集団について、大名の後継者を出す家という意味づけを行い、共通理解を構築したのである。結局、豊之允が福原家から引き取られ、萩毛利家正統の家督を相続することとなったことは第四章で言及したが、その過程において、一門側からは異論が出ていたことは注目すべきであろう。

また、ここで見てきた親頼の見解は、一門という家格集団による「御家」への奉公の手段を家老職への就任や後継者決定の合議への参与のみではなく、大名の庶子の受け入れ先であるとともに、後継者不在の事態における血筋の確保という役目を担うという理解に基づいている。先述したように、こうした理解は加判役からの見解ではなく、一門六家の当主としての立場からの見解であった。つまり、親頼は大名の血筋の受け入れ先となることは、大名と系譜関係を有する自分たち六家のみが担うべき役目として理解していたのである。大名家の血筋継承を支える役目は一家臣である家老が担いうるものではなく、むしろ分家の本来的な役目であった。そして、こうした役目を担う家であるという自負を、従来は萩毛利家と距離を置いていた吉川系の大野毛利家が主張したこと自体が、一門という家格集団内部における家同士の序列の存在をを全面的に否定してきた重就の理念との共通性を見出すことが出来る。

しかし、ここで問題となるのが、こうした宍戸家や大野毛利家の見解は、果たして家中の期待と一致していたのであろうか。そこで、次節では、萩毛利家家臣の手による記述をもとに、理想化された一門像とはどういったものであったのか見ていく。

第三節　期待される一門像—家中から見た一門家臣—

（一）評価される近世初期

このように、一門側は自家について、役職への就任という近世武家社会における官僚制的枠組みへの組み込みのみではなく、中世との連続のなかでの武という側面や、庶子の受け入れや輩出といった分家としての機能を強調するなど、自家に関わる意識を戦略的に醸成してきた。また、特に宍戸家の認識に見られるように、当役や当職などの役職への就任は、時に「家柄」に反する否定的なものとしてさえ理解される場合も見られた。しかし、一門の役職就任に対してより否定的であったのは、一門ではなく、むしろ周辺の中下級家臣たちであった。ここでは、和智東郊の「和智東郊座右記」、筆者不明の「某氏意見書」、村田清風・坪井九右衛門の上書を例に挙げ、近世中・後期において期待された一門像について検討していく。

まず、作成された順に和智東郊の見解から見ていく。和智東郊については、河村一郎氏が荻生徂徠の高弟である山県周南の初期の弟子として位置づけている[26]。東郊の残した著作としては萩毛利家六代当主・宗広の回顧録である「遺徳談林」（養子・履実が記録）が有名であるが、ここで注目したいのが、東郊が萩毛利家の歴史に関する書物や言説などを書き連ねた「和智東郊座右記」である。同書のなかで東郊は、近世初頭の一門の役職就任に関して、以下の言説を記録している。

【史料七】

（前略）

一、綱広公御幼年千代熊丸公と申候御時、児玉淡路ハ年寄たり、御後見に誰をか御付可被成候て其時節古風之事にて御家来より入札可致旨也（中略）、御盛（ママ）長に随ひて御家の御様子をも追々に被上申之、其中にハ御貴族六家其時迄ハ御手筋も近き事なれハ今の吉川殿如きやうにて御自由に難成事にて有しとか也、益田・福原も今ハ凡同様ニ成たり、其時ハ御貴族ハ真之御一門にて益福ハ老中也、着座も一の御席今も又如此、益福両家ハ二ノ席也、（中略）他人も不審もなくて御一門の威光盛んに有之と見へ、夫故椙杜も常に被申上にハ御一門を今の如くに被成置てハ何その節之御用にハ立難く此後は必す御家来にして被召仕相応の役儀をも被仰付こと御耳へ被入置たりと申伝ふ、其後程経て御自身御代知ろし召に至りて後、始而毛就（石田毛利家・就信カ）政を当職役に被仰付、其以前ハ只御留守居とて諸士の都合を管し計り被居候也、[27]

（後略）

傍線で示したように、東郊は一門の役職就任を六家を「御家来」にするためのものと理解している。つまり、東郊の認識では、萩毛利家二代当主・綱広治世に行われた一門の役職就任とは、まさに一門の家臣化の過程であったと言える。

近世初期の家臣団形成過程において、役職に就任するということは、特に大身家臣にとって、大きな意味を持っていた。すなわち、役職就任自体が大身家臣の「御家」への一家臣としての包括を意味していたのである。近世中期に入り、東郊が記録した言説は、萩毛利家における家臣団統制が大身家臣、特に大名の分家として、その権威の派生であるはずの一門の弱体化を企図したものとして理解されていたことを示している。また、こうした統制の結果、東郊は当時の一門に対する家中の反応として、「昔しハ御一門より被下たるたとへハ明暮勤之返答剪紙等を者皆々念を入てこそ取置たるに今ハ傍輩中宅江見廻て見レハ台所の水足りの上なとの窓に張るやうに成たり」[28]という具体例を挙げ、家臣として位置づけられたことで、大名の権威の派生としての一門の「威光」が低下したと述べている。

東郊が言及した言説や、宍戸家が示した自己認識、吉敷毛利家に伝わる言説は、近世中期以降の萩毛利家家中において、こうした言説を生む共通理解が存在していたことを示している。いわば、ここで示されているのは、近世中期以降に形成された近世前期に対する歴史認識であると言えよう。そして、これは単なる認識の段階に止まらず、宍戸家の主張に見られるように、実際の動向をも規定しうるものであった。だからこそ、萩毛利家もその言説を否定する根拠を用意する必要性に迫られていたのである。

(二) 大名「家」を支える一門―「某氏意見書」の分析から見る理想―

東郊が一門に関する言説を記述するのみに止まっていたのに対し、一門の役職就任について否定的な見解を明確に主張した者もいた。この点について注目したいのが「某氏意見書」と称される史料である。同史料をめぐっては、元々書名はおろか、執筆者さえも明らかではなかった。同史料を最初に紹介した滝本誠一氏はこの史料を「某氏意見書」と命名し、村田清風に近しい縁故者の元で所蔵されていたこと等を根拠に、同書の著者を村田清風であると推定した[29]。

これに対し、河村一郎氏は異なる見解を示している[30]。同氏は、七冊ある「某氏意見書」の内、滝本氏が首巻と本文六冊に区分したことには同意しつつも、七巻すべてが同一人物による著作であるという滝本氏の見解には疑問を呈した。さらに、各巻の内容を比較検討した同氏は、首巻と本文六巻の著者は別であるとし、本文六冊を片山潤蔵の手によるものであり、文化八年（一八一一）からあまり時を隔てない内に段階的に執筆された可能性を示唆した。この片山潤蔵とは、徂徠学派の儒者片山鳳翩《ほうへん》の養子であり、明倫館において村田清風とともに学んだ人物である。そして、片山潤蔵という人物について考える際、重要な点は、片山が厚狭毛利家当主・毛利房晁《ふさあき》の処罰事件に連座し、逼塞処分を受けたという点である。

「某氏意見書」における一門に関わる記述を検討する前に、まずは片山潤蔵が処罰される契機となった房晁の処罰事件をもとに、潤蔵と一門の関係を見ていく。この一件については、前掲の河村氏の他にも、石川敦彦氏が分析を加えており、両氏の先行研究から見た事件の経過は以下の通りである[31]。

文化九年（一八一二）三月上旬、財政立て直しについて内々に協議するための集まりが、厚狭毛利家屋敷で行われた。当初の参加者は毛利親頼（大野毛利家・前当職）・毛利房晁（厚狭毛利家・先当職）らであったが、後に堅田宇右衛門（現当職）、そして、房晁の進言により、片山潤蔵が加わることとなった。会合は複数回おこなわれ、財政再建やその実現に向けた人事案の構想が話し合われていた。しかし、他の加判役や当役への相談を不必要であるとする房晁と、それに反対する親頼と宇右衛門の間に齟齬が生まれ、親頼と宇右衛門が計画から離脱した。

事態が表面化したのは、同年五月に斉熙が帰国した後であった。他の加判役らから房晁らが度々集会を行っているという報告があったため、同年六月一六日、関係者に対する事情聴取が行われた。この時、片山らは逼塞を命じられ、房晁・親頼らは自ら差控を申し出たが、実際に差控を命じられたのは房晁のみであった。さらに、同月二一日には房晁・親頼・宇右衛門には遠慮が命じられた。しかし、同月二七日に親頼・宇右衛門の遠慮は解除されたのに対し、房晁の遠慮が解除されたのは同年七月五日のことであり、また遠慮は解除されたものの、斉熙への目通りは許されず、同月一三日、房晁は隠居を申し出た。これに対し、斉熙は房晁の隠居と知行地である厚狭への引越を認めた代わりに、房晁の厚狭での外出は禁止とした。石川氏は房晁に対する処分は斉熙の命によるものであり、いわば斉熙による房晁の政界追放であったと指摘している。

こうした経緯から見て、片山潤蔵は房晁・親頼と斉熙との確執とともに、文化期（一八〇四～一八一八年）の一門の政治に対する姿勢を間近で見ていた人物であると言えよう。では、潤蔵にとって、理想的な一門像とはどういったものであったのか。「某氏意見書」の本文のなかでは、一門＝八家としている記述もあるが、格式などのあり方をめぐっては六家と益田・福原両家を明確に区別している部分もある。では、「某氏意見書」の作者はどのような意図を以て、一門家臣の存在を位置づけているのか。【史料八】は同史料において、役人による治世に関わる記述のなかで、一門のあり方について言及している箇所である。

【史料八】

（前略）

又職役に貴族衆を用ひらるゝこと有ましき儀なり、是毛利主膳宮内二子より始りて、昔は絶て無かりしなり、国体に於て宜しからず、六家衆は則ち東都の御三家・御三卿に当る、益田・福原は彦根・会津の二侯に類す、采邑も広く人民も多ければ、実に藩屏の大臣なり、庶公子あらば、是を賜て養子とし置玉ふべし、されば万一国に世子なきときは是を用ひるゆえ、諸士万民危ぶみ懼るゝことなく、誠に万歳の永きを謀る所以なり、公子ありしを僅一二万石の小家へ御養子と成し玉へること、恐れながら遠慮なきの甚しといふべし、公には知し召す事に非ず、当職及び機密官両職属官の浅智より出たる事なり、御子孫多くして他に行しめんとならば、御譜代家にては五六万石以上にて、御老中をも勤め玉ふ家筋か、外様なれば必ず十万石已上、治乱ともに一方の益となる御先方を撰ぶこと肝要なり、御小家と御取組ならば、当分御仕度の費用は少かるべけれども、三万石計りにては御世帯もむづかしければ、御借銀の御ねだり事も絶ず有て、御一生御手も離れずして却て御不利ならん、是のみならず、大国より出玉ひたる公子なれば、万事に付て御不平多く、心に恥玉ふことも多からん、二三万石の御本人よりも、御家の御部屋住こそ遥にまさるべし、御家の御控には幾方も有りてよきなり、二国に人なきが如く、官職を以て貴族を労せしむる事なかれ、役人となし玉はずとも、八家衆は何事をも直に言上し玉ふ人々なれば、無役にして奉行・頭人の上に置玉ふべし、如是する時は弥空恐しくなるゆえ、奉行・頭人権勢あるとも、自ら敬畏を生じて奢侈放逸の行ひなく、政事に惰り有べからず、若のみならず又二国の鎮なり、今の如く役に召使玉へば、奉行・頭人同役にて貴族とともに比周するゆえ、其中に言上せんと思ふ人あるとも、是を顧み彼をかばひて申出こと能はず、遂に可否知れず曲直分れざるに至る、悲い哉、貴族の職役始まりて、却て職事乱れたりという、賢大夫ありしことを聞ず、八家を役に召仕ひ玉ふとも、賢ならば宜けれども、不賢にて闕政過挙あらば、遂に諸士万民上を見透かし、大臣を狎侮るに至る、是二国の鎮を失ひ玉へるなり。(32)

（後略）

【史料八】のなかで、「某氏意見書」の筆者が筆頭に問題視しているのが、一門が役職に就任することであった。そして、その理由として、「某氏意見書」の筆者は一門六家を御三家・御三卿に、益田・福原家を譜代大名の筆頭である井伊家や会津松平家になぞらえて説明している。まず、「某氏意見書」が一門に対して求めたのは、大名の庶子の受け入れ先としての役割であった。いわば、将軍家が血統断絶回避のために御三家・御三卿を設けたように、一門にも大名庶子を送り込み、大名家血統存続の安定化を支える役目を期待していたのである。

また、一門を御三家・御三卿、準一門を彦根・会津になぞらえたことも、特定の意味を持っている。前者が将軍権威の派生であると同時に、将軍権威自体を支える存在であるのに対し、後者は将軍権威を執行する存在である。つまり、「某氏意見書」の作者は、一門を大名側、準一門を家臣側に位置づけていると言える。これは、一門と準一門を、大名との系譜関係に基づき、明確に区別した結果であるとともに、大名の分家である一門の家が持つ本来的性質を強く意識したものであると言えよう。

従来、本家の血統維持という役目は分家のなかでも特に、支藩と称される分家大名に対して求められたものとして位置づけられてきた[33]。しかし、実際には、津藤堂家の場合に見られるように必ずしも分家大名だけではなく、家臣化していた一門家臣も本家当主を出す役目を担っていたことが指摘されている[34]。また、この「某氏意見書」が主張する一門家臣への大名庶子の養子入りという行為はそれ自体が重臣対策としての意味も持っていた。石野友康氏は、加賀前田家において、一三代当主・斉泰が庶出の男子を一族の重臣である前田土佐守家・前田図書家へ養子入りさせたことに関し、「両家が有力な藩屏となって、世子としての体裁を整えつつある慶寧を支える存在となるように期待したのではあるまいか[35]」という見解を述べている。

もっとも、「某氏意見書」の場合は、後継者不在の事態に際しては、これらの家から養子を迎えることにより、大名家の安泰を図ることも企図しており、単なる関係強化を越える意味も内包していた。つまり、大名の血を家臣の「家」へ積極的に送り込むことによって、非常時には家臣の「家」の人間が主君の「家」の家督を相続することを正当化しているのである。

だからと言って、「某氏意見書」の作者が、豊之允の一件について肯定的に捉えていたとは考えにくい。同史料の作者は準一門も含めた八家については、役職に就かせず、「奉行・頭人の上に置」くことにより、権威的存在であることを保証しなくてはならないと主張している。つまり、斉熙のように、あくまでも大名家に引き取るのであれば、寄組に養子にいった者でも構わないという見解とは根本的に異なっているのである。いわば、「某氏意見書」の作者にとっては、大名の威光を維持することと、その権威の派生である一門らの威光を維持することは密接に関連するものであったと言うことが出来る。

こうした見解は先述した親頼の見解とも通じる部分がある。もっとも、親頼の場合、自身が六家の一員であるために、大名家の血統保持について六家に限定してはいたものの、役職ではなく、大名の「家」そのものを支えるという役目を自負しているという点で「某氏意見書」の見解と一致している。また、「某氏意見書」の作者が、もし河村氏の言うように片山潤蔵であるとするならば、斉熙と対立した毛利房晁・親頼と行動をともにした同人が、こうした見解を示したのも、当然の流れであると言える。つまり、当該期の斉熙の施策に対する批判は財政など具体的な問題のみではなく、大名家のあり方そのものに対しても向けられていたのである。当該期にこうした危機感がどの階層にまで浸透していたのかという点に関する判断には慎重にならざるを得ないが、先述した多様な言説とともに、一門の立場に関する見解が生まれていたことは注目すべきである。

(三) 上下一致の理念と一門家臣―村田清風・坪井九右衛門上申書を中心に―

萩毛利家の天保改革は天保一一年（一八四〇）、江戸から帰国した敬親が、同八年から行ってきた改革政治の行き詰まりを踏まえ、さらなる改革を目指したことを契機に始められた。この改革に際しては、村田清風・坪井九右衛門を始めとする改革首脳部をはじめ、各部局から上申書を提出させており、毛利家という「御家」を挙げて改革に取り組んでいたと言えよう。この改革の中身について三宅紹宣氏は財政再建・農民支配・商業政策・支配イデオロギー政策・海防政策という項目に分類した上で検討を加えている。[36] また、改革の理念そのものをめぐっては、井上勝生氏が指摘しているように、[37] 敬親の「御威光」の確立が第一義的な目標として掲げられていた。これは、村田清風のみではなく、ともに上申書を提出した坪井九右衛門も同様に言及しており、改革を正当化する論理であったと言えよう。では、村田・坪井は「御威光」の確立をどのように実現しようとしたのか。【史料九】は村田、【史料一〇】は坪井が執筆した上申書であるが、興味深いのは、両者の主張の中では、一門を始めとする上級家臣のあり方が大名の「御威光」確立と密接な関係を持つものとして位置づけられている。

【史料九】

（前略）

一、御威光之事、

一、上御うつ高く御奥深く被為在候御事ニては無御座候、上下之御親深く下情篤と被為知召、御仁心下々まて行届候様被仰付儀ニ可有御座候、御先祖様御創業も此御一事より始り申候、大平打つゝき候へは上下否塞、古今の通弊ニ御座候事、

（中略）

一、上御両国の正中ゑ被遊御立、両御職座左輔右弼之御心持ニて御附属之御用方中同心同和之御奉公可申上候事、

一、風俗之事、

一、御大臣御方々両国之御手本候事、[38]

（後略）

【史料一〇】

（前略）

上執政之臣を御親被遊候御事、御国家之御基ニ御座候段は聖賢之教、改て不能申、近くハ洞春公小身衆も日夜

御側近く被召出、御懇ニ被仰付候段は家々之譜録ニ相見、依之昨日之敵も今日ハ一命を捨御奉公申上候付、終ニ御大業も御成就被為成候、左候得ハ執政之臣としてハ取分厚御親被遊候ハては不被相済御事哉と奉存候、戦国ニあってハ幾度歟身命を捨働候ハてハ小禄小給も容易ニハ恩賞無御座、然ニハ慶長以来三百年、飽食安眠之内ニ高禄を戴なから分過之奢侈ニ費し、治乱之御奉公難相調難渋ニ相迫り、御高恩を忘臣下之道を失候ハ、是又君臣之間漸々懸隔り随て御政道不被行ょり相発候儀ニても可有御座哉、芸州以来之御旧格御規式等ハ、御当家君臣之礼節御常典ニ候得は、尊卑之序益々正敷被仰付、右御格式を外候てハ両職は別て夜白御親く被召出、下情濃々被聞召上、御政道之得失利害入々被仰談、加判役之儀も節々被召出、万端被仰談候様御座候ハヽ、在役之弊風も速ニ相改り、上下之誠心相通、言路相開、何事も無御用捨申上候様ニ可相成付、得と御取捨被遊、諸沙汰被仰付候ハヽ、御政道之誹議も自然ニ相止、折々ハ東関玉江御茶屋等えも被召連、御手軽く御遊覧御和談被為在候は、、いつとなく其内ニ御政道御威光は相立可申儀と奉存候、御謡初御納之杆職役え被下候節、君は舟臣ハ水、水よく舟を浮へくてと養老之評を御謡せ被成候ハ、芸州以来執政之臣御合体、万代不刊之　御常典哉と奉存候、已ニ青雲院(毛利吉広)様は、毛利彝次郎(石田毛利)元統家より江戸御発駕をも被遊、中古迄は御歩行ニ御事寄被成、御家老中え立寄家内迄も御親く御物語遊、御案内をも申上候哉ニ承伝候、然処於于今は都て御格式と相成、御実意は捨り申候、則御殿内も御奥御表と大ニ境目相立、同御家来も御仕方ニ寄親疎遥ニ相分レ、両職役も御式を以被召出、御式を以罷出ニては、上下之意何ニよって相通シ御改正之御仕組いかニ被相行可申哉、上下之間毫末も透開有之候てハ、擲身命御奉公仕候共、労て其功無之のミニ無御座、忽雲霧之害生候事ニ付、其志有之者も前後を見合力を不用、諸役空位ニ相成、いつれも忠勤之本意を失ひ、臣下之身分を忘却仕候、別て外様所勤之者ニ至候ては困窮日々相迫り往先之考も無之、猶更不心得増長し瑣細之持方意味等のミ月々日々ニ盛ニ起り、眼前御差閊之廉も有之、若異船或は御隣国干戈等之事差起候ハヽ、忽御指麾之御差閊ニ可相成、万端御大事之御時節、最早遅疑可仕儀ニ無御座、乍恐失言之儀も申上候儀ニ御座候、幾重も両職・加判役等毫末之御隔無之、夜白御側ニ相詰、御和親之根本相堅り、上下国家を憂之誠心天ニ通し、人民感動仕り候処ニて御沙汰下り候ハ、、則御直裁之御仁政ニて、不知く御威光相立、聖賢之教乍恐洞春公之御神慮ニ被為叶可申、[39]

（後略）

両者の主張で共通している点は「上下」の関係性、具体的には君臣融和であった。村田の場合は、大名を中心に、当職・当役が左右から大名を支えるという図式を以て、大名の「御威光」確立を目指すべきであると主張している。また、【史料一〇】の坪井の上申書のなかでは、傍線部で示したように、斉熙が斉元を仮養子に迎える際に一門・毛利親頼とのやりとりのなかで言及された萩毛利家四代当主・吉広と右田毛利家の関係が引用され、君臣融和を示す逸話の一部として言及されている。注目すべきはこの逸話を引用する意図が、親頼と坪井で全く異なっているという点である。

先述したように、親頼の場合、自家、つまり一門とは、大名家後継者を出す家であるという点を主張するための引用であったが、坪井の場合では、一門を始めとする上級家臣と大名の関係の親密さを物語るものとして位置づけられているのである。さらに、坪井の主張で興味深いのは、こうした大名と上級家臣との融和が「若異船或は御隣国干戈等之事差起候」場合の対応に影響するとしている点である。

こうした点を見ていくと、大名の血統保持か、大名の補佐かという違いはあるものの、文化期以降に一貫しているのは、大名の「御威光」を保証する上で、大名と一門家臣を筆頭とする上級家臣団との関係強化が必要不可欠なものとして位置づけられているという点である。換言するならば、「御家」の秩序安定のためには、家臣団における一門の地位を大名が保証することが必要とされていたと言えよう。

他方、「某氏意見書」と天保期の坪井・村田の見解が決定的に異なっているのは、村田・坪井による上申書では、あくまでも一門という特定の家格集団ではなく、「大臣」や「両職（当職・当役）」といった役人を対象としているという点である。つまり、この段階において、第一章～第三章において明らかにした、一門を元就の子孫として位置付け、「同族」という形での融和を求める姿勢とは根本的に異なるものであるということが出来る。また、一門に対し、役職就任という形での奉公を求めたという点は、第二章において言及した天保一〇年（一八三九）～同一二年（一八四一）の祭祀改革において、右田・厚狭・吉敷毛利家の始祖・元祖が祭祀対象から外れたことと連関した問題であると考えられる。一門家臣が役職に就任するということは、大名家の家内秩序から外れ、家政を担う家臣としての立場の表象でもあった。しかし、庶流出身の敬親治世を安定させるためには、文化期に「某氏意見書」で言及されたような他家臣とは一線を画した存在として一門を位置づけることは、むしろ回避すべきであったと考えられる。

先述の井上氏によって指摘されているように、萩毛利家の場合、政治の主導権は次第に行政役人に移っていった[40]。にもかかわらず、改革時には、行政の頂点として、「大臣」「家老」「両職」「加判役」への言及がなされているということは、行政の実権を握るという以上に、これらの職に対し、一種の権威性が求められていたということが考えられる。

小　括——一門家臣をめぐる言説——

近世初頭、多くの大名家で「御一門払い」と呼ばれる動向が普遍的に見られた。もちろん、萩毛利家においても、慶長一〇年（一六〇五）の五郎太石事件[41]における熊谷元直・天野元信の誅伐、元和三年（一六一七）後の一門三席・厚狭毛利家に対する馬揃えの不備を理由とする減石処分、同四年（一六一八）の有力国人であり、自立的性質を強く有していた吉見広長の誅伐が「御一門払い」の具体例として言及されている。(42)さらに、この時の減石処分は、単に近世期のみの問題ではなく、明治一六年（一八八三）に至っても禍根を残しており、(43)「御一門払い」の影響を近世初期のみの問題として捉えるべきではないことを示唆している。

このように考えた時、本章において見てきた一門の自己認識は、いわばこうした「御一門払い」の歴史をとらえ返し、合理化していく過程であると言える。宍戸家の場合は、特定の役職へ就任しなかったという事実を「家柄」と関連づけ、特権意識を形成したほか、職制上は存在しないはずの「大家老」という役職を作り上げることで、一門六家という家格集団の序列化・差異化を企図していた。これらの事実は、単に安定した近世初頭の家臣団成立に疑問を投げかけるだけではなく、こうした言説が近世を通して家中に流布していたことを示している。いわば、毛利家の家臣団内部では、こうした多様な理解の枠組が存在していたのであり、一定して安定して見える近世の萩毛利家とは、中世以来の「伝統」によるものではなく、むしろ近世期を通じた秩序の対立と再編成の結果であると言える。

特に、萩毛利家の場合、近世初頭の一門への待遇をめぐる言説は、むしろ近世中後期において改めて注目されるようになっていった。そして、役職や家に関わる多様な言説が生まれるなかで、萩毛利家側はこれを統制し、あたかも中世以来の伝統が存在するかのように実体化を図ったのである。福岡黒田家の御家騒動について検討した福田千鶴氏は抗争と秩序という概念に着目し、複数の対立する秩序の葛藤の過程として抗争が現れると説明しているが、(44)抗争まで至らずとも、その芽はあらゆる大名家に常に存在していた。だからこそ、恒常的に秩序の再編成・再構築が行われていたと理解すべきである。近世初期以降形成された一門の「家」をめぐる意識は日常生活の至るところに潜在化し、「家」や「一門」の危機に直面した時、様々な形をとって顕在化していた。萩毛利家を対象とした本章の分析からは、一門側が戦略的に家にまつわる意識を醸成し、自家の特権に関する主張を展開していったのと並行して、萩毛利家側もこれらの意識を否定・肯定・再編しながら歴史意識・家中秩序を構成していった姿を見て取ることが出来る。これらは一見すると安定したものにも見えるが、決して静態的なものではない。むしろ、双方の理想とする秩序の相克の結果であり、常に再生産・再構築を必要とする極めて動態的なものであると言える。

さらに踏み込んで言えば、こうした一門家臣との融和は、一門側からではなく、あくまでも村田・坪井、和智のような行政に携わる中級家臣や、片山のような儒者という第三者側から提案されたものであり、社会不安のなかで大名と一門家臣との融和が元就治世を表象し家中秩序を安定させるものとして受容されていたことを示唆している。本章においては言及しなかったが、萩毛利家では安政改革に際しても、やはり中級家臣である宍戸九右衛門から、吉川家の末家成りと同様に、一門に対しても格式に捉われない、「古代通不時御成」[45]などを行い、大名と一門らが親しい様子を家中に示すべきであるとする意見が挙げられ、聞き入れられた。つまり、家中にとって、吉川家との交際関係や小早川家の再興とともに、大名と一門家臣の友好関係が元就治世を想起させる上で、大きな意味を持つものとして位置づけられていたのである。

幕末維新史の政治過程については、中下級家臣の動向に注目が集まる傾向にあり、一門らを筆頭にする上級家臣については、行政上の権限を失っていくものとして言及されてきた[46]。確かに行政上の権限は一定程度喪失していくものの、本来的な一門のあり方から、つまり大名の「身分的優位性の派生」という観点から考えれば、むしろ、権限は喪失するにもかかわらず、絶えず意思決定の場面への参加を求められた理由について検討を加える必要があるのではないか。特に天保一四年（一八四三）の羽賀台操練以降、幕末～明治維新期は軍事動員が現実のものとなり、宍戸家が求めたように、「武」に関わる役の負担が現実のものとなっていく。そのなかで一門らの位置づけについて、どのように変化をしていくのか。近世中後期からの連続・断絶という観点から改めて検討をしていく必要があると言える。

ここまで、萩毛利家の「家」と「御家」をめぐる秩序構築の過程について検討を行ってきたが、最後となる終章では、これらの成果をまとめた上、近世中後期における一門家臣の存在について考察を行う。

【註】

(1)水林彪『日本通史Ⅱ封建制の再編と日本的社会の確立』(山川出版社　一九八七年)
(2)鎌田浩『幕藩体制における武士家族法』(成文堂　一九七〇年)
(3)朝尾直弘「将軍政治の権力構造」(『岩波講座日本歴史』一〇巻　岩波書店　一九七五年)
(4)福田千鶴『幕藩制的秩序と御家騒動』(校倉書房　一九九九年)
(5)石井紫郎「解説」(『近世武家思想』岩波書店　一九七四年)五二二頁
(6)笠谷和比古『主君「押込」の構造―近世大名家と家臣団』(平凡社　一九八八年)
(7)吉田真夫「近世大名家における諫言の実態―元禄六年仙台藩一門衆の諫言を題材に―」(『日本歴史』六〇五号　一九九八年)
(8)前掲福田(4)一二頁
(9)「治元公申上」(3公統132)
(10)山本洋「『陰徳太平記』編述過程における記事の改変について」(『軍記と語り物』四四号　二〇〇八年)・同「毛利関係戦国軍記の系譜―『芸侯三家誌』について―」(『山口県地方史研究』九一号　二〇〇四年)
(11)「諸事小々控一七」(31小々控17)(74の53)
(12)～(17)「巨室評論」(21巨室3)
(18)大森映子『お家相続　大名家の苦闘』(角川選書　二〇〇四年)
(19)「弾正様御仮養子事」(3公統97)

(20)『毛利十一代史』第九冊
(21)〜(21)「弾正様御仮養子事」(3公統97)
(24)小川國治「徳山藩改易と富海・牟礼両村の下草山紛争」(『山口県地方史研究』七六号　一九九六年)
(25)『近世防長諸家系図綜覧』(マツノ書房　一九八〇年)
(26)河村一郎『長州藩徂徠学』(私家版　一九九〇年)
(27)(28)「和智東郊座右記」坤(16叢書37)
(29)滝本誠一編『日本経済大典』四七巻(啓明社　一九三〇年)
(30)前掲河村(26)
(31)石川敦彦「毛利大蔵失脚事件について」(『山口県地方史研究』一〇八号　二〇一二年)
(32)「某氏意見書」(前掲滝本編(29))一九二〜一九三頁
(33)近世大名家の本分家に関わる研究史整理は野口朋隆『近世分家大名論』(吉川弘文館　二〇一一年)に詳しい。
(34)深谷克己『津藩』(吉川弘文館　二〇〇二年)
(35)石野友康「加賀藩前田家の庶子と重臣層」(加賀藩研究ネットワーク編『加賀藩武家社会と学問・情報』岩田書院　二〇一五年)二二〇頁
(36)三宅紹宣「藩政改革の光と影をめぐって」(青木美智男・保坂智編『争点日本の歴史　第五巻　近世』新人物往来社　一九九一年)
(37)井上勝生『幕末維新政治史の研究』(塙書房　一九九四年)
(38)「流弊改正控」(『山口県史　史料編　幕末維新二』二〇〇四年)四九八頁
(39)「流弊改正控」(『山口県史　史料編　幕末維新二』二〇〇四年)五〇一〜五〇二頁
(40)前掲井上(37)
(41)城郭の石垣の裏ごめや大きな石の間を埋めるための石の称。
(42)『萩市史』一巻(萩市史編纂委員会編　一九八三年)
(43)「旧大野厚狭阿川毛利家旧禄高ニ関シ嘆願書」(21巨室53)

(44)前掲福田(4)
(45)末松謙澄『防長回天史』二巻(一九二一年)初版は一九一一年　三五四頁
(46)前掲井上(37)

終章

第一節　各章の総括

本書では、近世大名家における一門家臣の「家」の位置づけをめぐる歴史的展開を明らかにするため、本家であり、かつ主君でもある大名家との相互関係、特に両者の「家」をめぐる意識の相克と秩序再生産・再構築過程に着目し、論じてきた。

第一章では、萩毛利家における復古の契機として、七代当主・重就の存在に注目した。重就が元就治世への復古を希求したのに対し、家中の期待とは近世大名として生きた二代当主・綱広の治世へ大名の血筋を入れ替えることで復古するというものであり、庶流出身の重就の正統性を認めないものであった。そのため重就は自身の地位を確立するなかで、自身とは異なる復古を掲げる一門らを統制していった。そこで、こうした視点をもとに、重就が自身の治世を顕彰する目的で作成した「御国政御再興記」の記述に着目し、同人が二代当主・綱広から六代当主・宗広までの治世を、萩毛利家本来の格式が実現されなかった時期として位置づけていたことを明らかにした。つまり、重就の方針とは、家中の理想とする二代当主・綱広の治世のあり方ではなく、本来の毛利家のあり方として元就治世のあり方を目指すものであり、その一環として、重就は自身と対立した一門六家に元就の子孫としての自覚を求めた。これは、元就を中心とする秩序のなかに自身と対立した一門らを位置付けていく行為と評価出来る。

第二章では、一門六家のあり方について、一門六家の始祖・元祖の遠忌法要に注目した。当初こそ一門元祖について、萩毛利家は元就の子であることを理由に香典の下賜や使者の派遣を行っていた。それは元就の子を始祖・元祖としない阿川・大野両毛利家は香典下賜や使者派遣を受けられないということを意味していた。そのため阿川毛利家の訴えを受けた萩毛利家は元就の子に対してではなく、一門の始祖・元祖であるために香典下賜や使者派遣を行うということを改めて示した。特に七代当主・重就は、正式な家督相続が済んでいない一門当主に対して香典下賜・使者派遣を行わないとしながらも、家中における他家との関係を考慮して特別の配慮を示している。この背後には、家臣の「家」の格式が大名からの「御恩」であることを示し、主従関係を再確認させる意図があったと考えられる。これらの点からは、家臣の「家」の位置づけが、家臣と大名双方の思惑のなかで格式が決定されていたことが分かる。つまり、大名家家中における秩序とは家格制によって安定的に保証された静態的なものではなく、常に再構築を必要とする動態的なものであった。

第三章では、一門の「家」へ大名が介入した具体的な事例として、明和期の一門と岩国吉川家との「勤相」一件を検討した。「勤相」とは日常生活における使者や書状のやりとりを指している。一門と吉川家の間では、この「勤相」における書状や使者の格式をめぐる争論が発生し、互いに「勤相」を断絶していた。これに対して、重就は一門と吉川家に「勤相」を再開するように命じた。重就は両者の関係改善を求める根拠として兄弟融和を説く元就の遺訓を引用し、一門と吉川家に元就の子孫としての自覚を求めた。つまり、重就は元就の子孫である一門と岩国吉川家との融和を元就治世の象徴として位置付けていたことが分かる。

また、明和期の一件を通し、一門は自家と吉川家の「勤相」を「御家」の構成員としての責務であるとする理解を共有するに至った。しかし、それは同時に「家」の当主として「家」の格式を継承していくという責務の間での葛藤を抱えるということでもあった。これは、明和期以降一門と吉川家が争論を抱えながらも、「勤相」を継続したことからも明らかである。しかし、それは同時に「家」の当主として「家」の格式を継承、そして、吉川家からの要求が継続したことで、一門側が抱えた二つの責務の間での矛盾が露呈し、萩毛利家へ訴え出ることとなった。この際、一門は「家」の格式の侵害が続く場合には、「御家」の構成員としての責務の放棄、具体的には吉川家との「勤相」を断絶する意志があること、また一門の格式を守る責任が大名側にあることを示した。つまり、「御家」の秩序を自らの「家」を守る論理として変容させ、大名側に具体的な対応を迫ったのである。

第四章では、文化期以降に萩毛利家が直面した養子相続の問題に言及した。当該期の相続問題を考える上で重要なのは、萩毛利家一〇代当主・斉熈の「御家」をめぐる見解である。同人は自身の後継者を選定する際、末家である長府・徳山両毛利家と萩毛利家の大名庶子やその子孫らを比較し、後者をより正統性を持つ存在とした。さらに、斉熈は将軍家子女との婚姻を通して家格上昇を企図したものの、百姓一揆を始めとする社会不安のなかで将軍家子女との婚姻は家中全体で共有しうる「慶事」としては位置づけられなかった。

さらに、斉熈・斉元・斉広が死去し、敬親の治世になると斉熈が構想した「御家」のあり方は見直されていった。一三代当主・敬親の婚姻は、同様に同族内婚姻であった一一代当主・斉元の婚儀と比べて重い格式が用いられ、家中に向けた内向きの格式の復活が目指された。これは、財政状況の回復という要因のみではなく、当該期の萩毛利家が水戸徳川家から養子縁組を持ちかけられていたという状況が関係している。将軍家子女との婚姻が挫折し、他大名家から養子縁組が持ちかけられるなかで、同族内婚姻は萩毛利家の「御家」を維持するという観点から肯定的な評価へと転じていった。つまり、当該期の毛利家は、他大名家との関係強化を回避する目的のもと、自家内部に収斂していく方向に動いていたのであり、一三代当主・敬親の婚姻とその後の末家との養子縁組はこの一環として評価出来る。

第五章では、再び一門六家の存在に注目し、文化期以降萩毛利家という「御家」が危機に直面するなかで、一門家臣がどのような自己意識を形成したのか、またどのような役割を家中から期待されたのかを明らかにした。文化期に斉熙の後継者選定に対して異議を唱えた一門は、自らの家格集団を大名後継者を出す家として位置づけた。これは、家ごとの個別性を重視していた近世初期の萩毛利家一門のあり方と比較すると対照的である。また、特筆すべきは近世初頭の「御家」への包括において大きな意味を持った一門の役職就任について、近世後期の家中において、否定的な見解が見られるようになったという点である。和智東郊や「某氏意見書」の作者は一門を一家臣として役職に就任させることで、一門は大名の権威の派生たり得なくなったとしている。これは一門個別の問題にとどまらず、ひいては彼らの権威の本源である大名権威を損なうものとして位置付けられた。結果、天保期以降の改革のなかでは財政政策とともに、家中における一門家臣のあり方、具体的には大名の権威の派生としてのあり方が見直されていった。つまり、近世後期の大名家中において、一門とは政治的指導力ではなく、大名権威の派生として、大名を支え家中秩序を維持する役目を期待されていたのであり、これは近世初期とは異なる形での一門の「御家」への包括として評価出来る。

こうした成果を踏まえ、最後に、終章においては近世大名家家中における一門家臣の存在意義、特に家中秩序との関連について、各章の成果をもとに、序章で提起した課題に即して意義付けを行うことで結語とする。

第二節　近世大名の「御家」意識―正統性の源泉をめぐる相克―

近世大名にとって、最も身近な分家は家中に存在する一門家臣であった。故に、一門家臣は大名の正統性を脅かす存在ともなり得る存在であった。近世初期に生じた一連の動向は、大名にとって、一門家臣が、種々の手段を以て統制を加えなくてはならない存在であったことを示している。そして、その統制の手段はその時々の状況に応じ、選択されるものであった。

近世初期には、「御一門払い」とも称されるように、一門を始めとする自立性の強い大身家臣のもつ自立性を極限まで削減していったことは、多くの大名家で知られており、これは萩毛利家においても例外ではない。さらに、こうした大身家臣を「家老」として大名家家中に包括していくなかで、「御家」の存続にも関わる御家騒動へと発展していく可能性もあった(1)。萩毛利家の場合、近世初頭、具体的には関ヶ原敗戦による減封が「御家」のあり方の根幹を規定した。換言するならば、関ヶ原合戦において徳川家に敗北した萩毛利家は、近世期を生き抜くため、積極的に幕藩体制の内に自家を位置づけなくてはならなくなった。その過程で、毛利家をめぐる歴史的展開を「御家」の歴史として再構築し、時に合理化する必要性に迫られていたのである。

しかし、こうした近世初期に構築された秩序も近世期を通じて安定して存在するものではない。後述するように、一門家臣自身も様々な契機を以て自らの「家」に関する意識を醸成しており、それらは大名家側の見解や思惑のみに必ずしも収斂されるものではなかった。だからこそ、大名家側はこうした一門らの主張に常に注意を払う必要があったのである。第一章において見た萩毛利家七代当主・毛利重就の「御家」意識はまさにこの典型と言えよう。

重就の「御家」意識や系譜意識、特に、「洞春様御血脈」[2]と一門六家のいう位置づけは、それ自体が重就自身の葛藤に由来するものであった。先行研究でも度々指摘されているように、萩毛利家の家督相続直後にくり広げられた一門家臣との争いに勝利し[3]、家中が擁立した、二代当主・綱広の血を引く養子に代わり、実子を嫡子としたことで、重就の血統が将来萩毛利家の当主となっていくことが決定的になった。しかし、大きな問題は重就が異なる形での復古を理想とする一門らをどのように掌握していったのかという点である。確かに、反発する一門当主を強制隠居に処することで反対勢力の一掃には成功したが、それのみでは秩序体制は構築出来ない。むしろ一門の排斥と入れ替えに成功した後の重就にとって必要なのは、一門との関係の再構築であったと考えられる。

こうした過程を経て構築された重就の「御家」意識として特筆すべきことは、一門六家を元就の子孫として位置付け、当事者にその自覚を強く求めたという点である。例えば、大名家の遠忌法要に際する一門の関与について、一門は元就の遠忌法要においてのみ特権を行使することが重就によって許可された[4]。いわば、一門という家格集団の特権の根拠が元就に依拠することであることが、法要という儀礼を通して視覚化されたのである。

一門を元就に由来する存在とする見解は重就以前にも示された例がある。萩毛利家は、岩国吉川家の家格をめぐる争論に際し、末家（長府・徳山・清末）と吉川家の最も明確な相違点として、前者が輝元との関係によって成立した家であるのに対し、吉川家が一門家臣六家と同様に元就の存在に由来するという点を挙げている[5]。これはいわば幕府との関係がある輝元と、「御家」の祖であっても萩毛利家という近世大名家としての「御家」の確立には寄与していない元就との差であり、近世前期においては元就との由緒が、吉川家の特権を保障するものとして必ずしも位置づけられていなかったことを意味している。

これに対して、本書で検討してきたように重就の主導のもと元就への復古を標榜する宝暦期（一七五一～

一七六四年）の改革と並行して、一門六家に対し元就の権威の派生という枠組みを以て再把握が行われた。このことから考えて、重就の一門への対応は、改革のなかに一門家臣らを取り組んでいくという明確な意志のもとで行われたものとして評価出来よう。換言するならば、一門と吉川家の交際関係という一見すると「御家」の運営とは無関係に思われる事柄が、元就治世という理想化された過去への復古を象徴し、改革を正当化する手段として捉えられていたのである。

こうした重就治世の「御家」意識はその子孫たちに必ずしも継承されていったとは言えない。特に、重就から代を重ねた斉熙にとっては、すでに自身を傍系とする意識を確認することは出来ない。だからこそ、血統に基づく正統性に対する言及を行わなかった重就とは対照的に、斉熙は幕府に対する嘆願書のなかで、萩毛利家の歴史について、五代当主・吉元が分家出身者であることに言及し、毛利家の格式が低下したという理解を示すことが出来たのであろう。

また、斉熙のこうした理念とは、家中の理解の枠組とも一線を画したものであったと考えられる。それは、斉熙の悲願であった将軍家との婚姻が官位面では上昇をもたらしたものの、家中全体にとっては「吉事」「慶事」として浸透するには至らなかったことからも見てとれる。さらに、斉熙・斉元・斉広の治世に生じた百姓一揆の原因が将軍家との婚姻による経済負担と結びつけられることで、むしろ否定的な言説のなかで語られるようになっていた。さらに、当該期における他家との縁組の回避という目的のもとで、敬親治世について同族内婚姻が肯定的に位置づけられていったと言える。これは単純に近世期における「同姓」優先の養子縁組慣行にとどまらず、「御家」内部で完結していこうという積極的な意図に基づくものであると評価できる。

また、萩毛利家の「御家」意識で特筆すべきは官位への関心の高さである。第一章で検討した重就の「御家」意識では、重就の官位に対する関心の高さが明らかになった。第四章で検討したように、将軍家との婚姻は萩毛利家に対し、官位面での恩恵をもたらした。しかし、裏を返せば、官位の昇進（萩毛利家の場合、斉熙・斉元・斉広が少将に任官されたこと）とは、将軍家との婚姻がもたらした唯一の恩恵であった。他方、敬親治世にも村田清風の進言により、官位上昇運動が展開されている。いわば、大名・家臣双方が官位について高い関心を持っていたのである。

ここで萩毛利家が示した官位に対する関心の高さは、単純に官位の持つ権威性のみに由来するものであったのだろうか。むしろ、重就が示したように、官位の上昇とは、「御家」の悲願であり、先祖から受け継いだ「御家」に対する大名の貢献を視覚化する手段であった。すなわち、官位とは「御家」意識と密接に連関することで、「御家」の格式を象徴化・具体化する上で有効な手段として認識されていたのである。青山忠正氏は、禁門の変以降の萩毛利家の動向について、当主・敬親、世子・元徳の官位剥奪に注目する必要性を提起している(7)。同氏が指摘するように、官位を剥奪されることは、幕府内における席次の喪失であり、まさに大名としての存在意義の喪失を意味しており、だからこそこの後の萩毛利家の動向の中心には敬親父子の官位復活が主要な課題として位置付けられていった。

さらに踏みこんで言えば本書の第一章でも検討してきたように、官位というもの自体が近世期を通して「御家」意識のなかに組み込まれ、語られていったことにこそ注目すべきである。いわば、官位は制度という以上に、「御家」意識の一部として織り込まれていったのであり、幕末期の萩毛利家に対する官位剥奪は、こうした「御家」意識の崩壊をも意味していたと言える。つまり、官位とは「御家」の地位を示す最も簡単な尺度であり、官位に「御家」意識を反映させていったとも言える。従って、青山氏の指摘にあるように幕末期における萩毛利家の官位剥奪とは、大名としての席次の喪失であると同時に、萩毛利家が構築した「御家」意識に与えた影響という観点からも分析する必要があろう。こうした動向が近世期の大名家全般で見られるか、さらなる検討は必要であるが、大名の「御家」意識が様々な権威を取り込みながら展開していくこと、そして、その権威を「御家」の意識に合うように再構成していくという点については、官位の持つ権威性や在地への有効性とともに議論されるべきである。

改めて検討を加える必要がある課題も残っている。それは、幕末期の「御家」の運営における毛利敬親の位置づけである。敬親と言えば、明治期における顕彰活動の一方で、「そうせい侯」とも称されるように、その政治主導能力については疑問が呈されている。確かに本書においても、徳山毛利家出身の元徳を養子に迎えるにあたり、敬親の意志と家中の意志は明確に区別出来ていない。これは、強烈な個性を発揮し、家中を主導した重就や斉煕とは対照的であると言える。しかし、裏を返せば、敬親とは、家中の求める「御家」運営の方針に極めて忠実であったとも言えよう。第五章で取り扱った坪井九右衛門の上書のなかで、「御和親之根本相堅り、上下国家を憂之誠心天ニ通し、人民感動仕り候処ニて御沙汰下り候ハヽ、則御直裁之御仁政ニて、不知〳〵御威光相立」[8]と述べられているように、「御威光」の確立とは血筋のみではなく、行動も必要とするものとして捉えられていた。こうした視点から、敬親についても、こうした「御威光」確立という観点からその理念と実像を再検討する必要性がある。

また、敬親治世に至り、重就以来の血統を脱し、元徳の養子入りという形で元就血統への復古を指向することになった。当初こそ、分家出身の重就が自身の正統性を補完するために手段として用いたはずの復古は、一〇〇年近い時を経て、全く次元の違う問題として位置づけられていった。つまり、元就嫡系ではないという点から敬親の正統性は否定されたものの、元就嫡系への家督相続を実現したという点において毛利家当主としての敬親の正当性は保証されたのである。ここに至って、萩毛利家という「御家」があたかも中世以来の団結の伝統を保持し、元就中心の秩序によって規定されてきたかのような「御家」像が形成されたと言える。このように元就嫡系への回帰が家中から求められたということは、一門らを含めた家中が重就の企図した元就を中心とする家中秩序を受容し、猶且つその秩序を重就の想定した形から変容せしめたことを意味している。そして、大名と家臣の存在を取り巻く家中秩序の受容と展開という観点が、幕末期における毛利敬親という存在を考える上で重要な意味を持つと考えられる。

第三節　一門家臣の「家」意識—家格制度における葛藤—

萩毛利家の一門の場合、系譜の本源は元就という存在に集約することが出来る。しかし、こうした系譜上の関係が、そのまま一門と萩毛利家の関係に反映されたわけではなかった。本書において度々言及してきたように、一門六家はその時々において「家」の直面した課題を解決するため、戦略的に「家」をめぐる意識を醸成し、対応していった。

序章で述べたように、「御家」の確立は本質的に一門との対立を内包するものであり、「近世初頭の合理化」は一門にとっても大きな課題であった。例えば、本書で取り上げたように、一門一席の宍戸家の場合、元就の娘聟という系譜関係ではなく、あくまでも中世以来の「武」としての役割を果たしてきた家であるという自己意識を構築し、主張していった。こうした背景には、近世初頭の宍戸家では養子による相続が相次ぎ、他の一門らと比べ、「家」の安定自体が遅れたことも関係していると考えられるが、役職就任に関する遅滞を合理化し、自家の地位を保証する論理を再構築するためにも、「家」をめぐる意識を醸成していったのである。こうした問題は、中世以来の国人の家が多数存在する萩毛利家家中にとっては、大きな脅威となりえた。つまり、宍戸家が主張する「家」意識とは、類似した来歴を持つ家を刺激しうるものであり、近世期に整備された官僚制機構を内側から破綻させる可能性を内包していたのである。

さらに、第二章で検討した一門の始祖・元祖の遠忌法要に関する動向をめぐってはより顕著な動向が確認出来た。当初こそ、「元就様御子様」へ香典下賜や代香の使者を派遣していたものの、こうした系譜関係に基づく厳密な区分は、しだいに一門六家という家格制度と乖離していった。だからこそ、同じ一門に属する阿川毛利家から自家の待遇改善を求める嘆願が出されたのである。そして、この阿川毛利家の嘆願を受け入れたことから、一門の極端な序列化の解消が大名家側にとっても歓迎すべきものとして理解されていたと言えよう。

しかし、一門一列という名目を全面に押し出しながらも、阿川毛利家自体は残る一家の大野毛利家と連携するまでは至っていない。また第三章において検討した一門と岩国吉川家との交際関係をめぐる問題では、右田・吉敷両毛利家のように血縁に基づく紐帯関係を強固にしていた家を別とすれば、宝暦・明和期の時点では互いの「家」の抱える問題を共有する段階に至っていなかった。

確かに、右田毛利家と吉川家との争論に際しては、吉川家の分家でもある大野毛利家が仲介を行っているものの、あくまでも右田毛利家という個別の「家」の問題という位置づけであり、一門という特定の家格集団の問題としては理解されていない。つまり、自家の格式を上げる方便として一門という家格集団に言及はされているものの、一門自身が一門六家という家格集団として理解を共有するという段階には至っていないのである。

文化期の争論のなかでは、右田・吉敷両毛利家は、吉川家側の一門一列の待遇を要求するという主張の前で、自家の主張を取り下げざるを得なかったことからも、宝暦・明和期の重就の干渉が後の一門に大きな影響を与えたことは間違いない。とは言え、この重就の干渉が一門の「家」意識を根本から変容させたわけではなかった。こうした流れを受けた文化期の右田・吉敷両毛利家の主張からは、重就の方針のもと、一門という家格集団として「御家」のために交際関係を維持しなくてはならないという「御家」構成員としての責務と、それぞれ個別の「家」の当主として、「家」の格式維持に対する責務との間で葛藤しながら自家のあり方を模索していた様子を見ることが出来る。つまり、家格制度が「家」のあり方を安定的に規定したというよりも、時にはその家格制度こそが、各家の伝統や歴史、特権を侵害する可能性を内包するものとなっていたのである。

他方、一門側が家格集団としての意識を強固にする場合もあった。それは、福原家から豊之允（斉元）を引き取ることになった場合のように、一門全体の損害をもたらす危機に直面した際であった。通常、萩毛利家の家格制度において、一門六家と準一門二家は就任する役職に大差はなく、先行研究によっては一門八家とする場合もある。確かに、家格制度という観点から見れば、一門八家という区分は妥当なものであると言える。しかし、実態としては、こうした制度と当人らの自己意識が必ずしも一致していたわけではない。一門六家の場合、自らが所属する「一門」という家格集団のなかから、準一門と呼ばれる二家を排除する様子を確認することが出来た。特に第五章で検討した大名の後継者受け入れ先であるという自負は、まさに一門という家格集団のみが持つ、大名家の分家としての「家」意識の発現であると言えよう。

萩毛利家一門の場合、大名の庶子が養子入りすること自体が少なく、しかも、これらの養子は一門家に子女を残していないため、各家が大名家の血統へ移行することもなかった。しかし、こうした事実にもかかわらず、斉熙が斉元を呼び戻す際、大野毛利家当主・親頼は萩毛利家四代当主・吉広が一門の家から大名家を相続したこと先例に、一門という家格集団の特殊性を主張した。ここで興味深いのは、こうした特殊性・権威性を主張したのが、四代当主・吉広を出した右田毛利家ではなく、大名家の相続者を出した経験がない大野毛利家であるという点である。つまり、一門の「家」の構成員が大名家を相続したという歴史が、一門六家全体の特権の一つとして「家」意識に組み込まれていったのである。

本書では言及出来なかったが、準一門・福原家当主の日記[10]には、儀礼における益田・福原家の格式が、一門六家と差がないように配慮を求める様子や、反対に益田家よりも高い格式を求める記述が残されている。つまり、福原家にとっても、一門八家という家格集団は存在したとしても、そのことが全ての問題を完全に解決するものではなかったことが分かる。

また、反対に一門六家の厚狭毛利家の日記[11]では、一門らが六家の家老による会合と、八家の家老による会合を分けて開催していたことが記されている。この二つの会合で扱われた議題の内容にどういった差があるのかという点については改めて検討を加える必要があるが、この二つの家格集団については従来の制度史の成果のみではなく、各家レベルでのせめぎ合いや葛藤についても目を向けていく必要がある。

序章でも述べたが、大名の親族的家臣である一門に対しては、特定のイメージに引きつけて検討がなされる傾向にあった。本書で言及してきたように、「家」には多様な側面があり、これは一門についても同様である。しかし、行政を担当する家老職に就任するという側面もあれば、大名の親族的家臣という側面を最大限に強調する場合もあった。また、本書においては検討することが出来なかったが、一門自体も家臣や家族の共同体としての側面や自らの知行地においては領主としての側面も有していた。つまり、「家」という存在が多元的な存在であり、重要なのはこうした諸側面の内どれが優勢であったか、どれが本質であったかを問うことではなく、異なるレベルの「家」としてのあり方がどういった位相で存在していたのか、その連続性・関係性を問うことである。このように考えた際、本書で検討対象とした一門やそれに準ずる上級家臣という存在は、大名家臣団における上層部というのみではなく、大名・家中・知行地における領民という諸階層に接する存在であると言える。つまり、様々なレベルにおける彼らの「家」の多元的なあり方の位相・連続性を問うということは、武士研究・民衆史研究といった枠組みを相対化した上で、それぞれの関係性を問うことにも繋がっていく。そして、こうした観点から研究を深化させていくことが、一門を対象とする研究を特殊な家格集団を対象とした個別研究ではなく、近世社会の構造の解明へと結び付けることが可能となる。

他方、中世期の毛利家のあり方を考えた場合、その成り立ち自体が国人衆による下からの働きかけに依拠するところが大きい。こうした下からの働きかけによる第一人者への権力の集束は、恒常化した尼子氏や大内氏との戦争状態のなかで必要とされたものである。このように多様な来歴を持つ家を内包する状態においては、敢えて家の位置づけを明確にしないことは家同士の確執を未然に防ぐことにも繋がった。さらに言えば、中世以来の国人領主の結集としての毛利家のあり方と、大名の身分的優位性の派生である一門家臣を最高位に置く近世大名家としての萩毛利家のあり方とは相容れない性質のものであった。こうした点を踏まえれば、元就治世への回帰を標榜する改革のなかで、一門家臣の権威化という志向は大きな矛盾を内包していたとも理解出来る。

こうした問題は個々の大名の来歴に規定されるものではあるが、家臣の「家」の歴史が持つ多様性への観点は、大名家中を制度面のみではなく、いかなる観念や共通理解を有していたのか、そして、こうした要素が大名や家臣にとっていかなる意味を持ち得たのかという視点から、近世大名「御家」を捉え直すことに繋がると考える。

第四節　秩序の維持・再生産回路の一部としての一門

家中が一門に期待した役割とは、何であったのか。家中全体を分析対象とすることは困難であるが、本書ではいくつかの事例をもとに、その理想像を検討していった。まず注目すべきは、近世初期に一門らが役職へ就任していったことに関し、近世中後期の家中では、否定的な見解が見られるようになるという点である。これは、裏を返せば、当該期の萩毛利家家中における一門とは役職に就任したため、多くの家臣たちにとっては役職上の上司に過ぎない存在となっており、大名権威の派生たり得なくなっていたと言えよう。

和智東郊や「某氏意見書」の作者にとって、一門の「威光」低下とは、大名が一門を役職に就任させることで、家臣という位置付けを意図的に強調したことこそが最大の原因であった。和智東郊の場合、萩毛利家二代当主・綱広が一門の弱体化を狙い、役職に就任させたことで、一門らは「真之御一門」[12]ではなくなったとし、さらに、分家から本家の家督を相続した五代当主・吉元の一門に対する態度をよそよそしいものとして記述している。和智はこうした吉元の態度に対する自身の所感は明記していないが、役人として出仕した同人にとっても、一門とはもはや大名の「身分的優位性の派生」たり得る存在ではなく、そのことを肯定的に感じていなかったことは確かである。

「某氏意見書」の場合は、一門家臣を徳川将軍家における御三家、準一門を彦根・会津になぞらえ、これらの八家を官僚制機構から除外すべきであるという見解を示している。同書が河村氏の指摘通り[13]片山潤蔵の著作であるのであれば、斉熙と対立し、隠居処分に処された厚狭毛利家当主・房晁や斉元の養子入りに反対した親頼らの近くにあった同人がこうした見解を示したのは非常に興味深い。毛利房晁の失脚事件について検討した石川敦彦氏は、改革計画を相談する過程で、房晁が改革計画の具体的な中身として当職・当役・直目付の役分担にも言及していたことを指摘している。[14]当時、房晁自身は加判役にあったが、実際に財政再建に携わる職について言及しているということは、房晁自身が官僚制機構を利用することでしか、政治への関与が出来ないということ、さらに、官僚制機構に組み込まれているということについて房晁が疑問を抱いていないことを如実に示している。「某氏意見書」の正確な成立年は明らかではないが、こうした官僚制機構に自ら組み込まれていく一門を前にしたからこそ、かかる記述を生む要因となったことは想像に難くない。

しかし、こうした一門の「威光」に関わる問題は、天保改革に際し、異なる方法で模索されることとなる。敬親治世の天保改革に際し、村田清風・坪井九右衛門から提出された上申書は、一門の役職への就任への是非こそ言及していないが、家老職にある重臣と大名の関係を重視しているという点では共通している。特に興味深い点は、文化期に毛利親頼が一門の正統性の根拠とした萩毛利家四代当主・吉広の養子入りに関わる逸話を、坪井は上下一致の象徴として引用している点である。いわば、家老職を務める一門の「家」意識と齟齬をきたさない形で、毛利家の「御家」の理念形成が目指されているのである。

では、なぜ政治的には発言力を喪失しつつあった一門らの存在が改革という文脈のなかで言及されるのか。筆者はここに、一門という家格集団の本来的な性格、つまり大名の「身分的優位性の派生」が関係していると考える。近世初期にあっては、一門の自立的性質を抑制し、大名家中へ完全に包括することが大名にとって第一義的目的であった。しかし、泰平のなかで、家中にとって、一門とはもはや大名の「身分的優位性の派生」たり得ない存在となっていた。そして、それは単純に一門の「威光」の低下だけではなく、彼らの「威光」の本源であるところの大名の「御威光」にも連関した問題であった。だからこそ、中後期以降は、大名の「御威光」を確立するという目的のもと、大名とともに一門の「威光」の回復が並行して求められてきたのである。

ところで、第三章では、宝暦期の「勤相」一件に際し、重就は直書のなかで、元就の遺訓を引用し、一門家臣と吉川家の融和を説いたことに言及した。そして、こうした融和関係構築の要求は次第に大名のみではなく、家中からもなされるようになったと考えられる。さらに言えば、こうした融和関係は元就の遺訓と結びつくことで、関係そのものが特定の意味を表象する行為として理解された。つまり、格式にとらわれない大名と一門家臣の融和は、元就治世を象徴する行為として意味づけられたのであり、復古を掲げた秩序の再生産・維持の装置のなかに一門という存在が組み込まれていったのである。これは、近世後期における一門の存在意義の転換とも評価出来る。

確かに、一門が就任する役職（当職・当役・加判役）は、実務型家臣の登場のなかで次第に権限を喪失していった。しかし、復古を主軸とする政治的動向のなか、一門には再び大名の「身分的優位性の派生」としてのあり方が求められていった。それは一見すると、先述の一門と役職の対立構造と酷似しているように見えるが、内実は、大名の「御威光」確立のための手段としての関係強化である。さらに踏み込んで言うならば、ここで一門に期待されたのは、諫言などを通した大名の恣意的行動の規制ではなく、むしろ大名との融和関係を家中に示すことであり、理想化された元就治世の上下一致の体現に他ならなかったと言える。つまり、近世後期の一門の存在意義を考える上では、従来のように政治的権限の喪失・形骸化という観点からではなく、むしろ大名権威との連続性において検討を行う必要がある。

ただし、ここで家中が想定していた一門とはあくまでも家格集団の総称であり、そこに所属する個々の家のあり方については度外視されている。つまり、この理想像と一門各家の「家」意識の間には、ずれが生じる可能性があったのである。さらに踏み込んで言えば、財政再建を急務とする天保改革においては、一門の「御家」への奉公とは、家老という職を通じたものに限定されるものであり、それ以外の奉公の道を念頭に置いていない。これは、安政期の改革に際し、「一門」という家格集団に対する言及がなされたのとは大きく相違している点である。こうした変化が生じた背景については、改めて検討を加える必要があるが、ここでは、幕末期に向け、一門という家格集団自体が実務能力以上に権威性を求められる存在となったという点を指摘しておきたい。この点は、一門という家臣団における特殊な存在を検討する上で、官僚制のみではなく、「家」の持つ本来的特質からの検討が重要な意味を持つことを如実に示している。

ここまで見てきたように、萩毛利家における秩序は恒常的に再編・再構築を繰り返しながら、幕末へ至った。

萩毛利家家中においては、一門が中心となる大規模な争論は近世を通じて発生しなかったが、この点を以て即座に安定的な家中秩序が存在したと結論づけることは出来ない。むしろ本書で検討してきたように、一見すると安定的に見える萩毛利家の家中秩序の背景では、大名と家臣の間で不断に秩序の確認行為と再構成が行われ、その都度合意形成がなされていた。つまり、幕末期に至るまで安定的に見える一門家臣像とは、近世を通じて不断に行われ続けた秩序再編の一つの結果として理解出来る。

また、秩序再編の契機は、幕府に課された諸役負担や系譜や史書の編纂事業を始めとする外的な要因だけではなく、「御家」や毛利家同族内部の問題、つまり内的な課題も含まれており、これらの結果として、もしくは解決する手段として毛利家という「御家」意識が戦略的に醸成されていった。さらに、こうした「御家」意識は、一門ら各家の「家」意識と連関しながら構築されていった。言うならば、絶対的な存在として大名の「御家」意識があるのでもなければ、この「御家」意識の派生として一門家臣の「家」意識があるのでもない。むしろ、両者は互いに影響を与え、時に戦略的に相手を組み込みながら変容していったのである。

本書では萩毛利家という個別の大名家を中心として検討を行ってきた。しかし、近世社会の基本単位が「家」である以上、本書で検討してきた「家」の位置づけをめぐる問題、さらには親族的家臣との関係をめぐる問題は極めて普遍的に存在した課題であろう。そして、これは「家」である以上、将軍家においても同様である。近世初頭においては第一人者の「家」の宗主権確立のため、第一人者との血縁によって特権的な地位を保証されていた「家」は権力基盤を剥奪された。これにより、同族の内でも第一人者の家系が独立し、非血縁者らも包括した帰属集団としての「御家」が確立された。しかし、近世中後期に至り求められるようになったのは、第一人者の身分的優位性の派生という位置づけであった。

萩毛利家の場合、元就への復古を標榜する改革が、同人を中心とした秩序形成を加速させる要因となり、結果として、「御家」内部へ収斂していくことを正当化する根拠となったと言える。しかし、どの時代へどのような方法を以て復古するかは、「家」や「御家」ごとの思惑、つまり、「御家」を存続させるための戦略[15]によって強く規定されていたのである。「御家」のあり方を規定する由緒や秩序は、強者や上位者のみが占有出来るものではなく、上下双方からの働きかけにより構築されるものであり、また、恒常的な再生産・再構築を必要とする動態的なものであったと理解出来る。この視角は、近世の基本単位である「家」、そして武士の帰属集団である「御家」の枠組みを検討する上では不可欠である。

筆者と同時期の萩毛利家について財政面からの検討を行った伊藤昭弘氏は、財政をめぐり大名家・執行部・諸役所の対立する局面が存在したことを指摘するとともに、「藩財政」という枠組みやその性質の再考を通し、「御家」の有する幕藩体制下での生き残りを模索するためと、体制を越えて「御家」が生き残るためという二つの側面に改めて言及した。[16]氏の指摘は、第四章で指摘した外向きと内向きの二つの「御家」意識とも共通するものであろう。「御家」が種々の主体によって規定される複雑な構造を有していたことが財政という現実の局面のなかでも具体的に指摘されたということは「御家」の意識化が単なる理念以上の意味を持っていたことを如実に示している。そして、こうした指摘を踏まえた上で問題となるのは、この二つの側面がいかなる位相に存在していたのかという点である。「御家」の持つ二つの性質やそれに由来する「御家」意識は互いに矛盾を来さない場合には問題はなかったであろうが、一端矛盾を来した場合、それぞれの諸主体はいかなる正当化の論理を模索したのであろうか。また、こうした二つの性質はいかなる位相に存在し、相互にいかなる影響を与えうるものであったのか。幕末期の萩毛利家を取り巻く社会変容を分析する上で、今一度「御家」という近世的秩序への視座が大きな意味を持ちうると考える。

最後に、序章において述べた課題、つまり、個別大名家を分析課題とする可能性について考えてみたい。序章で言及したように、近世史研究の現状については「個別分散化」が大きな問題となっている。筆者は個別大名家に対する研究の必要性を重視しているが、一方で「自己満足的」な研究に対する批判も受け止める必要があると考える。では、細部に対する研究を深化させるとともに、日本史全体の発展に寄与するためには何が必要なのか。

本書では相互関係性を重視した全体像の描出という手法の重要性に注目してきた。確かに、萩毛利家の「御家」をめぐる意識は、同家の内的な事情に端を発して醸成されてきた。しかし、同時に、萩毛利家という一大名家の「御家」をめぐる歴史は、他の大名家や将軍家といった存在を組み込みながら展開していった。つまり、大名・家臣ら「御家」の構成員たちは、自己を取り巻く様々な存在との関わりのなかで、自己と他者の相違を自覚することを通して自己や帰属集団である「御家」を意識していった。

自己意識とは、単に自身の位置づけを明確にするだけではなく、自身と他者の区別を明確化することである。つまり、「御家」という自己意識を形成するということは、自己と他者、この場合は将軍家や他の大名家との差違を明確化することであると同時に、自己と他者双方の存在に対して意味づけを行うことでもある。その上で、自己と他者の関係性を問うことが近世社会の全体像を解明し、個別研究を日本史全体へ広げていく視点となる。

【註】

（1）福田千鶴『幕藩制秩序と御家騒動』（校倉書房　一九九九年）
（2）「治元公申上」（3公統132）
（3）小川國治『毛利重就』（吉川弘文館　二〇〇三年）
（4）拙稿「萩藩主家法要における一門の代焼香—特権意識の形成と否定—」（『山口県地方史研究』一一四号　二〇一五

年）
(5)拙稿「家格争論から見る吉川家認識―毛利家・吉川家を事例に―」（『社会文化史学』五七号　二〇一四年）
(6)岸本覚「長州藩藩祖廟の形成」（『日本史研究』四三八号　一九九九年）・同「長州藩の藩祖顕彰と藩政改革」（『日本史研究』四六四号　二〇〇一年）
(7)青山忠正『明治維新と国家形成』（吉川弘文館　二〇〇〇年）・同『明治維新の言語と史料』（清文堂　二〇〇六年）・同『明治維新を読みなおす―同時代的視点から―』（清文堂　二〇一七年）
(8)「流弊改正控」（『山口県史史料編　幕末維新二』二〇〇四年）五〇二頁
(9)堀田幸義『近世武家の「個」と社会―身分格式と名前に見る社会像―』（刀水書房　二〇〇七年）
(10)『福原家文書』（渡辺翁記念文化協会）
(11)「御用所日記」山陽小野田市立厚狭図書館所蔵
(12)「和智東郊座右記」坤（16叢書37）
(13)河村一郎『長州藩徂徠学』（私家版　一九九〇年）
(14)石川敦彦「毛利大蔵失脚事件について」（『山口県地方史研究』一〇八号　二〇一二年）
(15)森岡清美『華族社会の「家」戦略』（吉川弘文館　二〇〇二年）・佐藤宏之『近世大名の権力編成と家意識』（吉川弘文館　二〇一〇年）
(16)伊藤昭弘『藩財政再考　藩財政・領外銀主・地域経済』（清文堂　二〇一四年）

参考文献一覧

一　著書・論文　（五十音順）

青山忠正『明治維新と国家形成』（吉川弘文館　二〇〇〇年）
　　『明治維新の言語と史料』（清文堂　二〇〇六年）
　　『明治維新を読みなおす―同時代的視点から―』（清文堂　二〇一七年）
浅井陽子「仙台藩武家社会における一門の存在意義」（『国史談話会雑誌』五五号　二〇一四年）
朝尾直弘「将軍政治の権力構造」（岩波講座『日本歴史』一〇巻　岩波書店　一九七五年）
　　「『公儀』と幕藩領主制」（『講座日本歴史』五巻　東京大学出版会　一九八五年）
石井紫郎「解説」（『近世武家思想』岩波書店　一九七四年）
石川敦彦「毛利大蔵失脚事件について」（『山口県地方史研究』一〇八号　二〇一二年）
石野友康「加賀藩前田家の庶子と重臣層」（加賀藩研究ネットワーク編『加賀藩武家社会と学問・情報』岩田書院　二〇一五年）
石畑匡基「戦国期毛利元清の権限と地位」（『古文書研究』七八号　二〇一四年）
磯田道史『近世大名家臣団の社会構造』（東京大学出版会　二〇〇三年）
市村佑一「長州藩における家臣団形成過程」（藤野保編『論集幕藩体制史』七　雄山閣出版　一九九四年）
伊藤昭弘『藩財政再考　藩財政・領外銀主・地域経済』（清文堂　二〇一四年）
井戸田博史『家族の法と歴史―氏・戸籍・祖先祭祀』（世界思想社　一九九三年）
井上勝生・乾宏巳「長州藩と水戸藩」（『岩波講座日本歴史』一二巻、近世四　岩波書店　一九七六年）

井上勝生　『幕末維新政治史の研究』（塙書房　一九九四年）
上田純子　「海防軍役と大名家臣団―天保～嘉永期の萩藩軍事改革―」（『歴史評論』八〇三号　二〇一七年）
大藤　修　『近世農民と家・村・国家』（吉川弘文館　一九九六年）
大友一雄　『日本近世国家の権威と儀礼』（吉川弘文館　一九九九年）
大森映子　「萩毛利家の相続事情―養子相続と公的年齢―」（『湘南国際女子短期大学紀要』九号　二〇〇二年）
　　　　　『お家相続　大名家の苦闘』（角川選書　二〇〇四年）
小川亜弥子　『幕末期長州藩洋学史の研究』（思文閣出版　一九九八年）
小川國治　「徳山藩改易と富海・牟礼両村の下草山紛争」（『山口県地方史研究』七六号　一九九六年）
　　　　　『転換期長州藩の研究』（思文閣出版　一九九六年）
　　　　　『毛利重就』（吉川弘文館　二〇〇三年）
笠谷和比古　『主君「押込」の構造』（平凡社　一九八八年）
　　　　　『近世武家社会の政治構造』（吉川弘文館　一九九三年）
金森正也　『藩政改革と地域社会　秋田藩の「寛政」と「天保」』（清文堂　二〇一一年）
鎌田　浩　『幕藩体制における武士家族法』（成文堂　一九七〇年）
河村一郎　『長州藩思想史覚書』（私家版　一九八六年）
　　　　　『長州藩徂徠学』（私家版　一九九〇年）
　　　　　『防長藩政期への視座』（私家版　一九九八年）
岸田裕之　「毛利元就と「張良か一巻之書」」（『龍谷大学論集』四七四・四七五号　二〇一〇年）
岸本　覚　「長州藩藩祖廟の形成」（『日本史研究』四三八号　一九九九年）
　　　　　「村田清風と萩藩軍事改革―「御家兵法」と「異船防禦」―」（『佛教大学総合研究所紀要』七巻　二〇〇〇年）
　　　　　「長州藩の藩祖顕彰と藩政改革」（『日本史研究』四六四号　二〇〇一年）
　　　　　「近世後期における大名家の由緒―長州藩を事例として―」（『歴史学研究』八二〇号　二〇〇六年）
　　　　　「幕末萩藩における祭祀改革と「藩祖」」（井上智勝・高埜利彦編『近世の宗教と社会二　国家権力と宗教』吉川弘文館　二〇〇八年）

喜多野清一　『家と同族の基礎理論』（未来社　一九七六年）
木村　礎　「私が地方史研究者である理由」（『地方史研究』二〇〇号　一九八六年）
小関悠一郎　『〈明君〉の近世―学問・知識と藩政改革―』（吉川弘文館　二〇一二年）
小宮木代良　『江戸幕府の日記と儀礼史料』（吉川弘文館　二〇〇六年）
佐々木潤之介　『幕末社会論』（塙書房　一九六九年）
『江戸時代論』（吉川弘文館　二〇〇五年）
笹部昌利　「津山藩と幕末政局」（『佛教大学大学院紀要』二七号　一九九九年）
佐藤宏之　『近世大名の権力編成と家意識』（吉川弘文館　二〇一〇年）
J・F・モリス　『近世日本知行制の研究』（清文堂　一九八八年）
『近世武士の「公」と「私」　仙台藩士玉蟲十蔵のキャリアと挫折』（清文堂　二〇〇九年）
関　順也　『藩政改革と明治維新』（有斐閣　一九五六年）
高木昭作　『近世日本国家史の研究』（岩波書店　一九九〇年）
高野信治　『近世大名家家臣団と領主制』（吉川弘文館　一九九七年）
『藩輔と藩国の構図』（名著出版　二〇〇二年）
「幕末期毛利家の自己認識と改革意識」（『山口県史の窓』史料編幕末維新二　二〇〇四年）
田中　彰　『明治維新政治史研究』（青木書店　一九六三年）
『幕末の藩政改革』（塙書房　一九六五年）
田中誠二　「萩藩本・支藩関係をめぐって」（『山口県地方史研究』六一号　一九八九年）
「毛利秀元論」（『山口県地方史研究』六二号　一九九〇年）
『近世の検地と年貢』（塙書房　一九九六年）
「萩藩天明山検地の研究」（『瀬戸内海域史研究』第七輯　一九九九年）
「萩藩後期の藩財政」（『山口大学文学会志』第四九巻　一九九九年）
「萩藩後期の経済臣僚たち」（『瀬戸内海域史研究』第九輯　二〇〇二年）
「萩藩家臣団編成と加判役の成立」（『山口大学文学会志』五五号　二〇〇五年）

田原　昇「近世大名における養子相続と幕藩制社会―「他家」養子を中心として―」（『史学』六七号二巻　一九九八年）
遠山茂樹『明治維新』（岩波書店　一九五一年）
中井信彦『転換期幕藩体制の研究』（塙書房　一九七一年）
永井　博「福井藩主松平宗矩の家格昇進運動―一橋小五郎の養子をめぐって―」（『茨城県立歴史館報』三二号　二〇〇五年）
中田　薫『法制史論集』（岩波書店　一九二六年）
永原慶二・住谷一彦・鎌田浩編『家と家父長制』（早稲田大学出版部　一九九二年）
浪川健治「「諸士知行所出物諸品并境書上」の作成とその歴史的背景」（浪川健治編『近世の空間構造と支配―盛岡藩にみる地方知行制の世界―』東洋書院　二〇〇九年）
根岸茂夫『近世武家社会の形成と構造』（吉川弘文館　二〇〇〇年）
根本みなみ「家格争論から見る吉川家認識―毛利家・吉川家を事例に―」（『社会文化史学』五七号　二〇一四年）
「萩藩主家法要における一門の代焼香―特権意識の形成と否定―」（『山口県地方史研究』一一四号　二〇一五年）
「家紋が表象する由緒―一門家臣による家紋の選択について―」（『史境』七一号　二〇一六年）
野口朋隆『近世分家大名論』（吉川弘文館　二〇一一年）
「再生される本分家関係―長岡・小諸・笠間各牧野家における同族的結合の構築過程―」（『茨城県史研究』九六号　二〇一二年）
羽賀祥二『史蹟論―一九世紀日本の地域社会と歴史意識―』（名古屋大学出版会　一九九八年）
服藤早苗『家成立史の研究―祖先祭祀・女・子ども』（校倉書房　一九九一年）
服藤弘司『幕府法と藩法』（創文社　一九八〇年）
平川　新「なにが変わったのか／九〇年代の近世史」（『歴史評論』六一八号　二〇〇一年）
広田暢久「長州藩編纂事業史」（『山口県文書館研究紀要』九号　一九八二年）
深谷克己「名君とはなにか」（『歴史評論』五八一巻　一九九八年）
『津藩』（吉川弘文館　二〇〇二年）

参考文献一覧

畑中誠治「明君録―期待される君主像」（鶉飼政志ほか編『歴史をよむ』東京大学出版会　二〇〇四年）
福田千鶴「宝暦・天明期瀬戸内諸藩における経済政策とその基盤」（『歴史学研究』三〇四号　一九六五年）
『幕藩制的秩序と御家騒動』（校倉書房　一九九九年）
藤方博之「近世中期の藩政」（大石学編『享保改革と社会変容　日本の時代史一六』吉川弘文館　二〇〇三年）
「大名家臣の「家」研究の必要性」（『千葉史学』五〇号　二〇〇七年）
「近世大名家内部における「家」々の結合とその共同性」（『歴史評論』八〇三号　二〇一七年）
藤田　覚『近世の三大改革』（山川出版社　二〇〇二年）
「近代の胎動」（『日本の時代史一七　近代の胎動』吉川弘文館　二〇〇三年）
堀田幸義『近世武家の「個」と社会―身分格式と名前に見る社会像』（刀水書房　二〇〇七年）
堀江英一『明治維新の社会構造』（有斐閣　一九五四年）
松尾千歳「広台院―島津家の婚姻政策」（鈴木彰・林匡『島津重豪と薩摩の学問・文化』勉誠出版　二〇一五年）
三坂圭治『萩藩の財政と撫育』（春秋社歴史新書　一九四四年）
水林　彪「近世の法と国制研究序説」五（『国家学会雑誌』九四巻九・一〇号　一九八一年）
『日本通史Ⅱ封建制の再編と日本的社会の確立』（山川出版社　一九八七年）
三宅智志「大名婚姻に関する一考察―幕末期外様国持の海防動員に関連して―」（『佛教大学大学院紀要　文学研究科篇』三九号　二〇一一年）
三宅紹宣「藩政改革の光と影をめぐって」（青木美智男・保坂智編『争点日本の歴史　第五巻近世』新人物往来社　一九九一年）
『幕末・維新期長州藩の政治構造』（校倉書房　一九九三年）
三宅正浩「藩政改革の政治構造―徳島藩における藩政史認識形成」（『史林』九〇巻四号　二〇〇七年）
『近世大名の政治秩序』（校倉書房　二〇一四年）
森岡清美『華族社会の「家」戦略』（吉川弘文館　二〇〇二年）
森下　徹『武士という身分―城下町萩の大名家臣団』（吉川弘文館　二〇一二年）
山﨑一郎「宝暦末～明和前期における萩藩の記録編纂事業について―江戸御国大記録方の設置および中山又八郎の活動

―」（『山口県文書館研究紀要』三四号　二〇〇七年）

「萩藩密用方と中山又八郎の活動について―藩主重就期における密用方設置前後の動向―」（『山口県文書館研究紀要』三八号　二〇一一年）

山本　洋　「寛政～文化期前半における萩藩密用方について」（『山口県文書館研究紀要』三九号　二〇一二年）

「毛利関係戦国軍記の系譜―『芸侯三家誌』について―」（『山口県地方史研究』九一号　二〇〇四年）

「『陰徳太平記』の成立事情と吉川家の家格宣伝活動」（『山口県地方史研究』九三号　二〇〇五年）

「『陰徳太平記』編述過程における記事の改変について」（『軍記と語り物』四四号　二〇〇八年）

山本博文　『江戸お留守居の日記』（講談社学術文庫　二〇〇三年　初出は一九九一年）

吉武佳一郎　「『名君』たちの虚像と実像をめぐって」（青木美智男・保坂智編『争点日本の歴史』第五巻　近世編　一九九一年）

吉田伸之　「日本　近世　総説」（『史学雑誌』一一六編五号　二〇〇七年）

吉田真夫　「近世大名家における諫言の実態―元禄六年、仙台藩一門衆の諫言を題材に―」（『日本歴史』六〇五号　一九九八年）

「仙台藩第五代藩主伊達吉村の一門対策―格式をめぐって」（『文化』六三巻一・二号　一九九九年）

「伊達騒動　一門の藩政介入」（福田千鶴編『新編御家騒動』下　新人物往来社　二〇〇七年）

米村千代　「イエの変遷」（『日本の思想　第六巻　秩序と規範』岩波書店　二〇一三年）

若尾政希　『「太平記読み」の時代―近世政治思想史の構想―』（平凡社　一九九九年）

「近世の政治常識と諸主体の形成」（『歴史学研究』七六八号　二〇〇二年）

渡辺　浩　『東アジアの王権と思想』（東京大学出版会　一九九七年）

『萩市史』一巻（萩市史編纂委員会編　一九八三年）

『萩藩主要役職者年表』（萩市立図書館　二〇一三年）

『毛利家文庫目録』第一冊（山口県文書館　一九六三年）

二　史料

（1）原文書

山口県文書館所蔵毛利家文庫

「弾正様御仮養子事」（3公統97）
「治元公申上」（3公統132）
「萬之助様毛利阿波遺跡相続被仰付一件」（3公統138）
「殿様慶親公御家督後之為御祝儀毛利山城守様へ御招請一件記録」（4忠正公21）
「慶親公御結納婚礼之記」（4忠正公30）
「慶親公御結納御婚礼一巻」全四巻（4忠正公31）
「慶親公御結納御婚礼記録」全六巻（4忠正公32）
「駿尉様御聟養子於銀様御縁組一件」全八巻（5忠愛公8）
「御国政御再興記」全二巻（11政理65）
「御国政御再興記草稿」（11政理64）
「御国政再興記一事」（11政理66）
「御法事改正記」（13祭祀62）
「和智東郊座右記」乾坤（16叢書37）
「巨室評論」（21巨室3）
「巨室雑載」（21巨室4）
「毛利蔵主出府記録」（21巨室46）
「旧大野厚狭阿川毛利家旧禄高ニ関シ嘆願書」（21巨室53）
「公儀所日乗長府帳書抜」（24末家11）
「岩国と御一門之内勤相中絶扱一件」全四巻（25吉川事88）
「岩国殿様事掛相事一件」（25吉川事103）

「両家岩国懸り合い一件」（25吉川事105）
「諸事小々控」（31小々控8）（53の14）（53の34）（53の44）（53の53）
（31小々控11）（15の6）
（31小々控12）（26の16）
（31小々控15）（20の1）（20の16）
（31小々控16）（26の12）
（31小々控17）（74の48）（74の53）（74の64）

「保三郎様御縁組一件」全三巻（44三賀29）
「御仕置張―宍戸出雲・毛利七郎兵衛演説御咎一件」（51罪科55）
「秘府御書物部類目録」（54目次2）
「秘府明細目次」（54目次6）
「御家筋並御末家御家依頼筋目其外」（57御什書34）
「御直筆之御書下写」（遠用物　近世後期二七五六（8の2））

山口県文書館所蔵右田毛利家文書
「毛利重就養子事等内密書状」（右田毛利家63（2））
「毛利元政様御百年忌御法事記録」（右田毛利家164）
「天徳寺二百回忌御作善記」（右田毛利家165）

山陽小野田市立厚狭図書館所蔵厚狭毛利家文書
「御用所日記」（記録の部〇〇一～〇四二）

（2）　刊行物

大田報助編『毛利十一代史』（マツノ書店　一九八八年）初版は一九〇七～一九一〇年
河内八郎編『徳川斉昭・伊達宗城往復書簡集』（校倉書房　一九九三年）
末松謙澄『防長回天史』二巻（一九二一年）初版は一九一一年
滝本誠一編『日本経済大典』四七巻（啓明社　一九三〇年）
田村哲夫編『近世防長諸家系図綜覧』（マツノ書房　一九八〇年）初版は一九六六年
利岡俊昭編『福原家文書』全四冊（渡辺翁記念文化協会　一九八三～一九九八年）
時山弥八編『稿本もりのしげり』（東京大学出版会　一九八一年）初版は一九一六年
山口県編・刊行『山口県史史料編幕末維新二』（山口県編　二〇〇四年）
『山口県史史料編　近世二』（山口県編　二〇〇五年）

図表一覧

あとがき

本書は二〇一七年度に筑波大学大学院人文社会科学研究科に提出した博士学位請求論文「近世大名家における一門家臣の存在意義―萩毛利家を事例に―」をもとに、若干の加除訂正を行い、再構成したものである。初出は以下の通りであるが、内容については全体の論旨に合わせ、大幅に加筆修正と再構成を行っている。

【序章】　新稿
【第一章】　第一節　新稿
　第二節～第四節（二）「萩藩主毛利重就の「御家」認識」（『日本歴史』八三七号　二〇一八年）を
　　もとに再構成
　第四節（三）　新稿
【第二章】　第一節～第三節「法要から見る萩藩一門元祖をめぐる藩内秩序」
　（『弘前大学國史研究』一三九号　二〇一五年）
　第四節　新稿
【第三章】　新稿
【第四章】　新稿
【第五章】　新稿

【終章】　新稿

本書では、大名家家臣団のなかで最高位にあった一門家臣が自らの家の位置づけをどのように意識していったのか、主従関係のみでは解決できない問題に対して、大名・一門家臣・家中がどのように向き合っていったのかという点を主要な論点として分析を行ってきた。そして、これらの分析を通して第一人者の「家」が「御家」となり、家中に存在する「家」を包括していったという近世史の前提を踏まえた上で、「御家」と「家」の関係性はいかなる形で維持、もしくは変容していったのか、帰属集団としての「御家」とそれを構成する「家」の葛藤を示したつもりである。

当然、いまだ多くの課題も残る。「御家」は武士の「家」の帰属集団ではあるが、そのなかにおける階層性の問題や領民一般の存在、幕府や他家など萩毛利家の自己意識とは相容れない秩序を有する存在との接触など、「御家」と「家」の位相を検討する上ではさらなる分析が必要であろう。御批判を請うところである。

私は大学二年次以来一貫して浪川健治先生から指導を受けてきた。先生が主催する討論形式の演習では、二年生であっても積極的に討論に参加することが求められ、議論を聞いているだけという態度は許されなかった。しかし、こうした方針が多様な分野への興味を抱く契機となり、その後の研究の基盤となった。

学部三年次、研究対象を決められずにいた際に思い出したのが、祖母の出身地である萩であった。旧萩藩士の家に生まれた祖母が話す家の歴史は私にとって大変思い出深く、研究史上の位置づけとともに、祖母が見せた強固な帰属意識の根源を明らかにしたいと考えるようになった。転勤族一家に生まれ、故郷や「御国」意識と無縁の環境で育った私にとって、「自分がどこに帰属するのか」「自分の故郷はどこか」という帰属意識は一種の憧れであった。自分が帰属する集団に対する深い思い入れとは、どのように生じていくのか。こうした関心が学問的な興味と結びつき、卒業論文の執筆へとつながっていった。

また四年次に進級したころから、大学院のゼミに参加する機会を得た。学部生である私にとって、大学院生の先輩についていくだけで精一杯であったが、史料の読解を始め、研究を進める力を身につけることができた。また、山下須美礼先生、吉村雅美先生を始めとする先輩方には授業だけではなく、史料調査にも同行させていただき、今日に至るまで様々な面で御世話になっている。

また、指導教員の浪川先生には、大学院ゼミへの参加を許可していただいたほか、卒業論文の執筆に際しては、いつも迷惑な顔一つせず、長時間相談にのっていただいた。部活動に打ち込み、なかなか勉強に集中できない私を心配されていたのかもしれないが、卒業論文の先まで見据えた指導をしていただくとともに、研究者として生きていくための心構えについても教えていただいた。また、度々御自宅に御招待いただき、奥様の手料理をごちそうになった。浪川先生御夫妻には学部から大学院修了、そして今日に至るまで何から何までお世話になり、感謝してもしきれない。

学部の卒業後は筑波大学大学院人文社会科学研究科（一貫制博士課程）に進学し、引き続き浪川先生からの指導を受けた。私が進学した歴史・人類学専攻日本史領域では、学生に対して一五単位以上は日本史以外の分野の単位を取得することが課されている。当然、各分野を主専攻とする学生とともに発表・討論形式の授業に参加することは非常に大変であった。しかし、社会学や民俗学、地理学のゼミに参加し、様々な知見を学べたことは研究の上で大きな財産となっている。

また、大学院進学と同時に、研究対象を分家大名から家中に存在する藩内分家である一門家臣に移し、研究を継続した。多様な研究が蓄積されている分家大名から、同族関係よりも主従関係が強調される一門家臣へ研究対象を変更することは大きな挑戦であった。こうした成果として二〇一五年には修士論文「萩藩毛利家における同族意識―先祖遠忌をめぐる動向を中心に―」を執筆し、大名の分家家臣である一門家臣の存在について、当事者間の帰属意識の動態的な性質を明らかにした。

修士論文執筆後は、引き続き一門家臣を対象としながら、毛利家という「御家」そのものへと関心を広げていった。また修士論文執筆後、一の坂研究会や山口県地方史研究会で発表の機会をいただき、田中誠二先生を始め、萩藩を専門に研究される先生方から厳しい意見を賜りながらも、自身の研究の意義や方向性について考える機会を得た。同時に青森県史編さんに携わることを通し、異なる二つの地域を同時に見るという得がたい機会を通し、地域史研究に携わる姿勢について考えることができた。

また、つくばに閉じこもりがちな私を心配した先輩の誘いにより参加した歴史学研究会の近世部会では同年代の研究者と接し、最新の研究動向について学ぶ機会を得ることができた。このほかにも、兼平賢治先生の御紹介で東北近世史研究会春セミナーでの発表をさせていただいて以降、籠橋俊光先生を始めとする東北大学の皆様には御世話になっている。また、若尾政希先生には書物・出版と社会変容研究会で発表の機会を賜った。こうした機会を通して研究の方向性を見出し、博士論文の執筆へと繋げることができた。

卒業論文から博士論文の完成、そして本書の上梓に至るまで、非常に多くの人々によって支えられてきた。指導教員の浪川先生は、学部以来私の意志を尊重しながら常に叱咤激励してくださった。中野目徹先生・徳丸亜木先生には修士論文・博士論文で副査をお引き受けいただき、論文をより良いものへするために丁寧な御指導をいただいた。このほかにも文芸・言語専攻の谷口孝介先生からもご助言を賜ったほか、学内でお会いするたびに御声をかけて応援をしてくださった先生方や卒業・修了された後も気にかけてくださる先輩方、日々の生活から実習まで多くの時間を過ごした後輩たち、特に校正の協力をしてくれた速渡賀大氏・矢沼明子氏には感謝したい。

学外でも多くの皆様に支えられてきた。佛教大学の青山忠正先生からは修士論文執筆時から度々御指導を賜り、現状に満足せずに次の課題へ取り組み続けることの大切さを教えていただいた。東京大学史料編纂所の鶴田啓先生には博士論文執筆後の方向性について御助言をいただいた。そして、卒業論文執筆時から現在に至るまで史料の閲覧に際して御高配を賜った山口県文書館の皆様や現在は山陽小野田市立中央図書館へ異動された金子悦美氏を始めとする山陽小野田市立厚狭図書館の皆様にも感謝を示したい。また、本書の出版をお引き受けいただいた清文堂出版の松田良弘氏には研究者としてまだまだ未熟な私に丁寧に御助言をいただいた。このほか、ここでは御名前を挙げられず心苦しいが、多くの方々に出会い、支えていただいたことを何よりも幸せに思っている。今後も自分自身で研鑽を続けることで少しでも恩返しが出来ればと考えている。

最後に私事ではあるが、研究者の先輩として助言をくれた父、いつも明るく見守ってくれた母、一生懸命働く姿を見せてくれた弟に心から感謝したい。

なお、本書は平成二八年度～平成二九年度科学研究費補助金（特別研究員奨励費）による研究成果の一部である。

や行

ら・わ行

人 名 索 引

あ行

か行

さ行

や行

ら・わ行

な行

は行

ま行

さ行

た行

か行

事項索引

あ行

索引

根本《ねもと》 みなみ

〈略　歴〉
1991年　マレーシア　ペナン州で生まれる
2018年　筑波大学大学院人文社会科学研究科一貫制博士課程修了
現　在　筑波大学人文社会系特任研究員　博士（文学）

〈主要論文〉
「萩藩主家法要における一門の代焼香―特権意識の形成と否定―」
（『山口県地方史研究』山口県地方史学会、第114号、2015年）
「家紋が表象する由緒――一門家臣による家紋の選択について―」
（『史境』歴史人類学会、第71号、2016年）

近世大名家における「家」と「御家」
―萩毛利家と一門家臣―

2018年6月26日　初版発行

著　者　根本みなみ ©
発行者　前 田 博 雄
発行所　清文堂出版株式会社

〒542-0082　大阪市中央区島之内2-8-5
電話06-6211-6265　FAX06-6211-6492
ホームページ＝http://www.seibundo-pb.co.jp
メール＝seibundo@triton.ocn.ne.jp
振替00950-6-6238

組版：六陽　印刷：朝陽堂印刷　製本：免手製本
ISBN978-4-7924-1090-2　C3021